동양문화총서 18

和合 화합의 길

《중용》 읽기

금장태 저

전통문화연구회

동양문화총서 18

和合 화합의 길 - 《중용》 읽기　　정가 20,000원

2016년 11월 15일 초판 인쇄
2016년 11월 20일 초판 발행

저 자 금장태

편 집 남현희
교 정 남현희 전병수
출 판 김주현
관 리 함명숙
보 급 서원영

발행인 이계황
발행처 (사)전통문화연구회
서울시 종로구 삼일대로 428 낙원빌딩 411호
전화 : (02)762-8401　전송 : (02)747-0083
전자우편 : juntong@juntong.or.kr
홈페이지 : juntong.or.kr
사이버書堂 : cyberseodang.or.kr
온라인서점 : book.cyberseodang.or.kr
등 록 : 1989. 7. 3. 제1-936호

인쇄처 : 한국법령정보주식회사(02-462-3860)
총 판 : 한국출판협동조합(070-7119-1750)

ISBN 979-11-5794-119-3 04140
978-89-85395-50-5(세트)

간행사

일반적으로 문화文化라 하면 좁은 의미의 문예文藝만을 생각하기 쉽지만 문화란 인간의 인지認知가 깨면서 자연상태에서 벗어나 일정한 목적目的이나 이상理想을 실현하려는 과정過程 및 그 과정에서 이룩해 낸 물질적·정신적 소득, 특히 학문·종교·예술·도덕 등 인간의 내적內的 정신활동精神活動의 소산所産이 바로 문화의 범주 속에 들어간다.

오늘날 세계를 주도하고 있는 서구문화西歐文化는 고대 그리스의 예지叡智와 기독교 정신의 소산이라 할 수 있다. 또한 이와 더불어 한 축軸을 이루는 동양문화東洋文化를 형성하는 본원本源은 바로 유교·도교·불교 등이다. 우리나라는 이러한 동양문화권의 테두리 속에 있으면서도 우리의 독자적인 문화전통을 생성·발전시켜 왔다. 그러나 독자적이라는 말이 배타적임을 뜻하는 것은 아니니, 어느 나라에 있어서나 문화의 전통이란 외래문화外來文化와의 상호작용相互作用 속에서 서로 영향을 주고받으며 취사선택하는 과정에서 형성되기 마련이기 때문이다.

오늘날의 국제화시대國際化時代 속에서 서구문화와 동양문화는 이것을 양분兩分하여 인식하는 고정관점에서 벗어나 오히려 통합統合되고 조화調和되어야 하는 요소로서 파악할 필요성이 있으며, 실제로 그러한 추세에 있다.

그러므로 우선 우리의 역사·문화를 올바로 이해하기 위하여는 상호 관련된 동양문화東洋文化를 총체적總體的으로 탐구探究하여야 하고 나아가 동서문화를 비교연구比較研究하여야 한다. 또한 문화를 일부 전문가나 소수 계층만이 향유享有하던 시대는 지났다. 일반 국민 모두가 문화를 향유하고 인식하는 수준이 높아져야 문화민족文化民族·문화국가文化國家가 될 수 있는 것이다.

우리가 높은 수준의 문화를 꽃피우기 위해서는 보편성普遍性과 특수성特殊性을 높여야 하지만 아울러 이러한 문화가 폭넓게 뿌리내릴 수 있는 넓고 기름진 토양土壤이 우선되어야 한다.

이러한 뜻에서 본회에서는 그간 동양고전국역총서東洋古典國譯叢書를 이미 다수 간행하였으며, 앞으로도 계속 착실히 진행할 계획으로 있다. 또한 이번에 우리는 우선 동양문화 각분야에 대하여 전문가의 연구서研究書와 한편으로는 그를 바탕으로 하는 교양서教養書 간행의 필요성을 절실히 느껴 동양문화총서東洋文化叢書를 기획 간행하기에 이르렀다.

앞으로 우리는 세계문화世界文化 속의 한국문화韓國文化를 계승繼承·발전發展시키기 위한 밑거름이 되고자 하며, 새 시대의 가치관價值觀을 정립하고 도덕道德과 윤리倫理의 새 장章을 여는 계기契機가 되기를 바라마지 않는 바이다. 강호제현江湖諸賢의 편달鞭撻이 있기를 바란다.

1994년 10월 10일

사단법인 전통문화연구회 회장 이계황

머리말

사물에는 한없이 다양한 차이가 있어서 종류마다 그 형태나 작용이 서로 다르고, 같은 종류라도 개체마다 그 역량이나 성질이 제각각이다. 기계로 찍어낸 제품이 아니라면 이 세상에서 자연의 상태로 꼭 같은 개체를 찾기란 사실상 불가능한 일이다. 이 점에서 인간도 마찬가지이다. 후천적인 성장배경이나 경제수준이 다르고, 선천적인 기질과 심성의 차이도 현저하다. 사람이 평등하다는 것은 희망이나 이상을 말하는 것이요, 차별해서는 안 된다는 것은 도리를 말하는 것이다. 그러나 현실은 타고나면서 불평등하고 어디서나 차별이 일어나고 있다.

이렇게 사물이나 인간은 형형색색形形色色으로 서로 다르다. 그런데 제각기 자기 욕심을 채우려 하고 자기주장을 내세우고 있으니, 부딪치거나 다투는 일이 벌어지는 것은 인간이나 생물이나 모두 마찬가지이다. 서로 다투면 항상 약한 쪽이 상처를 입고 고통을 당하며, 강한 쪽이 지배하게 된다. 강한 자가 지배하고 약한 자가 먹잇감이 되는 '약육강식弱肉强食'의 현상이 바로 생명이 진화하는 조건이라는 주장을 익숙하게 들어왔다. 토마스 홉스가 '만인萬人은 만인에 대한 늑대(homo homini lupus)'라고 한 말이 실감이 날 때가 있다.

인간의 역사는 잔혹한 전쟁의 연속이었고, 인간은 끝없는 경쟁

속에 분열과 갈등을 일으키며 살아왔던 것이 현실이다. 그러나 인간은 누구나 자신이 갈등의 고통에서 벗어나고 싶어 하며, 조화로운 삶의 즐거움을 누리며 살고 싶다는 희망을 가지고 있다. 이와 더불어 상대방도 같은 희망을 갖고 있음을 알고 있다. 자신의 감정과 더불어 남의 감정도 살필 줄 아는 눈이 있다는 말이다. 따라서 갈등을 해소하고 서로 어울려 사는 방법을 찾아갈 수 있는 지혜를 가진 존재가 바로 인간이다.

문제는 어떻게 해야 대립과 갈등의 고통을 벗어나 화합과 협력을 이룰 수 있는지 그 방법을 찾아내고 실현하는 데 있다. 그 방법으로는 이미 여러 가지 길이 제시되어 왔다. 부처의 가르침이 '자비慈悲'와 '깨달음'의 길이요, 예수의 가르침이 '사랑'과 '믿음'의 길이라면 공자孔子의 가르침은 '인애仁愛'와 '중용中庸'의 길이라 할 수 있다. '자비'나 '사랑'이나 '인애'가 비록 실천방법에서 서로 뚜렷하게 다른 모습을 보여주지만, 그 근원에서는 하나로 통하는 길임을 많은 사람들이 확인해왔다. 하나로 통하는 길이란 바로 인간다운 삶이 실현되는 길이라 할 수 있다.

공자는 특히 이 길을 '중용의 길', 곧 '중용의 도리〔中庸之道〕'라고 하였다. '중용의 도리'는 분명 '깨달음'의 도리나 '믿음'의 도리와도 그 차이를 넘어서 서로 통할 수 있다. 그래서 "도리가 함께 운행되지만 서로 어긋나지 않는다.〔道竝行而不相悖.〕"(≪중용≫ 30:3)는 언급을 새삼 깊이 음미하게 된다. 이렇게 하나로 통하는 길에서라면 '평화'도 이룰 수 있고, '구원'도 얻을 수 있으리라 믿어진다.

≪중용≫은 인간의 삶이 화합과 협력을 이루는 길을 찾는 데 있

다는 사실에 가장 깊은 관심을 기울이고 또 역설해왔던 유교사상의 고전이다. '중용'이라는 말 그 자체가 바로 분열과 갈등을 넘어서는 '화합和合의 길'을 의미한다. '중용의 도리'는 인간이 찾아가야 할 '화합의 길'을 위한 방향을 제시하면서, 동시에 '화합의 길'을 실지로 가는 실행의 방법을 제시하고 있다. 또한 인간 사이에 대립과 갈등을 벗어나 화합과 협력을 이루는 원리요 방법으로서 '중용의 도리'는 한 사회를 통치하는 지도자에게 가장 절실하게 필요한 '도리'이지만, 동시에 사람이 남들과 어울려 함께 살아가는 방법으로 누구에게나 소중한 '도리'이다.

인간이 집단을 이루어 함께 살아가면서 서로간의 대립과 갈등이 일어나는 것은 피할 수 없는 현실이다. 그렇지만 인간은 제각기 자신의 주장과 욕심을 내세우는 데 따라 일어나는 대립과 갈등이 상대방에게 심한 고통을 줄 뿐만 아니라, 결과적으로 자기 자신에게도 손실이 되고 고통을 불러일으킨다는 사실을 자각하지 않을 수 없었다. 그래서 갈등과 대립의 고통을 오랜 세월 겪고 난 뒤에, 그 고통에서 벗어나기 위한 방법을 찾아가는 일이 인류 문명의 가장 큰 숙제 가운데 하나였다고 할 수 있다.

이 책의 서술형식은 '중용의 도리'를 이해하기 위한 체계로 36과제를 제시하고, 각 과제마다 ≪중용≫에서 골라낸 구절을 앞머리에 세워 설명하였다. 그 뒤로 각 과제의 내용을 설명하는 본문에서도 ≪중용≫을 비롯하여 ≪논어論語≫·≪대학大學≫·≪맹자孟子≫ 등 사서四書 안에서 여러 관련 구절을 되도록 자주 인용하였고, 더러는 오경五經이나 다른 문헌도 인용하였다. 간혹 ≪중용≫의 같은 구절을 다른 과제에서 거듭 다루기도 하였는데, 중복이라 생각하지 말고 같은 구절을 여러 다른 맥락에서 음미해보는 것으로 이해해 주기를 바란다.

이 책의 끝에 부록으로 《중용》을 원문의 편차순서대로 읽는 데 이용할 수 있도록 번역문과 원문을 수록하였다. 《중용》의 우리말 번역문은 필자가 번역한 《우리말 사서》(지식과교양, 2013)에서 옮겨왔는데, 이번 기회에 다시 읽으면서 여러 곳을 수정하였다.

이 책은 《중용》을 읽으면서 '화합의 길'을 음미하고자 하였다. 이를 통해 일상생활 속에서 자기 내면의 갈등을 풀어가고, 가족이나 이웃 사이의 갈등을 풀어가는 데 좋은 지침이 될 수 있기를 바란다. 또한 오늘의 우리 사회에서 일어나는 온갖 대립과 갈등, 분열과 혼란을 극복하여, 사회가 안정되어 백성이 불안과 고통에서 벗어나는 길을 찾는 데 소중한 지혜가 될 수 있기를 바랄 뿐이다. 나아가 '중용'은 세계의 온갖 분쟁과 충돌을 해소하는 길을 찾는 논리로서도 도움이 될 수 있기를 희망한다.

우선 '중용'이 빛이 되어 밝혀주는 길을 따라가기 위해서는 먼저 자신의 마음이 실천 주체로서 확립되어야 하고, 실천하는 과정에서 부딪치는 문제의 해결방법들을 끊임없이 새롭게 찾아가기 위한 노력이 요구된다는 사실을 확인해둘 필요가 있을 것 같다.

이 책을 집필할 구상을 해놓고서도 여러 해를 주변만 맴돌며 머뭇거렸다. 나 자신의 건강도 문제였지만, 그보다도 '중용'정신에 대한 나의 이해가 너무 얕았기 때문이다. 원고 상태에서 네 번이나 수정을 거듭해보았지만, 그렇다고 지금도 이해가 더 깊어진 것은 아니다. 스스로 돌아보아도 글이 충분히 이해되어 가슴에서 울려 나오지 못하고 있다는 사실이 가장 답답하고 두려움을 감출 수 없다. 많은 지적을 받아서 앞으로 다듬어가기를 다짐해본다.

이 책의 교정을 도와준 아내 소정素汀에게 고마운 마음을 간직하고, 출판을 허락해주시고 평소에도 따뜻한 격려를 해주신 전통문화연구회 이계황李啓晃 회장님에게도 깊은 감사의 마음을 전하고 싶다.

2016년 5월 4일

잠연재潛研齋에서 금장태琴章泰

목 차

제3부 중용의 길을 가려면 〔實踐〕

제4부 중용이 이루어진 모습 〔實現〕

서 설序說 | ≪중용≫의 성격과 '중용'의 말뜻

1) ≪중용≫의 성격

≪중용≫의 작자와 저작동기에 대해 주자朱子는 공자의 손자인 자사子思(공급孔伋)가 "도리의 학문이 그 전승을 잃을까 근심하여 지었다.〔憂道學之失其傳而作.〕"(〈중용장구서中庸章句序〉)고 하였다. 주자가 ≪대학≫을 증자曾子의 저작이라 하여 자사의 저작으로 전해지는 ≪중용≫과 대조시킴으로써, '공자 → 증자 → 자사 → 맹자'로 이어지는 도통道統의 증거로 삼았다. 그러나 남송의 노재魯齋 왕백王柏은 ≪대학≫과 ≪중용≫을 모두 자사의 저작으로 보았고, ≪중용≫ 안에는 진秦·한漢 시대의 글이 섞여 있는 점을 지적하여 진·한 무렵의 맹자 유파의 유학자들이 저작한 것이라 짐작하기도 했다.(풍우란馮友蘭, ≪중국철학사≫ 상권, 박성규 역, 572·585쪽)

자사子思(≪만고제회도상萬古際會圖像≫)

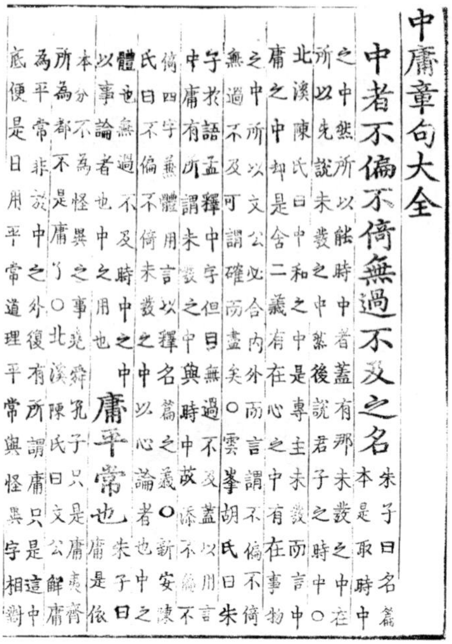
中庸章句大全

中者不偏不倚無過不及之名

庸平常也

≪중용장구대전中庸章句大全≫

≪중용≫은 처음부터 독립된 경전으로 전해진 것이 아니라, 본래는 ≪예기禮記≫ 49편 가운데 31번째 편으로 수록되어서 전해 내려오다가 천년의 세월이 흐른 뒤에, 송宋나라 유학자들인 정자程子와 주자에 의해 집중적으로 발굴되었으며, 사서四書의 하나로 끌어올려 중시되어 왔던 경전이다.

나아가 주자는 사서의 틀을 세우고서, ≪대학≫→≪논어≫→≪맹자≫→≪중용≫의 순서로 읽을 것을 요구하였으며, "먼저 ≪대학≫을 읽음으로써 그 〈도리의〉 규모를 정착시키고, 다음으로 ≪논어≫를 읽음으로써 그 근본을 확립하고, 다음으로 ≪맹자≫를 읽음으로써 그 펼쳐나감을 관찰하고, 다음으로 ≪중용≫을 읽음으로써 옛사람이 제시했던 미묘한 자리를 찾아보라.〔先讀大學, 以定其規模, 次讀論語, 以立其根本, 次讀孟子, 以觀其發越, 次讀中庸, 以求古人之微妙處.〕"(≪주자어류朱子語類≫ 14 〈대학大學 1〉)고 하였다.

또한 율곡栗谷(이이李珥)은 ≪격몽요결擊蒙要訣≫ 〈독서장讀書章〉에서 주자가 제시한 사서의 독서순서를 따르면서 독서방법의 구체적 과제를 다음과 같이 제시하였다.

구 분	독서방법의 구체적 과제
≪대학≫	'이치를 궁구하여 마음을 바로잡고〔窮理正心〕', '자신을 닦아 사람을 다스리는〔修己治人〕' 도리를 낱낱이 진실하게 알고 실천할 것.
≪논어≫	'어진 덕을 찾아 자기 인격을 닦으며〔求仁爲己〕', '근본을 배양하는〔涵養本源〕' 공부에 대해 낱낱이 정밀하게 생각하고 마음으로 체득할 것.
≪맹자≫	'의리와 이해를 분명하게 변별하고〔明辨義利〕', '인욕을 막고 천리를 간직하는〔遏人慾存天理〕' 이론에 대해 낱낱이 밝게 살펴서 확충해갈 것.
≪중용≫	'성품과 감정의 덕〔性情之德〕'에서 '극치까지 밀어나가는 공부〔推致之功〕'와 '천지가 자리잡고 만물이 배양되는 오묘함〔位育之妙〕'을 낱낱이 음미하고 찾아내어 터득할 것.

이처럼 ≪중용≫에서 배우고 익혀야 할 핵심과제를 사서의 다른 경전과 대비시켜 제시한 주자와 율곡의 언급에서 보면, ≪중용≫이 사서 가운데서도 '도리'의 근원을 가장 깊은 수준에서 밝혀주고 있는 경전임을 알 수 있다. 특히 주자가 ≪대학≫과 ≪중용≫의 핵심적 성격을 직접 대비시키면서, "≪대학≫은 학문의 시작과 끝을 통틀어 말한 것이요, ≪중용≫은 근본과 극치의 자리를 곧바로 가리킨 것이다.〔大學是通言學之初終, 中庸是直指本原極致.〕"(≪회암집晦庵集≫ 46 〈답황상백答黃商伯〉)라고 언급하였다. 주자의 이 말에서도 ≪대학≫이 '학문의 시작과 끝'으로서 과정을 말한 것인 데 비해, ≪중용≫은 '도리의 근본과 극치'로서 근원을 제시한 경전으로 밝힘으로써 ≪중용≫

이 차지하고 있는 위치와 성격을 분명하게 확인할 수 있다.

주자는 ≪중용≫을 33장章으로 나누고 해석하여 ≪중용장구中庸章句≫를 저술하였으며, 그 이후로 33장의 체제가 가장 널리 통용되고 있다. 그러나 다산茶山(정약용丁若鏞)은 ≪중용≫을 59절로 세분하였고, 일본의 오규 소라이荻生徂徠는 31장으로 나누는 등, 다른 견해들이 있다.(졸저, ≪도와 덕 – 다산과 오규 소라이의 중용·대학 해석≫, 이끌리오, 2004, 21-24쪽) 또한 주자는 33장을 내용에 따라 6대절大節로 나누기도 하였다. 6대절의 범위와 내용을 보면 다음과 같다.

6대절 범위	내 용
1장	중화中和
2장 – 11장	중용中庸
12장 – 19장	비은費隱
20장 – 26장	성誠
27장 – 32장	대덕大德·소덕小德
33장	제1장의 뜻을 다시 밝힘 (≪중용장구≫ 〈독중용법讀中庸法〉)

조선 초기의 권근權近(양촌陽村)은 ≪입학도설入學圖說≫ 〈중용분절변의中庸分節辨議〉에서 주자가 4대절(1-11장/12-20장/21-32장/33장)로 나눈 경우를 소개하고, 권근 자신은 총론대지總論大旨 3절과 세분細分 5절(1-11장/12-20장/21-26장/27-32장/33장)로 나누기도 하였다. 이

렇게 장章을 나누거나 대절大節을 나누는 데 다양한 견해가 있는 것은 읽는 사람의 관심에 따라 ≪중용≫의 구성이 다양하게 비쳐질 수 있음을 보여주는 것이라 하겠다.

2) '중용'의 말뜻

'중용中庸이란 무엇인가?'를 묻는 질문, 곧 '중용'의 개념을 이해하고자 하는 질문에서는 무엇보다 '중용'이라는 말이 머금은 뜻을 여러 각도에서 음미해볼 필요가 있다. 우선 '중용을 실현하는 길', 곧 '중용의 도리〔中庸之道〕'를 해명하기 위한 기본과제로서는, 첫째 그 기초를 확인하고, 둘째 그 성격을 이해하며, 셋째 그 실상을 파악할 필요가 있다.

첫 번째로 '중용'의 기초를 확인하면서 '중용을 실현하는 길'에 초석이 되는 세 개의 주춧돌을 찾아볼 수 있다. 곧 (1) 인격에 뿌리를 두고 사회에 실현된다는 사실과 (2) 현실에 뿌리를 두고 이상理想을 지향한다는 사실과 (3) 시대변화에 적응하며 미래를 창조한다는 사실을 확인하는 데 주의를 기울일 필요가 있다. 그것은 '중용을 실현하는 길'이란 인간으로서 세상을 살아가는 올바른 방법이라는 점을 전제로 하여 찾아낸 주제들이다.

두 번째로 '중용'의 성격을 이해하기 위해 '중용'이라는 말의 뜻을 확인해볼 필요가 있다. '중용'이라는 말뜻을 해석한 대표적 경우로 세 가지 견해를 살펴볼 수 있다. 송宋나라 때 도학자인 정자程子와 주자朱子를 들 수 있고, 이에 비해 조선후기 실학자인 다산

茶山 정약용丁若鏞의 견해는 뚜렷한 차이를 보여주고 있는 것이 사실이다.

구분	'중용'이란
정자	"치우치지 않는 것을 '중'이라 하고, 바뀌지 않는 것을 '용'이라 한다.〔不偏之謂中, 不易之謂庸.〕"(≪이정유서二程遺書≫ 7-15)
주자	"치우치지 않고 기대지 않으며 지나침이나 못 미침이 없으면서, 평상한 이치이다.〔不偏不倚, 無過不及, 而平常之理.〕"(≪중용장구中庸章句≫ 2장)
다산	"'용'이라는 글자는 원래 항상함의 뜻이 있다.〔庸之爲字, 原是有常之意.〕"(≪중용자잠中庸自箴≫)

여기서 '중中'이 치우치지 않음을 뜻한다는 점은 공통적으로 받아들여지고 있지만, '용庸'의 뜻은 제각기 다름을 주목할 필요가 있다. 곧 '용'의 뜻으로 정자는 '바뀌지 않는 것〔不易〕'이라 하여 '불변不變'의 보편성普遍性을 지적했고, 주자는 '평상한 이치〔平常之理〕'라 하여 일상생활 속에서 지켜야 할 법칙이나 도리로서 '일상성日常性'을 제시했으니, 정자와 주자는 '용'을 이치로 보는 데는 일치하지만, 정자가 이치의 불변함으로 강조하는 데 비해, 주자는 이치가 일상의 현실을 떠나지 않음을 중시하였던 차이를 보여준다. 이와는 달리 정약용은 변함없이 지속해가는 실천의 '항구성恒久性'을 의미하는 것으로 밝히고 있다.

정자·주자가 제시한 견해나 정약용이 제시한 견해는 나름대로 합리적 의미를 지닌 해석이지만, 필자는 '중용'에서 '용'의 개념을 불변의 원리이거나 현실에서 드러나는 이치로 이해한 정자·주자의 견해보다는 실천의 항구적 지속성을 주목한 정약용의 이해가 더 설득력이 있는 것으로 받아들이고자 한다. 그만큼 다산은 '중용의 길〔中庸之道〕'에 대해 '중용'이라는 도리의 불변함을 의미하는 것에 그치는 것이 아니라, 도리를 실행하는 과정으로 이해하고자 하는 시각을 분명하게 보여주고 있다. 이처럼 중용은 관념적 이치나 법칙이 아니라 실천의 방법이요 과정임을 강조하고 있는 것이기도 하다.

세 번째로 '중용'의 실상을 파악해볼 필요가 있다. ≪중용≫의 제1장에서는 온갖 감정〔喜·怒·哀·樂〕이 발현되기 이전의 속마음인 '중심〔中〕'과 이 감정들이 발현하여 절도에 맞게 드러나는 '조화〔和〕'로서 '중화〔中和〕'를 제시하고 있다. 여기서 '중용'과 '중화'의 관계에 대한 이해에서도 약간씩 차이가 드러나고 있음을 보게 된다. 곧 정자程子의 제자인 유작游酢은 "성정性情으로 말하면 '중화'요, 덕행德行으로 말하면 '중용'이나, 그 실지는 하나의 '도리'이다."(≪유치산집游廌山集≫ 〈중용의中庸義〉)라 했고, 주자朱子는 "성정性情으로 말하면 '중화'요, 예의禮義로 말하면 '중용'이나, 그 실지는 하나이다."라 하였다. 그렇다면 '중화'는 '중용'의 인격 내면적 근거를 의미하고, '중용'은 '중화'가 밖으로 드러난 실천의 규범을 의미하는 것으로 이해해도 될 것 같다.

또한 공자는 '중용'을 때에 알맞은 도리, 곧 '시중時中'으로 제시하였다. 시대의 변화와 현실의 상황에 맞지 않는 고정된 신념이라면 그것은 '시중'으로서 '중용'이 될 수 없음을 말한다. 또한 '중용'은 상반된 양쪽 극단을 포함하여 조화와 균형을 이루는 방법이니, 단순한 산술적 중간점이 아니다. 따라서 두 입장의 중간을 취하는 관점을 고집하는 것도 '중용'에서 벗어나는 것임을 확인하고 있다.

그래서 맹자가 "자막子莫은 중간을 붙잡았다. 중간을 붙잡는 것이 도리에 가깝지만 중간을 붙잡고서 변화에 적응함이 없으니, 한 가지를 고집하는 것과 같다. 한 가지를 고집하는 것을 미워하는 까닭은 그것이 도리를 해치며, 한 가지를 내걸고 모든 것을 폐지하기 때문이다.〔子莫執中. 執中爲近之, 執中無權, 猶執一也. 所惡執一者, 爲其賊道也, 擧一而廢百也.〕"(≪맹자≫ 13-26:1)라고 비판했던 일이 있다. 이렇게 '자막子莫이 중간을 잡고 있는 것〔子莫執中〕'은 중간을 붙잡고 고집하여 중간과 다른 것은 아무것도 받아들이지 않고 배척하는 결과를 초래하므로, '중용'에 역행한다는 사실을 강조하고 있다. 그만큼 '중용'은 단순하게 중간점을 취하는 것이 아님을 분명하게 밝혀주고 있다.

'중용'은 유교적 사유의 핵심정신을 열어서 보여주는 열쇠로서 역할을 하고 있다. '중용'을 이해하면 우리의 사상전통이 토대로 삼고 있는 유교정신의 핵심을 파악할 수 있으리라 본다. 이와 더불어 '중용'은 그동안 유교정신을 실행하는 과정에 무엇을 성취했고 어디에서 실패했는지, 돌아보고 성찰할 수 있게 한다. 이런 뜻에서 '중용'의 이해가 매우 중요한 의미를 지닌다. 나아가 우리 자신이 심한 분열과 갈등에 빠진 현실 속에 살아가고 있음을 각성한다면 그 해결방법을 찾아가는 데 '중용의 도리'를 이해하는 과제는 무엇보다 중요한 의미가 있다고 확신한다.

3) 편차編次의 구성

이 책의 편차는 ≪중용≫의 편차 순서를 그대로 따른 것이 아니다. ≪중용≫을 읽으면서 '중용의 도리'를 좀 더 분명하게 이해하기 위해, 전면적으로 풀어서 주제별로 ≪중용≫의 편차를 체계화하고자 시도해보았다. 따라서 중심 경전인 ≪중용≫을 각 주제에 따라 해석하면서, '중용의 도리'를 보다 풍부하게 이해하기 위해 여러 다른 경전 속에서도 '중용의 도리'와 관련된 구절들을 찾아내어 함께 해석해보았다. 곧 사서를 비롯하여 여러 경전과 문헌에서 관련된 구절을 가능한 폭넓게 섭렵하여 음미해보고자 노력하였다.

이 책에서는 '중용' 개념을 밝히기 위해 크게 4영역으로 나누어 해석하였다. 곧 제1부 '개괄적 의미〔意義〕', 제2부 '실현주체로서의 마음〔心法〕', 제3부 '실천의 방법〔實踐〕', 제4부 '실현의 양상〔實現〕'의 4영역으로 나누었다.

나아가 '중용의 도리'를 가능한 체계적으로 해명하기 위해, 4부의 내용을 각각 3주제로 나누었고, 다시 각 주제를 3과제로 나누었다. 다시 말하면, 한 부에 3주제가 있고 그 안에 9과제가 있으니, 4부 전체를 보면 12주제요 36과제가 있는 셈이다.

그것은 단지 필자가 ≪중용≫을 구조적으로 해명하기 위해 체계를 세우려고 시도한 것일 뿐이다. '중용의 도리'를 해명하기 위해 이 책에서 제시하고 있는 체계를 도표로 보여주면 다음과 같다.

제1부 개괄 (중용의 길이란)

- (1) 기초 – ①모든 것 포괄 ②현실에 뿌리를 둠 ③시대변화에 적응
- (2) 성격 – ①진실함 ②인간에 기반 ③조화로움
- (3) 실상 – ①함께 감 ②널리 통용됨 ③지극히 어려움

제2부 실현주체 (중용을 행하는 마음)

- (1) 심법 – ①열린 마음 ②따뜻한 마음 ③굳은 신념
- (2) 시야 – ①세계를 전망 ②역사를 통찰 ③예법을 살핌
- (3) 자세 – ①자기중심 수립 ②공손함 ③정성스럽고 경건

제3부 실천방법 (중용의 길을 가려면)

- (1) 조건 – ①지혜로운 판단 ②근면과 독실 ③소통과 균형
- (2) 방법 – ①학문에 힘써야 ②가까운 데서 출발 ③변함없이 지속
- (3) 실행 – ①자신을 닦음 ②가정을 다스림 ③나라를 다스림

제4부 실현양상 (중용이 이루어진 모습)

- (1) 근거 – ①천명을 따름 ②사람을 사랑함 ③만물을 사랑함
- (2) 상태 – ①신의가 있음 ②질서를 이룸 ③공평함
- (3) 실현 – ①화평함 ②활력이 넘침 ③밝게 빛남

제1부

중용中庸의 길이란

1. 모든 것을 끌어안는다

순舜은 묻기를 좋아하셨고, 비근卑近한 말을 살피기 좋아하시며, 남의 악한 점을 덮어주시고 착한 점을 드러내시며, 양쪽 극단을 붙들어 그 중도中道를 백성에게 쓰셨다.

舜好問而好察邇言, 隱惡而揚善, 執其兩端, 用其中於民.

≪중용≫ 6:1

순舜(≪만고제회도상≫)

공자는 순舜임금이 크게 지혜로운 분인 까닭을 설명하면서 '중용의 도리'가 지닌 근본정신을 밝혀주고 있다. 무엇보다 순임금의 지혜로움은 바로 정치현실에서 '중용의 도리'를 실현하는 데 탁월하였음을 보여주었다. 여기서는 순임금이 '중용의 도리'에 따라 천하를 다스리는 과정에서 모든 것을 끌어안는 방법으로 세 가지 조목을 들어 구체적으로 제시하고 있다.

첫째 마디에서 "묻기를 좋아하셨고, 비근한 말을 살피기 좋아하셨다."는 것은 여러 사람의 의견을 경청하고, 비근한 일에까지 속속들이 자세하게 살피는 관심의 폭이 넓고 깊음을 말한다. 고매한 이론을 찾겠다는 것이 아니라, 지극히 평범한 일상생활의 이야기까지 어느 것 하나 버리지 않고 모든 것을 끌어안는 열린 마음이 드러나고 있음을 보여준다. 이 말은 행동기준을 교훈적으로 제시하는 것이 아니다. 순임금 자신이 현실에 깊이 파고들어 대중들의 마음을 살피고 생각을 이해하는 데까지 미쳤다는 사실을 보여주고 있다. 곧 포괄의 폭이 현실의 구체적 문제 속으로 깊이 침투하였고 대중의 생활 속에 밀착하고 있음을 말하였다.

둘째 마디에서 "남의 악한 점을 덮어주시고 착한 점을 드러내신다."는 것은 다른 사람을 평가하여 옳은 것과 그른 것〔是非〕을 구별하거나 선한 점과 악한 점〔善惡〕을 갈라놓고서 한쪽을 취하는 선택적 자세이거나 다른 쪽을 물리치는 비판적 자세가 아니다. 착한 사람만이 아니라 악한 사람까지도 끌어안는 포용력을 중시하는 말이다. 이것은 악을 징벌하고 선을 포상하는 이른바 '신상필벌信賞必罰'의 방법과 전혀 다르다. 지도자가 권위로 대중을 이끌어가는 것이 아니라, 부모처럼 자애로운 마음으로 대중의 마음속에까지 스며들어가서 대중으로부터 공감을 받아야 한다는 말이다. 대중의 괴로움을 위로하고 나약함을 격려하여, 대중들이 가슴 깊이 감동을 일으킴으로써 자발적으로 선을 찾아 나오게 하여, 하나로 화합된 질서 속에 끌어들이고 있음을 의미한다.

셋째 마디에서 "양쪽 극단을 붙들어 그 중도를 백성에게 쓰셨다."는 것은 서로 다른 다양한 차이에서 대립하는 양극단의 입장까지도 끌어안고 '중용'의 길을 제시하여 함께 이끌어가고 조화를 이룸을 말한다. 여기서는 먼저 사회 전체에서 양극단까지 포괄해야 한다는 조건과 이 포괄의 조건 위에서 양극단의 전체를 조화시킬 수 있는 중용의 원리를 찾아내어야 한다는 과제를 제시하는 말이라 할 수 있다. 이렇게 찾아낸 중용의 원리를 백성에게 실현하는 것이 백성들로 하여금 화합의 질서 속으로 쉽게 나올 수 있도록 하여, 끝내는 '중용의 도리'를 이루게 될 것임을 보여주고 있다.

'중용의 도리'는 인간이 세상을 살아가는 올바른 방법이다. 따라서 '중용의 도리'를 해명하기 위해서는 제1부에서 '개괄적 의미'를 이해하기 위해 (1) 그 '기초'를 확인하고, (2) 그 '성격'을 이해하며, (3) 그 '실상'을 파악해야 한다는 세 가지 주제를 밝힐 필요가 있다.

먼저 첫 번째 주제인 (1) 중용의 길이 놓여 있는 '기초'를 점검하면서 세 가지 과제를 나누어 살펴보고자 한다. ① 첫째 과제는 '모든 것을 끌어안는다〔包括〕'는 것이요, ② 둘째 과제는 '현실에 뿌리를 둔다〔現實〕'는 것이며, ③ 셋째 과제는 '시대변화에 적응한다〔應變〕'는 것으로 해명할 필요가 있다고 파악하였다.

여기서는 먼저 '중용'의 기초로서 ① '모든 것을 끌어안는다'는 과제를 해명하고자 한다. 끌어안지 못하고 버려두거나 거부하는 것이 하나라도 있다면 '중용'의 기초가 부실해서 한쪽으로 기울어져 안정을 잃을 수 있음을 말한다. 그것은 '중용의 도리'도 무너질 위험에 놓이지 않을 수 없음을 말하는 것이기도 하다.

'중용의 도리'는 세상 속에서 세상을 변화시키는 도리이다

'중용'은 허공에서 드러날 수 있는 추상적 관념의 '도리'가 아니다. 마치 물이 있어야 물고기가 헤엄칠 수 있고, 바람이 있어야 연鳶이 공중에 떠오를 수 있듯이 '중용'은 세상이라는 현실세계 속에서 비로소 실현될 수 있으며, 또 실현되어야 하는 '도리'이다. 그런데 물고기가 물에서 놀고 연이 공중에 떠오른다 하더라도 물이나 공중에는 그 지나간 길에 잠깐 미세한 파동만 있을 뿐이요, 조금만 지나면 아무 흔적도 남기지 않으니, 아무런 변화가 일어나지 않는다.

이와 달리 '중용의 도리'가 세상에서 실현되면 그 세상 전체의 질서와 상태가 본질적으로 변화를 일으키게 된다. "중심〔中〕과 조화〔和〕를 이루면 하늘과 땅이 제자리를 잡고, 만물이 자라나게 된다. 〔致中和, 天地位焉, 萬物育焉.〕"(≪중용≫ 1:5)고 말했으니, 한 사람의 마음속에 중심이 잡히고 감정의 발현에 조화를 이루면 그 파동이 확산되어 온 세상이 질서를 이루고 모든 생명이 온전하게 성장하는 변화를 일으킬 수 있다고 하였다.

바로 이렇게 세상 전체를 변화시킨다는 의미에서, '중용의 도리'는 '모든 것을 끌어안는다'는 과제를 전제로 한다. 먼저 '중용의 도리'가 지닌 의미를 개괄해본다면 그 실현되는 범위의 넓음을 가리켜 '모든 것을 끌어안는다'고 할 수 있다. 나아가 그 실현되는 양상을 가리켜 '조화롭다'고 한다. 또한 그 실현하는 주체의 상태를 가리켜 '진실하다'고 하게 된다. 무엇보다 먼저 '모든 것을 끌어안는다'는 사실은 '중용의 도리'를 단순히 세상 전체를 범위로 삼는다는 뜻만 아니라 모든 것을 화합시킨다는 뜻으로, '중용의 도리'를 실현하기 위해 가장 중요한 조건으로 주목해야 하겠다.

'중용의 도리'가 세상 속에서 실현되면 세상은 마치 흐트러진 퍼즐 조각들의 더미가 제자리를 찾아가서 하나의 주제를 이룬 아름다운 그림으로 드러나듯이, 하나의 중심을 둘러싸고 거대한 소용돌이가 일어나듯이, 밤하늘에는 북극성北極星을 중심으로 모든 별들이 돌듯이, 하나의 중심으로 통일을 이루는 새로운 질서를 이루게 된다. 또한 시계의 무수히 많은 크고 작은 부품들이 제자리를 찾아 조립되어 재깍거리며 시계바늘이 돌아가듯이, 모든 존재는 하나의 질서 속에서 돌아가며 새로운 창조적 기능을 하게 되는 것이라 하겠다.

여기에는 한 조각이나 한 부품도 빠뜨려져서는 완성될 수 없다는 사실이 중요하다. 이처럼 세상 모든 생명과 사물과 일은 '중용의 도리' 안에 포괄되어 질서와 조화를 이루고 의미를 찾을 수 있게 된다는 말이다.

'중용의 도리'는 권위적 지배가 아니라 자발적 참여로 실현된다

'중용'의 기본 특성으로서 '모든 것을 끌어안는다'는 말은 모든 것을 장악하여 지배하는 권위權威를 의미하는 것과는 엄격히 구별되어야 한다. '중용'은 세상을 초월하여 존재하는 '신神'처럼 세상의 위에 따로 떠 있는 어떤 성스러운 존재가 아니요, 세상을 지배하는 위대한 통치자처럼 권위적 존재도 아니다. 어떤 상황에 있더라도 세상 속에서 세상의 온갖 다양한 요소들을 끌어안고 하나의 질서로 조화를 이루는 상태를 의미한다. 이 점에서 '중용'의 이상理想은 아무것도 버려지는 것이 없는 온전한 포용을 지향한다.

따라서 '중용의 도리'가 모든 것을 끌어안는다 하여 전체를 지배하는 전체주의적 질서와 혼동되어서는 안 된다. 모든 개체의 개성을 억제하고 열병식처럼 하나의 체계 속에 움직이게 하는 것이 아니다. 오히려 모든 개체가 자기 자리에서 새로운 질서에 참여하여 자발적으로 움직이는 모습을 보여준다. 마치 광장에서 한가롭게 잡담하거나 흩어져 놀고 있던 사람들이 어느 한순간 어떤 계기를 만나면, 모두가 그 시선이 한 방향으로 모여들게 되고, 모두 자발적으로 하나의 구호를 외치거나 함께 박수치고 노래하며 응원하는 집단이 되듯이, 모든 개체가 자발적으로 참여하는 질서 속에서 '중용의 도리'는 세상을 하나의 중심으로 모여들게 하는 힘이라 할 수 있다. 이렇게 모든 것이 자발적으로 모여들게 하는 힘을 '모든 것을 끌어안는다'고 말한다.

세상은 너무 넓고 너무 다양하여 어떤 장면이나 어떤 경우에서도 '모든 것을 끌어안는다'고 말하는 것은 결코 쉬운 일이 아니요, 가능한 일도 아닌 것으로 보인다. 선과 악이 극단적으로 대립하여 화해和解가 불가능한 경우도 있고, 대자대비大慈大悲하신 부처님의 품 안에서도 빠져나가 구원을 받을 수 없는 '무연중생無緣衆生'이 있기 마련이다. 그런데 어찌 하나도 빠짐없이 자발적으로 참여하여 모든 것을 포괄할 수가 있다는 말인가. '모든 것을 끌어안는다'는 것은 현실이라기보다 지향하는 이상을 의미하는 것은 분명하다. 그래도 대세를 보면 '중용'의 질서 속에 하나로 모여들게 하는 힘을 분명하게 볼 수 있다.

노魯나라의 높은 지위에 있는 인물인 계강자季康子가 공자에게 정치의 방법에 대해 질문하다가, "만약 무도한 자를 죽여서 백성을 도리가 있는 데로 따르게 한다면 어떠합니까?"라고 물었던 일이 있다. 그때 공자는 "그대가 정치를 하면서 어찌 살육의 방법을 쓰려 합니까? 그대가 선하고자 하면 백성은 선하게 됩니다. 군자의 덕은 바람이요 소인의 덕은 풀이라, 풀은 위로 바람이 불어오면 반드시 바람을 따라 눕습니다.〔子爲政, 焉用殺? 子欲善而民善矣. 君子之德風, 小人之德草, 草上之風, 必偃.〕"(≪논어≫ 12-19)라고 대답했다. 지도자가 선한 '도리'로 모범을 보여주면 대중들이 자발적으로 본받아 따르게 된다는 사실을 강조한 말이다.

법가法家의 입장이라면, "불법을 저지르는 백성을 형벌로 다스려 죽이면 모든 백성이 두려워하여 법을 지키게 할 수 있지 않으냐."는 견해를 내세울 것은 당연하다. 이러한 법가의 입장은 오늘의 우리 주변에서도 쉽게 찾아볼 수 있다. 그것은 '법'의 엄격한 지배를 통해 사회적 질서와 통합을 이룰 수 있다는 견해이다. 물론 상당히 빠르고 효율적인 성과를 이룰 수도 있다. 그러나 공자는 이러한 공포정치의 강제적 방법이 옳지 않을 뿐만 아니라 궁극적으로 성공할 수도 없다고 보았다. 그 대신에 지도자가 선한 모범을 보이면 백성들이 감화를 받아 선하게 되는 자발적 사회통합의 방법을 역설하였다. 위압적 공포의 통합이 아니라 자발적 감화의 조화로운 결합이라야 진정으로 화합을 이룰 수 있으며, 또한 '중용의 도리'를 실현하는 길임을 밝히고 있다.

여기서 공자는 지도자와 백성의 관계를 바람과 풀의 관계에 비유하여 '풀은 반드시 바람을 따라 눕는다.'는 사실을 비유로 들어서, 지도자가 선하면 백성들이 감동되어 모두 자발적으로 선善을 따르게 된다고 강조했다. 그러나 과연 지도자의 모범을 보면 바람에 따라 풀이 눕듯이 모든 백성이 따르게 될까? 물론 예외 없는 사실을 말하자는 것이 아니다. 대세를 말하는 데 의도가 있는 것이라 이해된다. 따라서 '중용'이 뜻하는 '모든 것을 끌어안는다'는 것도 현실적으로는 대세를 말하는 것이요, 모든 존재의 통합을 이상으로 지향한다는 의미임을 이해할 수 있다.

'중용의 도리'는 양쪽 극단까지 포괄해야 한다

'양쪽 극단을 붙든다[執其兩端]'는 포괄의 방법은 바로 '중용의 도리'를 실현하는 전제조건이라 할 수 있다. 이처럼 양쪽 극단까지 포함한다는 전체를 포용하는 전제 위에서 '그 중도를 백성에게 쓰셨다[用其中於民]'고 말했으니, '중용의 도리'를 밝혀서 실현해가는 현장을 보여준다. '포괄'이 대상의 범위를 가리키는 것이라면 '중도中道' 곧 '중용의 도리'는 화합을 실현하는 기준이라 할 수 있다. 따라서 '중도'가 주체라면 '포괄'은 대상의 범위라는 관계로 구별될 수 있음을 보여주기도 한다.

그러나 '포괄'의 영역은 '중도'의 실현대상에 그치는 것이 아니라 '중도'를 정립하는 전제조건이 되기도 한다. '중도'는 어디서 나오는가? '중도'는 추상적 원리가 아니라 양쪽 극단을 포괄하는 현장에서 찾아지는 화합의 원리임을 주목할 필요가 있다. 따라서 '포괄' 없이는 '중도'가 찾아질 수 없고, '중도' 없이는 '포괄'이 완성될 수 없다는 상호의존관계임을 드러내주는 것이라 하겠다.

2. 현실에 뿌리를 둔다

군자는 자기 처지에 바탕을 두고 행동하며, 그 밖의 것은 원하지 않는다.

君子, 素其位而行, 不願乎其外. ≪중용≫ 14:1

바탕이 부귀富貴하면 부귀함에 맞게 행하고, 바탕이 빈천貧賤하면 빈천함에 맞게 행하며, 바탕이 오랑캐이면 오랑캐에 맞게 행하고, 바탕이 환난患難 속에 있으면 환난에 맞게 행하니, 군자君子는 어디에 들어가도 스스로 만족하지 않음이 없다.

素富貴, 行乎富貴, 素貧賤, 行乎貧賤, 素夷狄, 行乎夷狄, 素患難, 行乎患難, 君子無入而不自得焉. ≪중용≫ 14:2

"군자는 자기 처지에 바탕을 두고 행동하며, 그 밖의 것은 원하지 않는다."는 것은 자신이 놓여 있는 처지라는 현실을 받아들이고, 자신의 모든 행동이 그 처지에 알맞게 대응해야 한다는 말이다. '중용'은 바로 현실의 처지에 알맞게 적응하는 것을 기본방법으로 삼고 있다. 이른바 자신의 '분수分數'를 알아야 하고, '분수'에 맞게 행동해야 하며, '분수'를 넘어서는 안 된다는 점을 강조하고 있다.

'바탕'이란 자신이 놓인 처지의 현실적 조건이다. 경제적 조건이 부귀하다면 부귀한 처지에 맞게 해야 하고, 빈천하다면 빈천한 처지에 맞게 행동하는 것이 바로 '분수'에 맞게 행동하는 일이다. 부귀하면서 남에게 베풀 줄 모르면 인색한 인물이요, 빈천하면서 사치를 좋아하면 허망한 인물이 아닐 수 없다.

선천적인 출생의 조건이 오랑캐라면 오랑캐에 맞게 행하는 것이 올바른 도리요, 현실의 당면한 상황이 환난 속에 놓였다면 그 환난의 상황에서 적절하게 행동하는 것이 지혜로운 도리임을 말하고 있다. 자신이 선택할 수 없는 현실이 오랑캐인데, 자신의 역사와 전통을 수치스러워하고 선진문명의 외국만 추종하면 자주성自主性을 잃은 인격이다. 자신이 환난의 상황에 놓이게 되었는데도 타개할 방책을 찾지 않고, 남을 원망하거나 남의 구조만 바란다면 성숙한 인격이라 할 수 없다.

따라서 자신의 '처지'와 '분수'를 외면하지도 말고 무시하지도 말아야 하며, 현실에 좌절하는 일도 없어야 한다는 말이다. 이처럼 자신이 놓여 있는 처지를 직시하고, 어떤 경우이거나 그 현실에 알맞게 행동하는 것이 바로 '중용의 도리'임을 강조하고 있다. 이렇게 '중용의 도리'를 실천하는 군자는 "어디에 들어가도 스스로 만족하지 않음이 없다.〔無入而不自得焉.〕"고 하였다. 곧 군자가 일을 처리함에 어떤 현실 상황에서도 적절하게 대응하며, 자신이 놓인 처지와 조건의 불리함이나 어려움을 탓하는 일이 없다면 자신이 놓인 처지에 만족하여 아무 유감이 없음을 말한다.

무슨 일이나 저절로 되는 법이 없으니, 자신이 놓인 처지에 알맞게 대처하기 위해서는 어떤 경우에도 스스로 판단하고 결행해야 한다. 이렇게 조화롭고 균형 잡힌 판단과 실행을 할 수 있는 인격이 바로 '군자君子'라 일컬어진다. 따라서 '중용의 도리'는 인격 내면의 '중화中和'를 본체로 삼고, 이에 근거하여 실현되는 것이라 할 수 있다. 곧 군자의 인격은 '중용의 도리'를 실현하는 주체이니, 어떤 현실의 처지에서나 모든 것을 자신이 책임져야 하며, 무엇을 탓하거나 누구를 원망하는 일이 없어야 함은 당연하다.

현실은 끝없이 변화한다

인간이 살아가면서 만나는 현실은 어느 시대, 어느 지역, 어떤 환경이라는 특정한 조건을 지니기 마련이다. 이러한 현실은 한없이 다양한 모습으로 나타나며, 동시에 이 다양한 현실은 끝없이 변화하고 있다는 사실을 유의할 필요가 있다.

우리 주변의 노인들 가운데는 일제 강점기에 억압과 차별을 당하며 청소년 시절을 보내고, 해방 후 공산共産 치하의 폭정에 시달리다가, 6·25 동란 때 피난을 하거나 전쟁터에 나가 죽을 고비를 넘기는 경험을 했던 사람들도 많이 있다. 이처럼 격변하는 시대에 극심한 사회적 혼란과 빈곤 속에 고통을 겪어야 했으니, 그 평생은 폭풍을 뚫고 거센 파도와 싸우면서 아슬아슬하게 위기를 넘기며 항해하는 경험에 견주어볼 만하다.

그뿐 아니라 오늘날 우리 사회를 살아가는 사람들은 누구나 자신의 평생에 사회환경이 뒤바뀌고, 도덕의식이 엄청나게 변하거나 생활문화가 속속들이 달라지고 있는 현실을 경험해왔다. "십 년이면 강산江山도 변한다."라는 속담이 있지만, 요즈음 대도시에서 살아가는 사람들은 "눈만 뜨면 세상이 변한다."고 할 수 있을 정도로 변화의 격랑 속을 살아가고 있다. 실지로 인간은 언제나 끊임없이 변하는 현실에 적응하면서 살아가지 않을 수 없는 존재이다.

이렇게 다양한 현실상황과 격심한 사회변동 속에 적응하며 살아가자면, 현실의 변동에 적절하게 대응하기 위해서는 현실에 대해 확고한 인식이 가장 중요한 과제로 제시된다. 나 자신만 해도 20대 중반까지는 집에 전화기나 텔레비전이 없었는데, 그 후 유선전화는 이제 무선전화로 사람마다 손에 들고 다니게 되었고, 통화만 하는 것이 아니라 무수히 다양한 기능을 지닌 것으로 발전하여, 나처럼 적응력이 뒤떨어진 사람은 미처 따라갈 수가 없는 실정이다. 텔레비전도 방송국이 두세 개뿐이요, 밤에는 그마저 방송이 없었는데, 지금은 24시간 방송되는 헤아릴 수 없이 많은 방송국의 채널을 선택하며 시청할 수 있게 되는 변화를 경험하고 있다.

현실에 적응하는 '도리'를 배워야 한다

인간이 현실의 변화 속에서 어떻게 적응하고 대처해야 할지, 어떤 방향으로 나아가야 할지를 밝혀주는 것이 사람 사는 '도리'이다. 따라서 '도리〔道〕'란 우선 인간이 어디를 가든지 밟고 가야 하는 '길'

이다. '길'은 황무지荒蕪地인 이 세상에 앞서서 다녔던 사람들이 닦아서 열어놓은 편리하고 안전한 수단이요 도구라 할 수 있다. '도리'에 대해, 인간이 살아가는 땅 곧 현실에 뻗어 있는 '길'이 아니라 하늘에 떠 있는 불변의 이치라 주장하는 견해도 있는 것이 사실이다. 그러나 이런 견해는 관념에 사로잡혀 현실을 소홀히 하는 태도이니, 우선 숭고하게 보일지라도 조만간 사람들이 돌아보지 않아 버려질 위험이 크다.

험난한 곳을 찾아갈 때는 사람들이 앞서 갔던 '길'을 잘 찾아서 따라가지 않으면 방황하다가 엄청난 위험에 빠지기 쉽다. 그래서 '길'은 뒤에 가는 사람이 먼저 가보았던 사람에게서 배워야 한다. ≪중용≫의 첫머리에서는, "도리를 닦는 것을 '가르침'이라 한다.〔修道之謂敎.〕"(≪중용≫ 1:1)라고 언급하였다. 길을 찾아가야 하는 것이 우리가 당면한 문제이다. 그렇다면 그 길을 올바르게 찾아가기 위해서는 그 길을 먼저 가보았던 경험이 있는 사람에게 물어보는 것이 가장 쉽고 확실한 방법이 된다. 먼저 가보았던 사람이 가르쳐주고, 앞으로 가야 할 사람이 배워야 하니, 가르치고 배우는 가운데 길이 더욱 뚜렷하게 드러나게 된다.

'교육敎育'이라는 말은 사람이 살아가야 하는 길을 가르치고 배우는 일이다. 가르치고 배우는 것은 바로 우리가 살아가야 하는 현실 속에서 마땅히 가야 할 길을 찾아내어 드러내고 다듬어가는 일이라 할 수 있다. 그것이 바로 "도리를 닦는 것을 '가르침'이라 한다.〔修道之謂敎.〕"는 말의 뜻이다. 가르침의 내용이 무엇인지, 가르침의 목적이 무엇인지를 분명하게 인식해야 올바른 가르침이 확보될 수 있음은 자명한 일이 아닐 수 없다.

여기서 제기되는 문제는 그 '길'이 어떤 조건에서 생겨나는 것인지 그 근거를 알아야 하고, '길'이 무엇을 위해 만들어지는 것인지 그 목적을 알아야 자신이 가야 할 길을 적합하게 닦아갈 수 있다. 우선 길은 자연의 조건에 따라 달라질 수밖에 없다. 들판에서는 곧게 뻗은 길이 만들어지고 높은 고개나 산을 넘어가려면 구불구불 돌아서 가는 길이 만들어질 수밖에 없다. 내 마음이야 가장 짧게 직선으로 빨리 가고 싶어도 땅의 형세에 따르지 않을 수 없다. 평지에서도 꺾어지는 모퉁이 길이 생기는데, 하물며 가파른 산마루를 곧바로 올라가기란 어렵고 위험한 일이 아닐 수 없다. 이렇게 인간이 살아가는 길은 자연이 지닌 성질에 따라 휘어지기도 하고 곧게 뻗기도 하면서 닦아지게 되는 것이 현실이다.

'도리'는 '성품性品'을 따라야 한다

길은 사람이 걸어 다니는 길인지 자동차가 다니는 길인지, 그 길을 이용하는 주체가 달라지면 길의 상태가 달라질 수밖에 없다. 경치를 감상하기 위한 길은 굽어 돌게 되고 빨리 달리기 위한 길은 곧바로 뻗어가니, 목적에 따라 길의 폭이나 방향이 달라질 수 있다. 특히 사람이 살아가야 하는 길은 사람의 마음속에 간직된 성품에 따라 닦일 수밖에 없다. 이것이 바로 "성품을 따르는 것을 '도리'라 한다.〔率性之謂道.〕"(≪중용≫ 1:1)는 말이다.

'성품〔性〕'이란 인간을 중심으로 한 말이요, 사물을 포함해서 말하면 '성질〔性〕'이라 해야 적합하다. 잘 음미하면 '성질'과 '성품'은 같은 존재의 다른 측면을 보여주는 것이기도 하다. 실제로 사람이 살아가는 길은 인간 자신의 조건과 인간관계라는 조건이 중요하지만, 이외에도 역사적 경험이나 사회적 관습이나 자연적 조건도 무시할 수 없다. 이러한 현실의 조건들이 '길'의 방향과 상태를 결정하는 가장 중요한 요인으로 작용하고 있다.

'성품을 따른다'는 것은 현실에서 발생하는 모든 사태에는 그 근원이 있음을 알고, 그 근원의 성질을 잘 실현시켜야 한다는 뜻으로 이해된다. 나뭇가지에 탐스러운 열매가 맺히면 튼튼한 뿌리의 수고로움이 있었음을 알아야 하니, 그 뿌리를 잘 돌보아야 좋은 열매를 얻을 수 있다는 말이다. 또한 마을 앞을 흐르는 냇물을 길어다 마실 때는 그 물의 원천으로 먼 산골짜기에서 끊임없이 솟아나는 맑은 샘물이 있음을 잊지 말아야 하니, 물이 멀리 흘러가는 동안에도 맑게 유지할 수 있어야 한다는 말이다. 우리 앞에 나타나는 현실에는 언제나 그 뿌리와 원천이 어디에 있는지를 알아야 이 현실을 어떻게 이용하고 유지해야 할지, 또 어디를 향해 나아가야 할지 올바르게 실행할 수 있는 길이 드러나게 된다.

인간의 삶을 둘러싸고 있는 현실의 모든 조건들을 잘 따른다면 인생이 순탄하고 풍성하겠지만, 어느 것이라도 소홀히 한다면 그 길에는 사방에서 장애물에 부딪치지 않을 수 없다. 농사를 짓는 사람은 작물의 하나하나가 지닌 성질을 알아서 이에 알맞게 보살펴야 하고, 토질의 성질을 알아서 이에 알맞게 처리해야 한다. 나아가 기후조건도 살펴 이에 알맞게 대처해야 하니, 어디 한 가지 성질만을 잘 따랐다고 농작물이 제대로 성숙할 수 있기를 바랄 수는 없다.

'도리'는 현실을 변화시키고 개척한다

현실에 뿌리를 내려야 한다는 것은 현실에 매몰되거나 지배당하는 것이 결코 아니다. 비유하자면 나무가 땅에 뿌리를 깊이 내리는 것이 삶의 조건이라면 이와 동시에 하늘을 향해 줄기를 높이 뻗어 올라가고 가지를 넓게 벌리는 것은 삶의 실현인 것처럼, 현실이 인간 삶의 근본조건이라면 이상理想은 인간이 지향하는 삶의 실현목표요 실현방향이다. 그만큼 현실에 뿌리를 둔다고 하더라도 동시에 미래를 내다보고 이상을 지향해야 한다는 것을 잊어서는 안 된다는 말이다.

사실 식물과 동물을 포함한 모든 생명은 현실이라는 조건 아래서 생명의 연속과 확산을 추구하는 삶의 목적을 실현하고 있을 뿐이다. 이상이라는 가치의 실현을 적극적으로 추구하는 존재는 오직 인간뿐이라 할 수 있다. 이 점에서 이상의 추구는 바로 인간과 다른 생명의 차이를 확인할 수 있게 하는 점이라 하겠다. 동물도 상당한 정도의 기억력과 판단력을 가지기도 하고, 다양하게 감정을 표현하는 것은 사실이다. 그러나 인간이 추구하는 가치의 정점으로서 이상은 동물의 세계와 차원이 다른 것이 분명하다.

그렇다고 모든 인간이 이상을 실현하고 있는 것은 아니다. 서로 추구하는 이상이 달라 어떤 사람이 이상으로 추구하는 가치가 다른 사람에게서는 정면으로 부정되기도 한다. 또 공유共有되는 이상이 있다고 하더라도 실현하는 정도는 천차만별이다. 아무리 높은 수준으로 이상을 성취한 사람도 자신이 추구하는 이상의 목표에는 여전히 아득히 멀리 못 미친다고 생각하고 있다. 이처럼 이상은 제각기 다르게 나타나고 영원히 도달할 수 없는 지극히 높은 경지로 보인다.

이상과 현실의 관계는 대립적인 것이 아니다. 현실에 뿌리내리지 못한 이상은 공허한 상념에 머무를 것이니, 이상은 현실에 기초를 두는 것을 전제로 해야 한다. 이와 더불어 이상은 현실을 이끌어가는 지남指南이 되기도 하고 동력動力이 되기도 한다. 그렇다면 현실에서 벗어난 이상은 공상空想이 되고 말 것이요, 이상을 잃어버린 현실은 맹목의 늪이 되고 만다. 그만큼 인간의 삶에서 현실과 이상은 서로 분리될 수 없는 하나의 양면으로 작용하고 있는 것이라 하겠다.

과거의 무수히 많은 경험은 토대가 되어 현실을 판단하고 결정하는 조건이 된다면 미래를 내다보는 전망은 현실에 튼튼한 뿌리를 내려야 하는 것이 기본전제이다. 이와 동시에 현실에 사로잡혀 끌려 다니지 않고, 현실을 이끌어갈 방향과 목표로서 이상을 찾아내어 확인하는 것이 현실을 실현하는 근본적 과제이다.

'중용의 도리'는 바로 현실에 뿌리를 두고 미래로 나아가는 인간 삶의 길을 제시한다. 여기서 현실은 '중용'의 기초를 이루고 있으며, '중용'은 현실에 바탕을 두고 있는 이상으로 역할하고 있다. '중용의 도리'는 현실의 조건들을 올바르게 판단하는 기준이 되고, 동시에 미래를 향해 지향해야 할 이상의 지침이 되는 것이라 할 수 있다.

3 시대변화에 적응한다

어리석으면서 자기가 하려 들기를 좋아하고, 비천卑賤하면서 자기 멋대로 하기를 좋아하며, 지금 세상에 태어나서 옛 도리로 돌이키려 한다면, 그런 사람은 재앙이 그 몸에 닥쳐오게 할 사람이다.

愚而好自用, 賤而好自專, 生乎今之世, 反古之道, 如此者, 烖及其身者也.

≪중용≫ 28:1

"어리석으면서 자기가 하려 들기를 좋아하고, 비천하면서 자기 멋대로 하기를 좋아한다."는 것은 자신의 역량과 처지를 모르고 행동하는 사람을 가리켜서 하는 말이다. 이에 비해 "지금 세상에 태어나서 옛 도리로 돌이키려 한다."는 것은 시대의 변화에 적응하지 않고, 도리어 시대에 역행逆行하여 옛 법도를 회복시키겠다고 고집하는 것으로, 수구守舊의 입장에 사로잡힌 사람들의 태도를 가리켜서 하는 말이다.

나아가 "그런 사람은 재앙이 그 몸에 닥쳐오게 할 사람이다."라고 하였으니, 바로 자신의 분수를 모르거나 시대에 역행한다면 자신에게 재앙을 불러올 것임을 깊이 경계하고 있다.

공자孔子는 '복고주의자'인가

시대는 쉬지 않고 변화한다. 역사가 진보進步한다고 보는 견해이거나, 퇴보退步한다고 보는 견해이거나, 순환循環한다고 보는 견해이거나, 그 어느 경우에서도 시대가 변화하고 있다는 사실은 모두 인정하고 있다. 시대가 진보한다고 보는 입장에서는 변화하는 현실을 긍정적으로 보고 있으니, 시대변화에 적응력이 상대적으로 크게 중시된다.

공자孔子(≪만고제회도상≫)

문제는 시대가 변화하는 사실에 대처하는 태도이다. "아 옛날이여!"라거나 "Those old days!"를 읊으면서, 옛날을 아름다운 것으로 그리워하여 노래하는 것이야 개인의 감상이니 크게 문제될 것이 없다. 심각한 것은 시대의 변화가 타락이라 인식하고 변화를 막음으로써 옛 법도를 회복하려 드는 복고주의復古主義 태도를 어디서나 볼 수 있다는 사실이다.

애공哀公(노魯나라 제후諸侯)이 정치에 대해 묻자, 공자는 "문왕文王

과 무왕武王의 정치가 책에 실려 있다.〔文武之政, 布在方策.〕"(≪중용≫ 20:2)고 대답하여, 정치의 도리가 옛 성왕聖王인 문왕과 무왕의 정치를 기준으로 삼고 있음을 밝히기도 하였다. 그렇다면 정치의 모범은 공자보다 500년 이상 앞서서 주周나라를 세운 성왕聖王인 문왕과 무왕에 모두 갖추어 있다는 것이니, 자신의 시대에 새로운 문제가 제기되지 않았다는 말인가?

실제로 공자는 요堯임금·순舜임금의 정신을 모범으로 받들어 계승하고〔祖述堯舜〕, 문왕과 무왕의 정치제도를 기준으로 삼음〔憲章文武〕으로써, 옛 성왕들을 따르겠다는 입장을 분명하게 보여주고 있는 것이 사실이다. 그렇다면 공자는 옛 성인의 가르침을 법도로 삼아 지키고자 하는 '복고주의자'라고 지적하여도 무리하지 않을 것으로 보인다. 실제로 근대의 많은 학자들이 공자를 복고주의자로 비판해왔던 것이 사실이다.

다만 공자가 옛 성인의 정신과 법도에서 시대변화를 넘어 보편적 원리를 발견하거나 시대변화에 적응하는 법도를 본받고자 하였던 것이라면 공자를 '복고주의자'로 간단하게 몰아세우기는 어려워지게 된다.

공자는 '시중時中'을 주장하여, 시대변화에 적응을 중시하였다

공자가 "옛날 배운 것을 익혀서 새로운 것을 알아내면 스승 노릇을 할 수 있다.〔溫故而知新, 可以爲師矣.〕"(≪논어≫ 2-11)고 하였으니, 옛 지식을 기초로 그 시대에서 새로운 지식을 찾아갔던 인물이다.

따라서 그가 옛것에 사로잡혀 있었던 인물이 아님은 분명하다. 더구나 공자는 시대의 변화에 적응하는 입장을 여러 곳에서 선명하게 제시하고 있음을 엿볼 수 있다. 이를테면 "군자가 중용을 따름은 군자로서 때에 맞게 함이다.〔君子之中庸也, 君子而時中.〕"(≪중용≫ 2:2)라는 공자의 말은 '중용'의 올바른 실현이 '때에 맞게 함', 곧 '시중時中'임을 밝히고 있다는 사실에서 가장 분명하게 드러난다.

이처럼 공자가 '중용의 도리'를 '때'에 맞게 실현되어야 하는 '시중'으로 제시하는 것은 시대변화와 현실의 상황에 적응하는 것을 진리의 참된 모습으로 제시하고 있음을 보여준다. '때(시대)'에 맞게 적응하는 '시중'이라야 '중용'의 올바른 모습일 수 있다면 시대의 변화 속에서 만나는 '때〔時〕'는 '중용'의 진실성을 확보할 수 있는 근본조건으로서 중요한 의미를 지니는 것임을 말한다.

≪주역周易≫에서는 땅을 상징하는 곤괘坤卦의 순응하는 도리를 해명하면서, "하늘을 계승하며 때에 맞게 행한다.〔承天而時行.〕"(≪주역≫ 곤괘坤卦 〈문언전文言傳〉)라고 하였다. 곧 받들어 행해야 할 기준은 '하늘'이지만 '하늘'의 뜻을 실현할 수 있는 현실은 '땅'이요, 현실의 '땅'은 시대의 변화인 '때'를 따라야 하는 것임을 말하고 있다. 하늘의 도리가 '때'를 통해 나타남을 '천시天時'라 하니, 이런 의미에서 하늘을 따르는 것, 그 자체가 바로 시대의 변화를 따르는 것이라 할 수 있다.

진실성을 확보하는 조건으로서 '때'는 단순히 흘러가는 시간을 의미하는 것이 아니다. '때〔時〕'는 사태의 '변화〔變〕' 속에서 가장 뚜렷하게 드러나는 '변화'의 '때'이다. '때'와 '변화'는 결합되어 있는 하나의 양면을 이루는 것이라 하겠다.

이처럼 변화하는 현실로서 '때'의 의미는 ≪주역≫에서 가장 분명하게 확인할 수 있다. 곧 간괘艮卦의 덕은 머무름을 의미하는 것이지만, "머물러야 할 때면 머물고, 가야 할 때면 가니, 움직임에서나 고요함에서 그 때를 잃지 않으면 그 도리가 밝게 빛난다.〔時止則止, 時行則行, 動靜不失其時, 其道光明.〕"(≪주역≫ 간괘艮卦 〈단전彖傳〉)라고 하였다. 머물거나 가거나, 움직이거나 고요하거나 어느 경우에도 그 '때'에 맞게 해야 그 도리도 빛나게 실현된다는 말이다. 야구경기에서도 타자가 꼭 필요한 만루滿壘의 '때'에 맞게 안타安打를 치는 이른바 '적시타適時打'는 어떤 안타보다 더욱 빛나는 것처럼, 때에 맞아야 진리도 가치가 드러난다는 사실이 강조되고 있다.

'항구함'과 '변화'는 별개로 분리되지 않는다

항구함을 뜻하는 '항괘恒卦'에 대해 정이천程伊川(정이程頤)은 "항구함은 일정함을 말하는 것이 아니다. 일정하다면 항구할 수 없다. 오직 때를 따라 변하고 바뀌는 것이 항상한 도리이다.〔恒非一定之謂也. 一定則不能恒矣. 唯隨時變易, 乃常道也.〕"(≪이천역전伊川易傳≫ 항괘恒卦)라고 하였다. 항구함이란 변함없는 것이 아니라, 그 실지는 때에 따라 변하고 바뀌는 것임을 지적한 말이다. 다시 말하면 영원불변함이란 역설적으로 그 본질이 '때(시대)'에 따라 끊임없이 변화함으로써 성립할 수 있는 것임을 보여주고 있다.

'변화'란 바로 '때'에 맞게 실행하는 방법이요, '중용'을 실현하는 핵심적인 과제이다. ≪주역≫에서는 '역易'의 기본 원리를 제시하면서, "'역'이란 궁색하게 되면 변화를 시켜야 하고, 변화가 이루어지면 소통이 되고, 소통이 되면 오래간다.〔易窮則變, 變則通, 通則久.〕"(≪주역≫ 〈계사전繫辭傳 하下〉 2)고 하였다. 이 말은 사회의 모순이 누적되어 '궁색〔窮〕'한 처지에 놓이게 되면 먼저 시대현실, 곧 '때'에 적절하게 '변화〔變〕'시켜야 함을 지적하였다. 그 다음에 '변화'시킴을 기반으로 현실의 모순에서 벗어나 '소통〔通〕'시킴으로써 실지의 효과를 얻어야 함을 강조하였다. 그런 다음에 나아가 이 '소통'을 유지함으로써 미래에도 사회의 안정과 발전이 오래도록 계속되어 '항구〔久〕'함을 이룰 수 있다는 것을 말한다. 여기에 '중용의 도리'가 현실의 변화에 적응함으로써 실현해가는 과정의 단계를 엿볼 수 있다.

정이程頤(≪만고제회도상≫)

어느 사회에서나 한 시대에 통용되는 법률과 제도라도 오래가면 폐단이 발생하여 궁색한 때를 만나게 된다. 이렇게 궁색한 때를 만나면 현실에 맞게 변화시켜야만 비로소 막힌 것을 뚫어 소통할 수 있게 된다. 따라서 당면한 시대의 현실이라는 '때'에 맞게 변화해야 그 사회가 정상적인 기능을 발휘할 수 있게 된다. 이렇게 때에 맞게 변화시키는 것을 '시변時變'이라 하고, 변화로 소통을 이루어야 하니 '변통變通'이라 말하고 있다.

우리 역사에서도 19세기 말엽에 서양의 문물과 제도를 받아들여 사회제도 전반을 변혁시켜야 한다는 개화파開化派와 서양문물을 거부하고 전통의 옛 제도를 굳게 지켜야 한다는 수구파守舊派가 격렬하게 대립한 일이 있었다. 변혁해야 할 시대에 변혁을 거부한 결과로 나라가 멸망하는 데 이르렀으니, '때'에 맞게 '변화'하지 못한 결과가 얼마나 참담한 것이었는지 뼈저리게 겪어야 했다.

'중용의 도리'는 현실의 '때'에 맞게 변함으로써 실현될 수 있다

16세기 후반의 조선사회에서도 사회적 모순이 심각하여 변혁의 요구가 제기되었다. 이때 대부분의 유교지식인들은 변혁이 사회적 불안과 동요를 초래할 것이라 염려하여 변혁 자체를 거부하고 옛 법도를 지켜야 한다고 주장하였다. 그러나 당시 율곡栗谷(이이李珥)은 홀로 변혁해야 한다는 주장을 간곡하게 제기하고 있었다.

이때 율곡은 변혁을 요구하는 논리를 제시하면서, "정치란 '때'를 아는 것이 귀중하고, 사업이란 실지에 힘쓰는 것이 요구된다. 정치를 하면서 '때에 마땅함〔時宜〕'을 알지 못하고, 사업을 담당하면서 실지의 공적에 힘쓰지 않는다면, 비록 성인과 현인이 서로 만나더라도 다스림의 효과는 이루어지지 않는다.〔政貴知時, 事要務實. 爲政而不知時宜, 當事而不務實功, 雖聖賢相遇, 治效不成矣.〕"라고 역설하였다.

이어서 율곡은 '때에 마땅함' 곧 '시의時宜'를 정의하면서, "'때'에 따라서 '변화'하여 '소통'시키며, 법을 설치하여 백성을 구제하는 것을 말한다.……무릇 법이란 '때'에 말미암아 제정하는 것이니, '때'가 바뀌면 법도 같을 수 없다.〔夫所謂時宜者, 隨時變通, 設法救民之謂也.……蓋法因時制, 時變則法不同.〕"(≪율곡전서栗谷全書≫ 〈만언봉사萬言封事〉)고 지적하였다.

'때에 마땅함〔時宜〕'을 알아야 한다는 것은 시대변화에 적응하는 것이 정치적 판단의 기본조건임을 말한다. '실지의 공적〔實功〕'에 힘써야 한다는 것은 시대변화에 적응하는 판단에 따르는 것이 정치적 사무를 수행하는 기본과제임을 강조하였다. 결국 '때에 마땅함'이 전제되지 않으면 '실지의 공적'을 이룰 수 없고, '실지의 공적'을 이루지 못하면 '때에 마땅함'을 얻은 판단도 실현될 수 없음을 지적하고 있다.

'중용의 도리'는 '시중時中'으로서, '때에 마땅함〔時宜〕'을 얻어야 한다. '때'에 마땅하게 변혁을 이루어 '실지의 공적'을 얻음으로써 '중용의 도리'도 실현될 수 있다. 시대가 변하면 시대변화에 맞게 제도와 법률을 변혁해야 한다는 것이 '중용의 도리'를 실현하는 전제이다.

또한 시대변화에 맞는 제도와 법률도 그 운영에서 '실지의 공적'을 이루지 못하면 '중용의 도리'도 완성되지 못하고 공허한 판단이 되고 만다는 것을 밝히고 있다. 시대에 맞지 않은 옛 제도와 법률을 고집하여 여기에 안주하고 있으면 '실지의 공적'은 바랄 수도 없는 일이다. 따라서 시대에 맞지 않은 옛 제도와 법률을 시대에 맞게 개혁한 다음에라야 백성을 살리고 사회를 안정시키는 '실지의 공적'을 바라볼 수 있게 된다.

그렇다면 '때에 마땅함〔時宜〕'을 얻는 것이 '중용'의 기초가 되고, 이 기초에 근거하여 '실지의 공적'을 이루는 것이 '중용'의 실천과제가 된다. 나아가 이 실천을 통해 앞으로 더욱 성장하고 발전시킴으로써 미래를 열어가는 것이 바로 '중용의 도리'가 지향하는 목표요 완성을 이루는 길이라 하겠다. 이처럼 '중용'의 실천과제나 목표가 모두 '때에 마땅함〔時宜〕'을 얻는 것, 곧 시대변화에 적응하는 것에서 출발하지 않을 수 없음을 분명하게 확인할 수 있다.

4. 진실함이다

진실함은 하늘의 도리요, 진실하게 하려는 것은 사람의 도리이다. 진실한 사람은 힘쓰지 않고도 이치에 맞고, 생각하지 않고도 터득하며, 거동이 도리에 맞으니, 성인聖人이다. 진실하게 하려는 자는 선善을 가려서 굳게 붙들고 있는 자이다.

誠者, 天之道也, 誠之者, 人之道也. 誠者, 不勉而中, 不思而得, 從容中道, 聖人也. 誠之者, 擇善而固執之者也.

≪중용≫ 20:18

'진실함〔誠〕'과 '진실하게 하려는 것〔誠之〕'을 '하늘의 도리'와 '사람의 도리'로 대비시킴으로써, 완성된 단계와 완성으로 나아가는 과정을 대조적으로 보여주고 있다. 여기서 '하늘의 도리'란 '중용'이 온전하게 실현된 이상의 경지요 완성된 모습을 가리키며, 이를 '진실함'이라 일컬었다. 이에 비해 '중용'을 실현하기 위해 노력하는 과정의 모습을 '진실하게 하려는 것'이라 일컫고 있다.

"진실한 사람은 힘쓰지 않고도 이치에 맞고, 생각하지 않고도 터득하며, 거동이 도리에 맞으니, 성인이다."라는 언급은 '중용의 도리'를 온전하게 실현한 차원으로 성인의 경지를 가리키는 말이다. 이에 비해 "진실하게 하려는 자는 선을 가려서 굳게 붙들고 있는 자이다."라는 언급은 비록 '중용의 도리'를 온전한 수준으로 실현하지는 못하였더라도, 이를 실현하기 위해 향상해 나아가는 차원으로 학자의 수준을 가리키는 말이라 할 수 있다.

'중용의 도리'를 해명하면서, 제1부 '개괄적 의미'의 두 번째 주제인 (2) 중용의 길이 지닌 '성격'을 이해하는 데는 ① '진실함이다〔眞實〕', ② '인간에 기반한다〔人本〕', ③ '조화를 이룬다〔調和〕'는 세 가지 과제를 살펴볼 필요가 있다. 여기서는 먼저 그 첫 과제로서 '진실함〔誠〕'의 의미를 확인함으로써 '중용'의 성격을 해명하고자 한다. '진실함'은 '중용의 도리'가 지닌 본질적 성격이면서 동시에 '진실함'으로써 '중용의 도리'가 온전하게 실현될 수 있음을 보여준다.

'진실함〔誠〕'은 '중용'의 기본성격이다

진실하여 한 점의 거짓도 없어야 '중용의 도리'가 온전한 모습으로 드러날 수 있다. '선의善意의 거짓말'이라 일컫는 경우가 있기도 하지만 세상에 거짓됨으로 성립하는 도덕적 가치는 있을 수 없다. 하물며 거짓됨은 '중용의 도리'를 근원적으로 부정하게 되고 말 것은 당연하다. 오직 '진실함'만이 '중용의 가치'를 성립하게 하고 유지될 수 있게 하며, 마침내 실현시켜 줄 수 있다.

≪중용≫(26:1)에서는 "지극히 진실함은 쉬는 일이 없다.〔至誠, 無

息.〕"고 하였는데, 이에 대해 다산茶山(정약용丁若鏞)은 "'지극히 진실함'이란 '중화'요, '쉬는 일이 없다'는 것은 '용庸'이다.〔至誠者, 中和也. 無息者, 庸也.〕"(≪중용자잠中庸自箴≫)라고 해석하였다. 곧 '중용'의 개념에서 '중'은 심성 내면적 측면인 '중화'를 가리키니, '중화'가 바로 '중용'의 기본성격인 '진실함'을 내포하고 있음을 말한다. 이에 비해 '진실함'을 항구하게 유지하여 '중용의 도리'를 실현할 수 있게 하는 것이 바로 '중용'의 작용적 측면인 '용'을 가리키는 것이라 보았다. 따라서 '진실함'으로서의 '중화'가 '중용'의 본체를 가리킨다면 '진실함'은 바로 '중용'의 본질적 성격이라는 사실을 확인할 수 있게 된다.

또한 송宋나라 여입무黎立武는 "'진실함'으로써 '중용'의 '본성〔性〕'을 다하고, '교화〔化〕'함으로써 '중용'의 '공적〔功〕'을 극진하게 한다.〔夫誠以盡中庸之性, 化以極中庸之功.〕"(≪중용지귀中庸指歸≫)고 하였다. 여기서도 '진실함'이 '중용'의 본질적 성격을 실현하는 조건임을 지적함으로써 '진실함'과 '중용'이 일치하는 것임을 확인하고 있다. 이처럼 '진실함'은 '중용'의 근본성격이요, 동시에 '중용'을 실현하는 마음이라 할 수 있다. 그만큼 ≪중용≫에서는 '중용'의 인격 내면적 양상인 '중화中和'와 더불어, 특히 '중용'의 핵심개념으로서 '진실함〔誠〕'의 의미와 기능에 대해 세밀하게 서술하고 있는 사실을 잘 보여준다.

'진실함'은 자신을 진실하게 하는 것이다

≪대학≫과 ≪중용≫에서는 비록 표현형식은 다르더라도 '진실

함'이 인격실현의 출발점이 된다는 인식을 공통적으로 보여주고 있다. 먼저 ≪대학≫에서는 생각을 진실하게 한다는 '성의誠意'를 시작으로 하여 마음을 바로잡는 '정심正心', 자신을 닦는 '수신修身', 집안을 다스리는 '제가齊家', 나라를 다스리는 '치국治國', 천하를 화평하게 하는 '평천하平天下'로 확장되는 실천체계를 제시하였다. 곧 '성의誠意 → 정심正心 → 수신修身 → 제가齊家 → 치국治國 → 평천하平天下'의 차례로 확장되어 나가는 과정에서 '성의'가 그 출발점이 되고 있다는 사실이 확인된다.

이에 상응하여 ≪중용≫에서는 자신을 진실하게 한다는 '성신誠身'이 어버이에게 효성으로 순종하는 '순친順親', 벗들의 믿음을 얻는 '붕우신朋友信', 윗사람의 신임을 얻는 '획상獲上'으로 확장해나가는 것임을 보여준다. 곧 '성신誠身 → 순친順親 → 붕우신朋友信 → 획상獲上'의 차례로 넓혀져가는 과정에서 '성신'이 출발점이 되고 있음을 제시하였다. 이러한 실천의 단계적 확장과정은 '획상獲上 → 붕우신朋友信 → 순친順親 → 성신誠身'의 차례로 그 순서를 뒤집어놓으면 실천의 기반을 찾아들어가는 심화과정이 된다.

≪대학≫	성의誠意 → 정심正心 → 수신修身 → 제가齊家 → 치국治國 → 평천하平天下
≪중용≫	성신誠身 → 순친順親 → 붕우신朋友信 → 획상獲上

위의 도표를 보면 ≪중용≫의 '성신誠身'은 ≪대학≫에서 '성의誠意 → 정심正心 → 수신修身'의 3단계로 나누어놓은 것을 하나로 통합시키고 있음을 확인할 수 있다. 또한 ≪대학≫의 '치국治國 → 평천하平天

下'가 통치자의 입장이라면 ≪중용≫의 '획상獲上'은 선비의 입장을 드러내주는 특징을 보여준다. 그러나 여기서 핵심은 '진실함'(성誠 : 성의誠意 · 성신誠身)이 '중용의 도리'를 확장시켜나가는 출발점이 되고 있다는 사실이 주목된다.

'진실함'은 '선善'이다

나아가 '진실함〔誠〕'은 '선善'이라는 도덕적 가치와 긴밀하게 결합된다는 사실이 뚜렷하게 드러나고 있음을 보여준다. 곧 ≪중용≫(20:17)에서는 "자신을 진실하게 하는 데는 도리가 있으니, 선에 밝지 않으면 자신을 진실하게 하지 못한다.〔誠身有道, 不明乎善, 不誠乎身矣.〕"고 언급하였다. 여기서 자신을 진실하게 하는 '성신誠身'을 실현하기 위한 기본방법은 '선'을 밝혀야 한다는 '명선明善'임을 분명하게 제시하고 있다.

그렇다면 '진실함'은 '선善'을 떠나서 성립할 수 없는 것이요, '선'은 '진실함'의 기본조건이 되는 것임을 말한다. 따라서 '중용'의 기본성격으로서 '진실함'은 '선'의 도덕성을 핵심적 가치로 지니고 있음을 확인할 수 있다. 그만큼 거짓되면 '선'할 수 없고, 진실하면 악惡할 수 없음을 강조한 말이라 하겠다.

또한 '진실함'이 '선함'의 근거를 이루기도 한다. '선을 밝게 함〔明善〕'과 '자신을 진실하게 함〔誠身〕'에서 '밝음〔明〕'과 '진실함〔誠〕' 사이에는 인과관계가 성립한다. '선'을 밝게 함으로써 '선'이 이루어져야 진실할 수 있다는 말이다. 공부의 과정에서 보면, '〈선에〉 밝음'이

'진실함'을 실현하는 데 선행하는 방법이 되고 있다. 그러나 이와 동시에 '밝음'에서 '진실함'으로 나아갈 수도 있고, '진실함'에서 '밝음'으로 나올 수도 있다고 봄으로써, '밝음'과 '진실함' 사이에는 서로 상대를 향해 열려 있는 양방향의 통로라는 사실이 제시되기도 한다.

곧 ≪중용≫(21:1)에서는 "'〈자신의〉 진실함'으로부터 '〈선이〉 밝아지는 것'을 '성품〔性〕'이라 하고, '〈선을〉 밝게 함'으로부터 '〈자신이〉 진실하게 되는 것'을 '가르침〔敎〕'이라 한다. 진실하면 밝아지고, 밝게 하면 진실하게 된다.〔自誠明謂之性, 自明誠謂之敎. 誠則明矣, 明則誠矣.〕"고 하였다. 이처럼 '중용'을 실현하는 길에서 '〈자신의〉 진실함〔誠〕'과 '〈선의〉 밝음〔明〕'은 양방향으로 나아갈 수 있는 길임을 보여준다.

여기서 '진실함'으로부터 '밝음'으로 나가는 길은 성인이 '중용'을 온전하게 체득하여 천성〔性〕을 이룸으로써 저절로 '밝음'이 실현되는 길이라 한다면, 이에 비해 '밝음'으로부터 '진실함'으로 나가는 길은 배우는 사람이 '중용의 도리'를 실현하기 위해 배우고 익히며 가르치는 과정에서 '밝음'을 이루는 공부〔敎〕이니, 노력하여 나아가는 길이라 할 수 있다. 이처럼 '중용의 도리'는 성인만 위해 열려 있는 길이 아니라 배우려는 마음을 가지고 있다면 누구나 나아갈 수 있는 길임을 보여준다.

따라서 완성된 인격인 성인이 천성을 이룬 '진실함'으로 자연스럽게 '중용'을 실현한다는 차원과 성인의 인격을 이루고자 향상을 추구하는 과정에 있는 배우는 사람이 공부를 통해 '중용'의 실현을 위해 노력하는 차원을 구별해서 제시하고 있음을 보여준다. 또한 성인의 인격이 이룬 '진실함'이 온전한 '진실함〔誠者〕'이라면 배우는 사람이 '진실함'을 이루기 위해 공부하여 노력하는 과정은 '진실하게 하려는 것〔誠之者〕'에 해당하는 것이라 대비시켜 볼 수도 있다.

'진실함'이 이루는 공덕

≪중용≫(25:2)에서는 온전한 '진실함'이 지닌 공덕을 서술하면서, 먼저 "진실함이란 만물의 시작과 끝이다. 진실하지 않으면 만물이 존재하지 않는다.〔誠者, 物之終始. 不誠無物.〕"라고 하였다. 그것은 세상의 모든 존재는 그 생성의 시작에서부터 완성이나 소멸의 마침에 이르기까지 어느 한순간이라도 '진실함'을 잃으면 그 존재 자체의 온전한 실현이 불가능함을 말한다. 그만큼 '진실함'으로써 그 존재의 가치가 올바르게 이루어질 수 있음을 강조하고 있다. 곧 '진실함'이 없는 '거짓됨'이 끼어들게 되면 그 존재는 일그러지거나 망가지고 말아 온전한 모습이 이루어질 수 없다는 말이다.

따라서 '중용'은 '진실함'을 그 기본성격으로 하고 있으니, '중용'의 실현은 진실함으로써 모든 존재나 모든 사업을 온전하게 이루어줄 수 있음을 보여준다. 인간의 속마음으로서 '중화中和'는 '진실함'이요, '진실함'으로서 '중화'가 이루어질 때, 우주의 질서도 바로 잡히고 모든 생명도 온전하게 배양될 수 있다고 한다. 이처럼 모든 존재가 충족되고 완성된 이상의 세계가 '중용'의 '진실함'을 통해 이루어지는 것임을 강조하고 있다.

5. 인간에 기반한다

도리道理는 사람에게 멀리 떨어져 있지 않다. 사람이 도리를 행하면서 사람에게서 멀리 떨어져 있다고 여기면 도리라고 할 수 없다.

道不遠人. 人之爲道而遠人, 不可以爲道. ≪중용≫ 13:1

"도리는 사람에게 멀리 떨어져 있지 않다."는 것은 도리가 사람 근처에 가까이 있다는 말이 아니라 사람 안에 뿌리를 두고 있다는 말이다. "사람이 도리를 행하면서 사람에게서 멀리 떨어져 있다고 여기면 도리라고 할 수 없다."는 것은 사람들이 '도리'가 자신과 분리되어 멀리 있는 어떤 고매한 이치나 관념이라고 잘못 인식하고 있음을 깊이 경계하고 있는 말이다.

현실에서 많은 사람들은 '도리'가 무엇인지 알기도 어렵고 실행하기는 더욱 어렵다고 여긴다. 그것은 '도리'가 자신에게는 너무 높거나 너무 멀리 떠나 있는 초월적인 이상이라 생각하고 있다는 사실을 말해준다. 그래서 ≪중용≫(1:2)에서는, "도리란 잠깐도 떠나서는 안 되는 것이다. 떠나도 된다면 도리가 아니다.〔道也者, 不可須

臾離也. 可離, 非道也.〕"라고 언급하여, '도리'는 결코 한순간도 자기 자신에서 분리되어 존재하는 것이 아님을 강조하였다. 이처럼 사람과 '도리'는 일체를 이루는 것이요, 또 일체를 이루어야 하는 것임을 역설하고 있다.

'중용의 도리'는 사람의 '도리'이다

"'성품'을 따르는 것을 '도리'라 한다.〔率性之謂道.〕"(≪중용≫ 1:1)라는 말도 '중용의 도리'가 사람의 마음 안에 있는 '성품'을 따르는 것이며, 사람이 '중용의 도리'를 실행하는 주체임을 확인해주고 있다. 공자가 "사람이 '도리'를 넓힐 수 있는 것이지 '도리'가 사람을 넓힐 수 있는 것은 아니다.〔人能弘道, 非道弘人.〕"(≪논어≫ 15-29)라고 말한 것도 '도리'의 주체는 인간이요, 인간 삶의 현실에서 실현되어 드러나는 것임을 확인해준다.

≪주역≫(〈계사전繫辭傳 상上〉 12)에서는, "형체를 넘어선 것을 '도리'라고 한다.〔形而上者謂之道.〕"고 말한 구절이 있다. 이에 대해 주자朱子는 "괘·효와 음·양은 모두 형체가 드러나는 것이요, 그 이치가 '도리'이다.〔卦爻陰陽, 皆形而下者, 其理則道也.〕"(≪주역본의周易本義≫ 〈계사전繫辭傳 상上〉)라고 해석하였다. 곧 '형체가 드러나는 것〔形而下者〕'의 근원인 이치가 '도리'라 하였다. 이처럼 주자는 인간을 초월한 보편적 이치를 '도리'라 보고 있다.

그러나 주자의 견해처럼 '도리'를 보편적 이치라 보면 그 '도리'는 사람이 주체가 되고 사람을 대상으로 하는 '도리'가 아닌 것으로 이해하기가 쉽다. 이에 비해 공자가 말하는 형체를 넘어선〔形而上〕 '도리'란 인간 내면의 '심성'에 근거하는 정신적 현상을 가리킨다고 하겠다. 따라서 '도리'는 초월적이거나 보편적인 이치로만 이해할 것이 아니다. 단지 물질적 형체를 가진 대상적 존재가 아닌 인간의 정신적 현상을 가리키는 것으로 해석하는 것이 마땅한 것으로 보인다.

동중서董仲舒가 "도리의 큰 근원은 하늘에서 나온다.〔道之大原, 出於天.〕"(〈거현량대책擧賢良對策〉)고 언급하여, '도리'의 근원이 하늘임을 강조하였다. 그러나 하늘에서 나온 '하늘의 도리' 곧 '천도天道'는 사람에서 드러나고 실현되는 것인 만큼 바로 '사람의 도리' 곧 '인도人道'와 일체를 이루고 있는 것이 사실이다. 따라서 사람을 떠나서는 '도리'를 알 수도 없고 실현할 수도 없으니, '중용의 도리'는 하늘에 근원하는 '하늘의 도리'이면서 동시에 사람에 기반을 두고 있는 '사람의 도리〔人道〕'라고 할 수 있다.

이런 의미에서 '중용의 도리'는 결코 인간의 삶과 현실을 벗어난, 신비하거나 고매하거나 추상적인 '도리'가 아니다. 인간의 삶 속에 뿌리를 두고 있는 가장 구체적인 '도리'요, 인간 자신이 자기 자신 속에서 발견하고 다른 인간과의 관계 속에서 실천해가야 하는 길이다. '중용의 도리'가 인간의 '성품'을 따르는 것이지만 그 '성품'은 하늘이 부여해준 것이라는 의미에서, '중용의 도리'는 인간에 기반하지만 그 근원을 거슬러 올라가면 하늘에 근원하고 있음을 망각해서는 안 된다는 통찰을 보여준다.

'도리'의 주체에 대한 주자朱子와 다산茶山의 쟁점

'중용의 도리'가 사람의 '도리'인지 사람과 생물과 모든 사물을 포함하는 존재일반의 '도리'인지는 하나의 중요한 쟁점이 되어왔던 것이 사실이다. ≪중용≫(1:1)에서 가장 먼저 제시하고 있는 '성품은 하늘이 내려주신 것〔天命之謂性〕'이라는 명제는 모두 받아들이고 있다. 또한 '도리는 성품을 따르는 것〔率性之謂道〕'이라는 명제도 쉽게 받아들여지고 있다. 다만 이 '성품〔性〕'이 인간의 고유한 '성품'을 가리키는지 인간과 사물의 '성품'을 통틀어 가리키는지에 대해서는 첨예한 의견의 대립이 있음을 볼 수 있다.

주자朱子(≪만고제회도상≫)

곧 주자는 "사람과 사물이 태어날 때 각각 그 부여받은 이치를 얻음에 따라 강건함과 유순함과 오상五常(인仁·의義·예禮·지智·신信)의 덕이 되었으니, 이른바 '성품'이다.…… 사람과 사물이 각각 그 '성품'의 저절로 그러함을 따르니, 그 날마다 사물을 이용하는 사이에 각각 마땅히 가야 하는 길이 있지 않음이 없다. 이것이 이른바 '도리'이다.〔人物之生, 因各得其所賦之理, 以爲健順五常之德, 所謂性也.……人物各循其性之自然, 則其日用事物之間, 莫不各有當行之路,

是則所謂道也.〕"(≪중용장구中庸章句≫)라고 해석하였다. 여기서 주자는 '성품'이나 '도리'란 인간과 사물이 각각 갖게 되는 것이라 주장하고 있다. 이것은 '사람의 성품과 사물의 성품이 같다.'는 견해로, '인물성동론人物性同論'에 해당하는 것이라 할 수 있다.

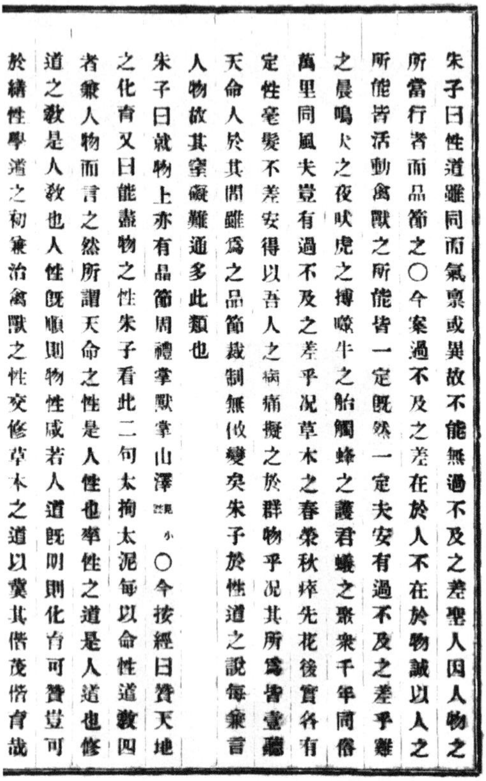
朱子曰性道雖同而氣稟或異故不能無過不及之差聖人因人物之所當行者而品節之○今案過不及之差在於人不在於物誠以人之所能皆活動禽獸之所能皆一定旣然一定夫安有過不及之差乎雞之晨鳴犬之夜吠虎之搏噬牛之觝觸蜂之護君蟻之聚衆千年同俗萬里同風夫豈有過不及之差乎況草木之春榮秋瘁先花後實各有定性毫髮不差安得以吾人之病痛擬之於群物乎況其所爲皆壹藏天命人於其間雖爲之品節裁制無攸變矣朱子於性道之說每兼言人物故其窒礙難通多此類也

朱子曰就物上亦有品節周禮掌獸掌山澤註見小○今按經曰贊天地之化育又曰能盡物之性朱子看此二句太拘太泥每以命性道教四者兼人物而言之然所謂天命之性是人性也率性之道是人道也修道之教是人敎也人性旣順則物性咸若人道旣明則化育可贊豈可於率性學道之初兼治禽獸之性交修草木之道以冀其偕茂偕育哉

≪중용강의보中庸講義補≫

이에 비해 다산은 "이른바 '하늘이 내려주신 성품'이란 '사람의 성품〔人性〕'이요, '성품을 따르는 도리'란 '사람의 도리〔人道〕'요, '도리를 닦는 가르침'이란 '사람의 가르침'이다.〔所謂天命之性, 是人性也, 率性之道, 是人道也, 修道之教, 是人教也.〕"(≪중용강의보中庸講義補≫)라고 하여, 주자의 견해를 정면으로 거부하였다. 여기서 다산은 ≪중용≫에서 말하는 '성품'이나 '도리'나 '가르침'이 모두 사람에게만 속하고, 사물에는 관계가 없는 것임을 분명하게 제시하였다.

'중용의 도리'는 사물 내지 자연에서도 실행될 수 있지만, 그 도리를 실행하는 주체는 사물이나 자연이 아니라 오직 사람임을 인정한다면 '중용'의 도리가 사람의 도리라 확인하는 다산의 견해를 옳다고 받아들일 수 있다. 비록 자연에 균형과 조화의 아름다움이 드러나고 있다 하더라도, 그것은 저절로 이루어지는 자연현상이지 '중용'의 도리를 인식하고 실현하는 것이라 볼 수 없음은 분명하다.

'중용의 도리'는 인간을 떠나서는 존재할 수도 없고 생각할 수도 없다. 그뿐 아니라 인간을 떠나서는 드러날 수도 없고 이루어질 수도 없다. 그렇다면 '중용의 도리'는 주자의 해석처럼 자연의 현상이나 법칙을 포함하는 이치라 보기는 어렵다. 감정과 의지와 이성을 지닌 인간이 자신의 '성품〔性〕'에 따라 판단하고 실행하는 삶의 방법이요 기준이라 보는 다산의 견해가 훨씬 더 설득력이 있는 것으로 보인다.

'도리道理'에 대한 태도와 인격의 양상

'중용의 도리'를 인식하고 실행하는 주체는 인간이 분명하다. 문제는 '중용의 도리'가 인간으로서 마땅히 가야 하는 길이지만 사람마다 똑같은 길을 가지 못한다는 사실이다. 성격이 온화한 사람은 안전하고 평탄한 길을 따라가는데, 성질이 조급한 사람은 지름길을 찾아 길이 나지 않은 수풀 속으로 들어가 길을 찾아 나서는 위태로운 일을 벌이기도 한다. '중용의 도리'는 사람의 인격에 따라 잘 찾아가기도 하지만 '길'을 벗어나서 제멋대로 가는 경우가 많은 것이 사실이다.

공자는 인격에 따라 '중용의 도리'에 나서는 태도가 선과 악이 상반된 만큼이나 서로 상반된 모습을 보여주는 사실을 지적하여, "군자는 '중용'을 따르고, 소인은 '중용'을 어긴다.〔君子中庸, 小人反中庸.〕"(≪중용≫ 2:1)고 하였다. 그것은 인격이 온전하게 수립되지 않으면 '중용의 길'은 제대로 실현될 수 없음을 보여준다. 이처럼 '중용의 길'은 인간에 뿌리를 두고 있으며, 동시에 인간의 인격을 토대로 삼고 있다. "성품을 따르는 것을 '도리'라 한다."고 하였으니, '중용'의 도리는 인간이 하늘로부터 부여받은 성품 곧 선한 성품을 따르느냐 어기느냐에 따라, 인간 자신이 이 '중용의 도리'를 행할 수도 있고 저버릴 수도 있다.

사람을 통한 '도리'의 실현방법 – '자기로 남을 미루어 봄〔恕〕'

공자는 '중용의 도리'가 사람에 근본하고 있으며, 따라서 사람으로부터 분리될 수 있는 것이 아니라는 사실을 밝히면서 도끼자루 만드는 방법으로 비유하여 설명하고 있다. 곧 도끼자루를 만들 때, 도끼 자루를 잡고 그 도끼자루의 굵기를 곁눈질해보고서, 알맞은 굵기의 나뭇가지를 골라 도끼로 그 가지를 찍어내는 사실을 주목하고 있다. 이처럼 기준이 자기 손 안에 있는 것이지 다른 곳에 있는 것이 아님을 지적하였다.

여기서 공자는 이 비유의 의미를 더욱 깊이 음미하여, "군자는 사람에게 바라는 것으로 사람을 다스리다가 고쳐지면 그만둔다.〔君子, 以人治人, 改而止.〕"(≪중용≫ 13:2)고 언급하였다. 이 말은 '중용의 도리'란 멀리 오묘한 이치에서 찾을 것이 아니라 가장 가까이 사람의 삶에서 사람을 다스리는 도리를 찾아야 함을 보여주고 있다.

가까이 사람의 삶 속에서 찾은 '중용의 도리'가 바로 '자기로 남을 미루어 보는' 방법인 '서恕'로 제시된다. '서恕'는 '성誠'과 더불어 ≪중용≫에서 '중용의 도리'가 실현되는 모습을 짚어주고 있는 두 핵심 개념이요, 두 초점을 이루는 것이라 할 수 있다. '성誠'은 '중용의 도리'가 실현될 수 있는 내면적 조건으로서, 안으로 심성 내면의 정성스럽고 진실함을 위주로 말하고 있다. 이에 비해 '서'는 밖으로 '중용'의 도리를 인간관계 속에서 실현하는 방법을 위주로 말한다.

주자는 '성誠'을 '진실하여 거짓됨이 없는 것〔眞實無妄〕'이라 하고, '서恕'를 '나를 미루어 남에게 이르는 것〔推己及人〕'이라 정의하였다. '서恕'라는 글자는 '어질다'는 뜻과 '용서한다'는 뜻의 두 가지 의미가 있다. 여기서 '자기로 남을 미루어 본다'는 의미의 '서'는 '어질다'는 뜻의 '서〔恕 : 推恕〕'이다. 따라서 '너그럽게 남의 허물을 받아들인다'는 의미의 '서', 곧 '용서한다'는 뜻의 '서〔恕 : 容恕〕'와는 선명하게 구별되어야 한다.

공자는 자기로 남을 미루어 보는 '서恕'의 뜻을 설명하면서, "충심에서 자기로 남을 미루어 봄은 도리에서 멀리 떨어져 있지 않다. 자기에게 베풀기를 원하지 않는 것은 역시 남에게도 베풀지 말아야 한다.〔忠恕, 違道不遠. 施諸己而不願, 亦勿施於人.〕"(≪중용≫ 13:3)라고 하였다. '중용의 도리'가 사람에게서 멀리 떨어져 있지 않다는 것은 자기로 남을 미루어 보는 '서'에서 가장 분명하게 드러나는 것임을 보여주고 있다.

여기서 "자기에게 베풀기를 원하지 않는 것은 역시 남에게도 베풀지 말아야 한다."(*이 구절은 ≪논어≫ 12-2에도 보인다.)는 말은 바로 자기로 남을 미루어 보는 '서'를 실천하는 핵심적 방법을 말해주고 있다. 한 걸음 나아가 공자는 자기로 남을 미루어 보는 '서'를 실천하는 구체적 방법을 제시하면서, 군자의 기본규범으로서 '네 가지 도리'를 들었다.

곧 상하관계에서는 '자식에게 요구하는 것으로 부모를 섬기는 일〔所求乎子以事父〕'과 '신하에게 요구하는 것으로 임금을 섬기는 일〔所求乎臣以事君〕'을 들고, 수평관계에서는 '아우에게 요구하는 것으로 형을 섬기는 일〔所求乎弟以事兄〕'과 '벗에게 요구하는 것으로 먼저 그에게 해주는 일〔所求乎朋友先施之〕'을 들었다.(≪중용≫ 13:4) 상하관계나 수평관계에서 '서'를 실천하는 규범은 상호적이다. 예를 들어 '자식에게 요구하는 것으로 부모를 섬기는 일'은 뒤집어 '부모에게 바라는 것으로 자식을 돌보는 일'도 포함하는 것으로 볼 수 있다.

6. 조화로움이다

기뻐하고 노여워하고 슬퍼하고 즐거워함이 아직 밖으로 드러나지 않은 것을 '중심中心'이라 하고, 밖으로 드러나서 모두 절도에 맞는 것을 '조화調和'라 한다. 중심은 천하의 큰 근본이요, 조화는 천하의 통달한 도리이다.

喜怒哀樂之未發謂之中, 發而皆中節謂之和. 中也者, 天下之大本也. 和也者, 天下之達道也. 《중용》 1:4

"기뻐하고 노여워하고 슬퍼하고 즐거워함이 아직 밖으로 드러나지 않은 것을 '중심'이라 한다."는 구절에서, '중심〔中〕'이란 인간의 온갖 감정이 아직 발동하지 않은 '속마음'을 일컫는 말이다. 이 '중심'은 바로 인간이 하늘로부터 부여받은 '성품'을 가리킨다.

"밖으로 드러나서 모두 절도에 맞는 것을 '조화'라 한다."는 구절에서, '조화〔和〕'란 '속마음〔中 : 中心〕'인 '성품'이 밖으로 드러나 '감정'으로 나타났을 때, 다양한 '감정'으로 발동하면서 어떤 상황에서도 정도正道를 넘치지 않고 적절하게 드러나는 것을 일컫는 말이다.

"'중심'은 천하의 큰 근본이요, '조화'는 천하의 통달한 도리이다."

라는 말은 이 세상의 모든 일이 인간의 '성품'에 근본을 두고 있으며, 인간의 '감정'에 연관되지 않은 일이 없음을 지적한 말이다.

'중용의 도리'는 감정이 절도에 맞는 '조화로움'이다

공자는 ≪시경≫의 〈관저關雎〉편에 대해 그 아름다움을 감탄하면서, "〈관저〉편의 시는 즐거워하면서도 방탕한 데 빠지지 않고, 슬퍼하면서도 애상에 젖지 않는구나.〔關雎, 樂而不淫, 哀而不傷.〕"(≪논어≫ 3-20)라고 언급하였다. '즐거워하면서도 방탕한 데 빠지지 않는다〔樂而不淫〕'는 것은 즐거워하는 감정이 그 즐거움에 도취하여 절제를 잃다가 방탕함에 빠져들기 쉬운데, 즐거움의 감정이 절도에 알맞게 절제되어 지나치거나 못 미치지 않음을 말한다. 또한 '슬퍼하면서도 애상에 젖지 않는다〔哀而不傷〕'는 것은 슬퍼하는 감정이 지나치면 애상에 빠져드는데, 절도에 맞아 '조화로움'을 이루고 있음을 지적한 말이다. 이렇게 기뻐하거나 슬퍼하는 감정이 절도에 맞아 조화로움을 이룬다면, 어찌 아름답지 않겠는가.

'중용'의 '중中'을 주자는 "한쪽으로 치우치지도 않고 어디에 의지하지도 않으며, 지나치지도 않고 못 미치지도 않는 것의 이름이다.〔中者, 不偏不倚, 無過不及之名.〕"(≪중용장구中庸章句≫)라고 정의했었다. 그것은 '중용'이 절도에 알맞게 실현되어 '조화로움'을 이루는 것을 가리키는 말이다.

사람의 감정은 거세게 흐르는 홍수와도 같아서 어느 쪽으로 넘치거나 한쪽으로 쏠리기 쉬운 경향이 있으니, 그만큼 '조화로움'을 이루기가 어렵다는 것이 사실이다. 이때 감정이 발동하여 절도에 맞아 '조화로움'을 이루게 된다면 그것이 바로 '중용의 도리'가 실현되는 길이요, 여기서 '아름다움'이 가장 빛나게 드러나는 것을 볼 수 있다.

'중용의 도리'가 사람에 뿌리를 두고 있는 것이라면 사람은 감정을 통제할 수는 있어도 제거할 수 없으니, 적절한 통제로 감정의 '조화로움'을 이룰 수 있을 때 비로소 '중용의 '도리'를 실현할 수 있게 된다. 그렇다면 무슨 일에서나 절도에 알맞게 할 것인지, 넘치거나 못 미쳐서 절도를 어길 것인지의 여부는 사람이 '감정'을 어떻게 통제하고 조절하는지에 따라 결정되는 것이라 할 수 있다. 따라서 '감정'이 절도에 맞아 '조화로움'을 이룬다면 세상의 무슨 일에서나 '중용의 도리'가 드러나지 않는 일이 없음을 말한다.

곧 인간의 삶에서는 '지성知性'이나 '의지意志'가 발동하는 모든 경우에 '감정感情'이 강한 영향력을 미치고 있으니, '감정'의 조화로운 작용이 없이는 '지성'도 '의지'도 일그러지게 되고, 나아가 인간 자체도 균형을 잃고 무절제한 인간이 되고 만다는 사실을 보여준다. 이런 의미에서 '조화로움'은 천하의 어디에서나 무슨 일에서나 '도리'를 실현시켜주는 힘이니, '조화로움'을 '천하에 통달한 도리〔天下之達道〕'라고 말할 수 있다.

'조화로움'은 겉과 속이 어울려야 한다

'조화로움'을 먼저 인간의 내면에서 보면 감정이 올바른 절도와 균형을 이룬 것이라 할 수 있다. 따라서 공자는 "비단옷 무늬 저고리에 홑옷을 덧입었네.〔衣錦尙絅.〕"(*≪시경詩經≫ 〈위풍衛風 석인碩人〉편에는 '의금경의衣錦褧衣'로 기록되어 있다.)라는 ≪시경≫의 구절에 대해, "그 비단의 문채가 겉으로 나타나는 것을 싫어하는 것이다.〔惡其文之著也.〕"라고 해석하였다. 그러고 나서 이 구절이 의미하는 '군자의 도리'를 서술하여, "군자의 도리는 담담하지만 싫어지지 않고, 간결하면서도 문채가 있으며, 온화하면서도 조리가 있다.〔君子之道, 淡而不厭, 簡而文, 溫而理.〕"(≪중용≫ 33:1)고 언급하였다.

여기서 '비단의 문채가 겉으로 나타나는 것을 싫어하는 것'이란 비단옷의 번쩍이는 화려함을 겉으로 드러내고 싶어 하는 욕심을 누르고 홑옷을 덧입음으로써, 화려함과 소박함이 조화를 이루게 하였음을 보여준다. 군자의 도리로 제시된 '담담하지만 싫어지지 않는다〔淡而不厭〕'는 언급은 비단의 아름다움이 겉옷 속에 들어 있어서 겉으로는 담박하지만 속으로는 아름다움이 감추어져 있으니, 그 은은한 아름다움이 싫증나지 않는다는 말이다. 이처럼 '군자의 도리'는 속의 아름다움과 겉의 담박함이 조화를 이루고 있음을 말한다.

마찬가지로 '간결하면서도 문채가 있다〔簡而文〕'는 언급도 '군자의 도리'가 겉으로 간결하여 소박하게 보이지만 속으로 아름다운 문채가 갖추어져 있으니, 안과 밖이 조화를 이루고 있어서 오래두고 사귈수록 그 속의 아름다움에 끌리게 됨을 말해준다. 또한 '온화하면서도 조리가 있다〔溫而理〕'는 것은 '군자의 도리'가 밖으로 온화하여 너그러움을 보여주고 있지만 안으로 엄중하고 조리 있어서 안과 밖이 조화를 이루고 있으니, 가까이 다가가게 되지만 결코 함부로 할 수 없는 위엄이 있음을 지적하고 있다.

나아가 '중용의 도리'가 지닌 기본적 성격으로서 '조화로움'은 가장 먼저 그 인격의 내면에 갖추어진 덕이지만, 동시에 밖으로 드러나는 덕의 모습과 잘 어울려야 하는 사실을 보여준다. 곧 속에 아름다운 비단옷을 입고 겉에 소박한 겉옷을 입으면 오래 갈수록 그 아름다움이 더욱 빛나게 되니, 겉과 속이 조화를 이루는 것이라 하겠다. 그 반대로 외모를 화려하게 꾸미더라도 마음속이 공허한 사람은 얼마 가지 않아 그 외모의 아름다움도 싫증이 나게 되니, 겉과 속이 조화를 이루지 못한 것임을 대비시켜 볼 수 있다. 이처럼 '중용의 도리'는 아름다워서 조화로운 것이 아니라 조화로움으로써 그 아름다움이 더욱 빛나게 드러나는 것임을 확인할 수 있다.

한 걸음 더 나아가 '조화로움'이 지닌 중요한 의미는 '화려함과 소박함'이나, '간결함과 문체로움'이나, '온화함과 조리 있음'의 경우처럼, 서로 상반된 다른 요소들이 어울리는 데서 '조화로움'이 드러나야 한다. 이렇게 서로 다른 요소들이 적절하게 어울릴 때에 '조화로움'은 아름답고 빛나는 것으로 드러난다는 사실이 주목된다. 그것은 마치 여러 악기가 제각기 개성을 지닌 제 소리를 내더라도 전체적으로 어울리는 데서 '조화로움'이 이루어진다는 사실을 말하는 것이요, 이때의 '조화로움'이 아름답고 빛난다는 말이다.

'조화로움'은 다양함이 어울려야 한다

공자가 "군자는 화합하지만 동조하지 않으며, 소인은 동조하지만 화합하지 못한다.〔君子和而不同, 小人同而不和.〕"(≪논어≫ 13-23)고 말한 것도, 서로 다른 생각을 가진 여러 사람들이 어울릴 때에 이루어지는 '조화로움'이 조화로움의 진정한 가치임을 강조하였다. 이에 비해 모든 사람이 꼭 같이 행동을 하는 것은 획일화이지 진정한 '조화로움'이 될 수 없다는 사실을 지적하고 있다.

예를 들어 군인들의 열병식이 많은 사람이 똑같이 행동하는 '일치'를 보여주는 것이라면 제각기 다른 율동을 하더라도 전체가 어울리는 무용은 '조화로움'의 참모습을 보여준다는 말이다. 이에 비해 축구장에서 선수들이 공을 차면서 자유롭게 행동하지만 팀워크가 잘 되어 제각기 자기 역할을 제대로 다하고 있다면 전체가 '조화로움'을 이루었다고 할 수 있다.

처용무處容舞(≪진찬의궤進饌儀軌≫)

'조화로움'과 '예법禮法'은 서로 보완역할을 한다

유약有若(≪성현상찬聖賢像贊≫)

이와 더불어 '조화로움'은 언제나 '조화로움'과 다른 가치나 규범을 실현하는 데서도 그 역할이 핵심적 중요성을 지닌다는 사실이 주목된다. 공자의 제자 유자有子(유약有若)는 "예법의 시행은 조화로움을 귀하게 여긴다. 옛 임금의 도리는 이 점이 아름다웠으니, 크고 작은 일이 조화로움에서 말미암았다. 조화로움이 시행되지 않는 일이 있으니, 조화로움을 알고서 조화롭게 하지만 예법으로 절제하지 않는다면 역시 시행될 수가 없다.〔禮之用, 和爲貴. 先王之道, 斯爲美, 小大由之. 有所不行, 知和而和, 不以禮節之, 亦不可行也.〕"(≪논어≫ 1-12)고 하였다.

예법은 엄숙하고 경건한 마음과 엄격하고 질서 있는 절도를 요구한다. 그러나 예법의 활용에는 '조화로움'이 생명이니, '조화로움'을 잃으면 예법이 온전하게 시행될 수 없음을 지적한다. 동시에 서로 어울리고 화락한 '조화로움'을 실행하는 데는 예법의 절제가 핵심이 되니, 예법의 절제가 없으면 '조화로움'도 제대로 시행될 수 없음을 강조하였다. 곧 예법의 질서와 '조화로움'의 화합이 서로 근거하고 있음을 밝혀주고 있다.

상례喪禮나 제례祭禮를 위해 한 집안이 모였을 때, 모두가 한마음이 되어 의례儀禮를 행하면 그 의례는 한 집안으로서 화합을 이루는 계기가 되겠지만, 예법의 절차나 형식을 두고 서로 옳다고 다투다가 화합을 잃어버리면 그 의례는 생명을 잃고 마는 것이라는 말이다. 마찬가지로 친우親友나 동료들이 모여 함께 즐기어 화합을 이루기 위한 자리에서, 무례하고 거칠게 행동하는 사람이 나오면 그 화합은 깨어지고 마는 것이 사실이다. 이처럼 '조화로움'과 '예법'은 서로 온전하게 실현시켜주는 필수적 조건이라 하겠다.

음악의 기본정신은 '조화로움'에 있고, 예법의 기본정신은 질서를 이룸에 있다고 한다. 그런데 음악의 '조화로움' 속에는 반드시 질서가 있어야 음악이 방탕하고 어지러운 데로 빠지지 않게 되고, 예법의 질서 속에도 반드시 '조화로움'이 지켜져야 예법에 참여하면서 윗사람과 아랫사람이 서로 등지거나 분리되는 데로 빠지지 않게 된다. 그만큼 '중용'의 '조화로움'에도 질서가 있어야 그 '조화로움'이 오래도록 유지될 수 있다는 사실을 말하고 있다.

'조화로움'을 유지하기 위해 꿋꿋한 힘이 필요하다

나아가 '조화로움'의 실현에서 꿋꿋한 힘이 필요하다는 사실과 '조화로움'을 실현하는 과정에서 경계해야 할 위험요인이 있다는 사실이 지적되고 있다. 공자는 강함의 참된 모습으로 '군자의 강함'을 제시하면서, "군자는 조화로우면서 휩쓸리지 않으니, 강하도다, 꿋꿋함이여!〔君子, 和而不流, 强哉矯.〕"(≪중용≫ 10:5)라고 언급하였다.

이에 대해 주자는 "'중용'을 밝게 선택하여 지키는 데는 꿋꿋한 강함이 아니면 할 수 없음을 밝힌 것이다.……무릇 사람은 조화로우면서 절제가 없으면 반드시 방종에 이를 것이요, 중심을 세우고서도 의거함이 없으면 반드시 기울어짐에 이를 것이다.〔明擇中庸而守之, 非强不能.……凡人和而無節, 則必至於流, 中立而無依, 則必至於倚.〕"(≪중용혹문中庸或問≫)라고 해석하였다. 이처럼 '중용'을 지키기 위해서는 강한 힘이 필요함을 강조하면서, 강한 힘이 없으면 조화로움도 유지될 수 없게 되고, 중심을 세워도 결국에는 기울어지게 된다는 지적이다.

'중용'이 현실에서 실현된다는 것은 어느 순간에 잠시 이루어지고 있는 상태를 말하는 것이 아니다. 따라서 '중용'을 지속적으로 실현하기 위해서는 굳센 실천력이 필요한 것이 사실이다. 그렇다면 '조화로움'을 중심으로 세우고 중심에 서서 굳게 지켜나가는 꿋꿋함이 바로 '중용의 도리'를 실행하는 힘임을 말해주고 있다.

'중화中和'는 우주질서의 원동력이요 생명을 실현하는 근거이다

'중용의 도리'가 지닌 보편적 진실성이 우주와 만물에까지 광범하게 펼쳐질 수 있는 그 원천의 동력은, 인간내면의 심성이 발현되면서 '조화로움'을 이룬다는 사실에 초점을 맞추고 있음을 주목할 필요가 있다. 인간 감정이 절도에 맞게 발현되는 '조화로움'을 '천하의 통달한 도리〔天下之達道〕'라고 하는 것은 바로 모든 일을 바로 잡아주는 '도리'로 천하의 모든 일에 통용되는 것임을 제시하는 말이다.

따라서 인간의 심성 내면에서 '중심과 조화로움', 곧 '중화中和'는 우주질서의 원동력이 되고 모든 생명이 그 생명을 온전하게 실현할 수 있는 근거가 된다. 곧 인간 감정의 '조화로움'이 없이는 천하의 모든 일이 질서를 잃게 되고, 모든 생명이 온전하게 생장·발육할 수 없다. 다시 말하면 하늘과 땅도 제자리를 잃게 되고, 만물도 그 생명을 온전하게 유지할 수 없는 무질서와 파탄의 상태에 빠지게 된다는 사실을 지적하고 있다.

≪성학십도聖學十圖≫ 중 〈경재잠도經齋箴圖〉

이런 의미에서 주자는 〈경재잠敬齋箴〉에서 마음을 단속하여 곧고 바르게 지키는 '경敬'의 실천에 대해, "털끝만한 차이가 있어도 하늘과 땅이 뒤집혀서 삼강三綱이 모두 무너지고, 구법九法(천하를 다스리는 아홉 가지 큰 법도) 또한 부패하고 만다.〔毫釐有差, 天壤易處, 三綱既淪, 九法亦斁.〕"고 하였다.

7. 함께 간다

만물萬物이 함께 자라면서도 서로 해치지 않고, 도리가 함께 운행되지만 서로 어긋나지 않는다. 작은 덕은 냇물이 흐르듯이 도리를 따르며, 큰 덕은 돈독하게 만물을 변화하고 육성한다. 이것이 천지天地가 위대한 까닭이다.

萬物竝育而不相害, 道竝行而不相悖. 小德川流, 大德敦化. 此天地之所以爲大也.

≪중용≫ 30:3

"만물이 함께 자라면서도 서로 해치지 않는다.〔萬物竝育而不相害.〕"라는 것은 만물이 제각기 생명을 유지하고 육성하면서 서로 상대방을 손상시키지 않음으로써 모든 생명이 함께 어울려 살아간다는 말이다.

"도리가 함께 운행되지만 서로 어긋나지 않는다.〔道竝行而不相悖.〕"라는 것은 서로 다른 원칙이나 이념이 만나더라도 상대방의 입장을 부정함으로써 자신이 전체를 지배하려 드는 것이 아니라, 서로 화합하여 전체를 위해 각각의 역할을 다 발휘한다는 말이다.

"작은 덕은 냇물이 흐르듯이 도리를 따르며, 큰 덕은 돈독하게 만물을 변화하고 육성한다.〔小德川流, 大德敦化.〕"라는 것은, 덕이 작은 사람은 '중용의 도리'를 따라 순응하여 자신을 바로잡아가야 하고, 덕이 큰 사람은 '중용의 도리'를 활용하여 세상을 온전하게 실현시켜야 한다는 말이다. 덕이 크고 작음에 따라 각각의 분수와 역할이 있음을 제시하고 있다.

제1부 '개괄적 의미'의 세 번째 주제인 (3) 중용의 길이 지닌 '실상'을 이해하는 데는, ①'함께 간다〔竝行〕', ②'널리 통한다〔通達〕', ③'지극히 어렵다〔至難〕'는 세 가지 과제를 살펴볼 필요가 있다.

여기서는 먼저 그 첫 과제인 '함께 간다'는 의미를 음미함으로써 '중용'의 실상을 해명하고자 한다. '함께 간다'는 것은 먼저 자신과는 다른 존재가 있다는 사실을 인정해야 하고, 다음에 다른 존재가 나의 이웃임을 인식해야 하며, 나아가 이 다른 존재가 나와 함께 가야 할 동반자임을 받아들여야 가능한 일이다.

'함께 가는' 길에 가장 큰 장애는 남을 인정하지 않는 독선獨善이다

공동체의식을 가지고 함께 살아가기 위해서는 자신의 이익만 추구하거나 자신의 주장만 내세우는 것을 가장 심각하게 경계해야 한다. 제각기 자신의 이익을 내세우면 분쟁이 일어나게 되고, 자신의 주장만 내세우면 서로 적대시하는 대립이 일어나게 된다. 남을 받아들이며 함께 어울려 살아가야만 자신도 성장할 수 있고 남도 성장할 수 있으며, 세상 만물이 모두 함께 성장할 수 있다.

자연에서는 만물이 함께 자라면서 균형均衡을 유지한다. 실지로 자연에서는 강한 자가 약한 자를 잡아먹기도 하여 약육강식弱肉强食이 일어나지만, 그것은 생존을 위한 자연의 질서이고, 서로 전멸시키기 위해 파괴하거나 해치지는 않는다. 사자가 다른 동물을 잡아먹고 사는 것이 사실이지만 배가 부르기만 하면 다른 동물이 곁을 지나가도 사냥하는 법이 없다. 영역다툼을 벌이더라도 패배를 인정하고 물러서면 더 쫓지 않는다. 그래서 먹이사슬이 이루어지더라도 전체적으로 균형이 유지되고 있는 것이 자연의 질서이다.

상대방을 적으로 삼아 전멸시키려 드는 행위는 자연에서 찾아볼 수 없다. 오직 인간에서만이 상대방을 철저히 파괴하고 전멸시키려 드는 일이 벌어지고 있다. 히틀러가 유태인을 학살하거나 일본군이 남경南京대학살을 저지르는 것만이 아니다. 동족끼리도 이념이 다르다고 학살을 자행하였던 것은 남의 일이기만 한 것도 아니다.

"도리가 함께 운행되지만 서로 어긋나지 않는다."는 것은 현실을 서술하는 말이 아니다. 오늘의 우리 주변을 둘러보아도 온갖 종류의 서로 다른 정의나 진리를 내세우며 제각기 목청을 높이고 있다. 또한 서로 상반된 이념이나 신앙이나 양심을 내걸고 제각기 자기가 옳고 상대편이 잘못되었다고 주장하는 모습을 쉽게 볼 수 있다. 그래서 만나기만 하면 서로 증오심으로 부딪치고 대립하기도 한다. 사태가 이러하러니 '어긋나지 않는다'는 것이 현실이라고 말할 수는 없다. 입만 열면 '민주주의'라는 말이나 '국민의 뜻'이라는 말을 토해내는 정치인들과 시민단체나 대학생들까지도 제각기 목청을 돋우어 자기주장을 하지만, 그 내용은 서로 엄청나게 달라서 일치하는 경우를 보기는 어려운 일인 것 같다. 차라리 도리니 진리니 이념이니 신앙 따위를 내세우지 않았더라면 그렇게 악착같거나 잔혹한 짓은 하지 않았을 것으로 보이기도 한다.

현실의 상황을 서술한다면 "도리가 함께 운행되기만 하면 서로 어긋나고 부딪친다."고 말해야 마땅할 것 같다. 이런 의미에서 보면, 순자荀子가 "인간의 성품은 악하다."라고 말한 것이 현실에 더 잘 어울릴 것 같이 보인다. 그래도 인간은 선하게 살아야 마땅하고, 선하게 살아야 한다는 희망이 있으니, 맹자孟子처럼 "인간의 성품은 선하다."라고 하여 격려할 필요가 있을 법하다. 아마 사람마다 자기가 내세우는 도리를 옳다고 하지만, 진정한 의미에서 '도리'는 그 자체로 옳은 것은 아니라고 해야 될 것 같다. 다만 서로 함께 운행하더라도 어긋나지 않을 때라야 비로소 그 도리는 옳은 도리가 되는 것으로 볼 수 있다.

독선이 가장 심하게 나타나는 경우가 종교적 신념이다

각자 자신의 교리가 최고의 진리요 절대적 진리라고 믿는 종교들 사이에서는 서로 대립하여 '신神'의 이름을 내걸고 전쟁을 일으키며 살상을 벌이기도 해왔다. 이러한 종교집단은 결국 엄청난 악을 저지르는 것이요, 자기모순에 빠진다는 것을 부정할 수는 없다. 아직도 종교적 신념의 차이를 내걸고 지구상에서 살상과 전쟁이 계속되고 있는 것이 현실이지만, 그래도 종교 사이에 대화를 위한 노력이 여러 방향에서 시도되고 있는 것이 사실이다. 결국 함께 가야 하는 관계임을 깨닫지 않을 수 없음을 보여준다. 그렇다면 "도리가 함께 운행되지만 서로 어긋나지 않는다."는 '중용'의 길이 종교들 사이에도 풀어야 할 가장 중요한 과제요, 마땅히 가야 할 방향이 아닐 수 없다.

자기가 믿는 신앙을 받아들이지 않으면 모두 지옥 불구덩이에 떨어질 것이라 외치는 믿음도 인간만이 지닌 독선과 잔학성을 잘 보여주고 있다. 중세의 교회가 마녀사냥이나 이단재판을 벌여 무수한 사람들을 살육했던 것도 독선적이고 잔학한 성질을 지닌 인간이 확신에 차서 저질렀던 광기狂氣였다. 움베르토 에코는 소설 ≪장미의 이름≫에서 주인공인 윌리암 수도사가 자기의 시자侍者에게 "악마란 하느님을 너무 사랑하고, 자신의 믿음이 절대로 옳다고 확신하는 자이다."라고 말하였던 것은 독선에 빠져 남을 용납할 수 없는 인간이 얼마나 큰 악을 저지를 수 있는지를 잘 보여주고 있는 말이다.

갈등과 대립을 넘어서야 '함께 가는' 길이 열릴 수 있다

인간 사회에서 갈등과 대립은 종교적 신념 사이에만 있는 것이 아니다. 정치적 신념의 대립은 우리 사회를 한없이 피로하고 고통스럽게 만들고 있으며, 노동자와 사용자 관계를 비롯하여 이해집단들 사이에 벌어지고 있는 대립과 갈등도 심각한 문제이다. 그뿐만 아니라 세대간의 갈등이나 가족내부 구성원 사이의 갈등도 어디에서나 쉽게 찾아볼 수 있다. 한 개인에 있어서도 이성적인 도리와 감성적인 욕구 사이에 갈등이 쉬지 않고 일어나고 있는 것이 사실이다.

어쩌면 인간은 분열과 갈등을 본질적 속성으로 지니고 있으며, 갈등의 바다에서 살아가고 있는 존재인지도 모르겠다. 그러나 현실의 온갖 갈등은 풀어서 화합할 수 있어야 안정과 평화를 누릴 수 있다. 인간 삶의 현실에 분열과 갈등이 없을 수는 없지만, 이 분열을 봉합하여 일치를 이루게 하고, 갈등을 해소하여 화합을 이루어야 한다는 과제에 대한 대답과 방법이 바로 '중용의 도리'라고 할 수 있다.

예수가 "원수를 사랑하라."고 가르친 역설도 적대적 대립을 하고 있는 상대방도 버리지 말고 함께 끌어안고 가야 한다는 뜻이라면, 그것은 '중용의 도리'와 통하는 것이라 볼 수 있겠다. 함께 살며 서로 해치지 않는 생명들의 마당, 함께 가면서 서로 어긋나지 않는 이념들의 광장을 만들기 위해서는 그 토대로 나보다 남을 앞세우고, 내 주장을 하기에 앞서 남의 주장을 경청傾聽하는 열린 마음과 남을 평가하기 이전에 자신을 성찰하는 성실성과 자신을 비우고 남을 받아들이는 포용력이 있어야 한다. 바로 이렇게 함께 가는 것이 '중용의 도리'를 닦아가는 바탕이 될 수 있다.

'함께 가기' 위해서는 먼저 상대방을 이해해야 한다

'중용의 도리'는 함께 가는 길이다. 서로 상대방을 이해 못하는 정의는 잘못된 정의요, 서로 조화를 이루지 못하는 진리는 잘못된 진리요, 서로 남을 인정할 수 없는 이념은 애초부터 잘못된 이념이라는 것을 확인하는 것이라 하겠다. 따라서 나만 진리요 나만 정의라는 주장은 진리에 역행하고 정의에 어긋나는 것임을 밝히려 하고 있다. '중용의 도리'는 모두 함께 가야 하는 길임을 강조함으로써 서로 이해하고 화합하고 조화를 이룰 수 있는 것이 정의요 진리요 이념의 가장 근본적인 전제조건임을 되새기도록 깨우쳐주는 가르침이다.

"군자의 도리는 펼쳐져 있으면서 숨겨져 있다.〔君子之道, 費而隱.〕"(≪중용≫ 12:1)고 하여, '도리'가 쉽게 드러나 누구나 알 수 있는 차원과 깊이 감추어져 있어서 아무도 완전하게 알 수가 없는 차원이 있음을 보여준다. 필부필부匹夫匹婦의 어리석고 미련함으로도 알 수 있고 행할 수 있는 차원이 있지만, 그 지극한 경지에서는 성인이라도 알 수 없고 행할 수 없는 세계가 있음을 말하고 있다. 그렇다면 인격에서 가장 낮게는 필부필부에서부터 가장 높게는 성인에 이르기까지 모두 '중용의 도리' 안에서 살고 있으며 같이 살아가야 마땅하다. 어리석고 미련하다고 버려질 수 없고, 성인이라 하여 다른 차원의 세계에 사는 것이 아니다.

사람과 사람이 만나 함께 가기 위해서는 무엇보다 먼저 남의 말을 알아들어야 하고 남의 마음을 이해해야 한다. 공자는 "말을 알아듣지 못하면 사람을 알 수 없다.〔不知言, 無以知人也.〕"(≪논어≫ 20-3)고 했다. 과연 남의 말을 귀담아 듣지 않고 자신의 주장만 하고 있으면 그는 도대체 남을 모르고 오직 자기 속에 빠져 있는 벽창호〔碧昌牛〕일 뿐이다. 남의 말을 잘 듣는 모습으로, 공자가 자신이 예순 살에 '남의 말이 귀에 거슬리지 않았다〔耳順〕'고 언급한 사실을 주의 깊게 음미해볼 필요가 있다.

남의 생각과 마음을 이해하려면 남의 말을 잘 알아들어야 하는데, 결코 쉬운 일이 아니다. 칭찬해주는 말이나 아첨하는 말은 달콤하게 들리겠지만 조금이라도 자신을 비난하거나 자기 생각과 어긋나는 말을 하면 귀에 거슬려 들으려 하지 않거나 화를 내기 마련이다. 무슨 말을 들어도 '귀에 거슬리지 않는다'는 것은 말하는 사람의 마음을 깊이 헤아릴 수 있기 때문에 가능한 일이다.

남이 하는 말의 뜻을 잘 알아듣고 이해하기만 하는 것으로는 부족하다. 그래서 자세히 묻기도 하고, 별 대수롭지 않은 말조차 잘 살펴서 그 말 속에 숨은 뜻, 곧 말하는 사람도 미처 의식하지 못한 속뜻을 알아내야 한다는 말이다. 마치 시인이 사물을 바라보며 남들이 알아차리지 못한 깊은 뜻을 아름다운 시상詩想으로 찾아내는 일과 비슷한 일이 아닐까 생각된다.

이렇게 남의 가슴속에 있는 생각과 의도를 잘 알아주면 그것이 바로 자기를 알아주는 '지음知音'이요 '지기知己'라 할 수 있다. 이렇게 자기를 잘 알아주는 사람과는 가슴을 열고 서로 마음이 통하는 대화를 할 수 있다. 서로 상대방을 잘 이해할 수 있다면 양보도 하고 절충도 하여 쉽게 타협점을 찾을 수 있는 것이 사실이다. 바로 이것이 서로 더불어 살아갈 수 있는 '상생相生'의 길이라 할 수 있다.

'중용의 도리'는 아무리 진선진미盡善盡美한 것이라도 현실을 떠난 이상적인 진리를 찾는 것이 아니다. 그것은 현실에 기반하여 진선진미함을 향해 향상해 나가야 하는 길이다. 따라서 현실에서 서로 다른 입장과 견해를 가지고 있는 사람들도 모두 끌어안고 함께 가야 하는 길이라면 현실의 상황에서 최선의 타협점을 찾아내어 함께 가는 것이 '중용의 도리'의 한 실상이라 할 수 있다.

8. 널리 통용된다

두루 하여 넓게 미치는 것은 하늘과 같고, 생각이 깊은 것은 깊은 못과 같으니, 나타나면 백성들은 공경하지 않음이 없고, 말씀하면 백성들은 믿지 않음이 없으며, 시행하면 백성들이 기뻐하지 않음이 없다.

溥博如天, 淵泉如淵, 見而民莫不敬, 言而民莫不信, 行而民莫不說.

≪중용≫ 31:3

성인聖人은 명성이 중국에 넘쳐흘러서, 멀리 오랑캐 땅에까지 뻗어나가고, 배와 수레가 이르는 곳과, 사람의 힘이 닿는 곳과, 하늘이 덮어주는 곳과, 땅이 실어주는 곳과, 해와 달이 비치는 곳과, 서리와 이슬이 내리는 곳에서, 무릇 혈기血氣가 있는 자라면 누구나 성인을 높이고 친애하지 않음이 없다. 그래서 '하늘에 짝이 된다.'고 말한다.

聲名洋溢乎中國, 施及蠻貊, 舟車所至, 人力所通, 天之所覆, 地之所載, 日月所照, 霜露所隊, 凡有血氣者, 莫不尊親, 故曰配天.

≪중용≫ 31:4

첫째 단락은 '중용의 도리'를 체득하고 실현하는 성인의 덕을 세 가지 양상으로 제시하고 있다. 곧 적용범위의 넓이에서 '두루 하여 넓게 미침〔溥博〕'을 들었고, 사색의 깊이에서 '생각이 깊음〔淵泉〕'을 들었고, 때에 맞게 활동하는 '시중時中'으로서 '때를 만나면 출현함〔時出〕'을 들었다.

또한 성인의 이 세 가지 덕을 높이면서 그 '넓게 미침'은 하늘의 광활함에 견줄 수 있고, 그 '생각이 깊음'은 깊은 못에 견줄 수 있음을 말하고 있다. 그리고 가장 중요한 덕으로서 '때를 만나 출현함'이라는 '시중時中'의 덕에 대해서는 무엇보다 '시중'의 덕을 실현하는 인격인 '성인聖人'에 대해 더욱 구체적으로 서술하였다. 먼저 '시중'의 덕을 실현한 성인의 모습을 바라보고, 다음으로 그 말씀을 듣고, 끝으로 그 행적을 경험하는 세 가지 양상을 제시하였다.

곧 '시중'의 덕을 드러내는 성인의 모습을 바라보면 모든 백성이 공경하여 따르게 되고, '시중'의 도리에 맞는 성인의 말씀을 들으면 모든 백성이 그 말씀을 믿고 따르게 되며, '시중'의 도리가 시행되는 행적을 지켜보면 모든 백성이 기뻐하여 따르게 된다고 하였다. 이처럼 '중용의 도리'가 실현되면 모두가 공감하고 신뢰하고 기뻐하여 따르니, 어찌 널리 통하여 뻗어나가지 않을 수 있겠는가.

둘째 단락에서는 '중용의 도리'를 실현하는 성인의 덕이 세상에 널리 퍼져나가 통용되고 있음을 확인하였다. 곧 성인의 덕은 극진하게 높아 그 명성이 중국은 물론이요, 주위를 둘러싸고 있는 오랑캐에도 통하는 것임을 지적하고, 한층 더 넓게 통하여 배와 수레가 닿을 수 있어서 사람이 갈 수 있는 곳이라면 세상 끝까지 어디에나 통한다고 강조하고 있다.

여기서 더 나아가 인간이 갈 수 있는 곳이거나 없는 곳이거나 상관없이 하늘이 덮어주고 땅이 실어주는 곳이라면 어디에서나, 해와 달이 비치는 곳이라면 어디나, 서리와 이슬이 내리는 곳이라면 어디나, 이 세상 끝까지 어디에서나 모든 인간이 성인을 높이고 친애親愛한다고 역설하고 있다.

이처럼 성인의 덕이 통하는 범위를 극대화시키고 있는 것은 '중용의 도리'가 어디에서나 통하는 보편적인 '도리'인 만큼 이 '도리'를 시행하고 있는 인격인 '성인'의 덕이 세상 전체에 광범하게 통용된다는 사실을 거듭 강조한 말이다. 결론적으로 '중용의 도리'를 시행하는 성인의 덕은 극진히 크고 높아서 '하늘에 짝이 된다〔配天〕'고 하여, 극진하게 높이고 있음을 보여준다.

'중용의 도리'는 심성心性의 보편성에 근거하여 언제 어디서나 통한다

'중용의 도리'가 현재나 과거나 미래의 모든 시간과 상하나 사방의 모든 공간에서 언제 어디서나 통용되는 보편적 진실성을 지닌 것임을 확인함으로써, '중용의 도리'가 극진하게 넓은 통용범위를 지녔다고 거듭 밝히고 있다. 이에 따라 누구나 '중용의 도리'를 알고 실행하기만 하면 야만인이거나 문명인이거나 가리지 않고 모두가 공감하고 따를 것임을 역설하였다. 그만큼 '중용의 도리'는 시간과 공간의 제한이 없는 보편적 '도리'요, 어떤 문화전통에서나 아무런 한정됨이 없이 통용되는 진실한 '도리'로서 보편성을 지닌 진리임을 확인하고 있다.

공자는 '인仁'의 덕을 가르쳤고, 부처는 '자비慈悲'의 덕을 가르쳤고, 예수는 '사랑'의 덕을 가르쳤는데, 각각 그 말과 설명의 체계는 달라도 그 바탕은 같은 마음에서 흘러나오는 같은 곡조의 노래임을 인정할 수 있다. 이렇게 같은 마음 같은 뜻의 가르침이 동양과 서양의 서로 다른 문화전통에서 제각각 제시되었지만, 오늘에서도 광범하게 받아들여지고 있는 사실이 분명하게 확인된다. 그것은 동서고금을 구별함이 없이 세상 어디에 사는 사람이거나 언제 살았던 사람이거나 그 심성의 바탕이 동일하다는 것을 잘 보여준다.

그래서 육상산陸象山은 "동해東海에서 성인이 나와도 이 마음과 같고 이 이치가 같으며, 서해西海에서 성인이 나와도 이 마음과 같고 이 이치가 같다.〔東海有聖人出焉, 此心同也, 此理同也, 西海有聖人出焉, 此心同也, 此理同也.〕"(≪상산집象山集≫ 33 〈행장行狀〉(양간楊簡 찬撰))고 말했다. 따라서 '중용의 도리'는 인간의 공통적 심성에 근거하는 '도리'이므로, 이 세상에서 언제 어디서나 통용되는 '도리'라는 사실이 분명하게 확인될 수 있다.

≪중용≫(27:2)에서는 '중용의 도리'를 실현하는 인격으로서 성인이 보여주는 '도리'의 위대함을 칭송하면서, "바다같이 아득히 넓어 만물을 발육시키고, 우뚝 솟아 하늘에까지 닿았구나.〔洋洋乎, 發育萬物, 峻極于天.〕"라고 찬탄하였다. 아득히 넓은 바다처럼 그 통용의 범위가 넓어 세상의 모든 일을 풀어가고 있음을 보여준다. 따라서 '중용의 도리'는 모든 생명이 그 안에서 살아가며, 그 생명을 온전하게 실현할 수 있도록 이끌어주고 있음을 말한다. 이처럼 이 세상

의 모든 생명을 실현시켜주고 있으므로, '중용의 도리'가 실현하는 역할로서 '만물을 발육시킨다'고 언급하였다.

'중용의 도리'는 인간과 우주 만물에 두루 통한다

우리 시대에 자연의 파괴가 극심하고 많은 생물들이 멸종하기도 하는 현상은 모두 인간의 탐욕이 극도로 추구된 결과라 할 수 있다. 그것은 자연을 다만 인간의 욕구를 만족시키기 위한 도구로 삼는 인간중심적 세계관이 초래한 결과이기도 하다. 이에 비해 '중용의 도리'는 인간과 인간의 관계를 조화롭게 이끌어가는 '도리'일 뿐만 아니라 인간과 자연이 조화를 이루어 함께 살아가는 '도리'로 제시된다. '중용의 도리'에서는 세상에 아무것도 버려지는 것이 없이 서로 어울려 조화를 이룸으로써 모든 생명을 온전하게 실현할 수 있는 '도리'로서 제시되고 있다.

또한 '중용의 도리'는 적용범위가 광대하게 넓을 뿐만 아니라 인간의 마음속에 깊이 파고들어 있으며, 또 모든 문제를 통괄하는 중심에 서 있으므로, 높이 솟아서 하늘에 닿는다고 하였다. 그것은 '중용의 도리'가 그 넓이와 깊이와 높이의 극한에 이르기까지 확장됨으로써 우주의 전체에 걸쳐서 통용되고 있음을 보여준다. 따라서 '중용의 도리'를 체득하고 실현하는 인격인 성인은 그 덕이 '하늘에 짝할 수 있다〔配天〕'고 말했다.

'중용의 도리'는 '서恕'로서 하나로 꿰뚫는다

한 개인이 일을 처리할 때에도 선택의 갈림길에 놓이게 되면 당연히 '중용의 도리'가 그 선택을 결정하는 적절한 기준이 된다. 또한 한 가정에서 가족들 사이에 갈등이 일어날 때에도 그 해결을 위해 마땅한 기준은 '중용의 도리'에서 찾아져야 한다. 나아가 한 나라에서나 온 천하에서도 당면하게 되는 모든 문제들을 해결하는 최상의 기준은 '중용의 도리'이다. 이에 따라 조화로움을 이루는 것이 가장 합리적이고 원만한 해결의 방법일 수 있다. 그렇다면 '중용의 도리'는 무슨 일에서나 그 일을 시작에서 끝까지 풀어나가는 '도리'라 할 수 있을 것이다.

바로 이 점에서 공자가 "나의 '도'는 하나로 꿰뚫었다.〔吾道, 一以貫之.〕"(≪논어≫ 4-15)라고 말했던 일이 있는데, 그 '하나로 꿰뚫는다〔一以貫之〕'는 '도리'란 바로 '중용의 도리'를 말하는 것이라 볼 수 있다. 증자曾子(증삼曾參)는 공자가 말한 하나로 꿰뚫은 '도리'를 '충서忠恕' 곧 '충심에서 나를 미루어 남에 이르는 것'이라 해석하였다.

증자曾子(≪만고제회도상≫)

여기서 나를 미루어 남에게 이르는 '서恕'는 바로 '중용의 도리'를 실천하는 핵심적 방법인 만큼, 이렇게 나를 미루어 남에 이르는 '서恕'를 실행함으로써 인간과 인간의 만남이 남남으로 갈라져서 서로 무관심하거나 서로 대립하게 되고, 세상의 모든 일이 갈등을 일으키게 되는 것을 막아준다. 나아가 '서'를 통해 누구와도 서로 어울리고 소통하여 하나로 일치시킴으로써 화합을 이룰 수 있게 된다. 이렇게 '서'를 행함으로써 모든 일을 화합시키는 것이 바로 '중용의 도리'를 실현하는 길임을 보여주고 있다.

'중용의 도리'는 결코 나의 욕심이나 판단이나 신념을 남에게 관철하기를 요구하는 지배적 권위나 독선적 진리가 아니다. '중용의 도리'는 언제나 상대방을 인정하며, 서로 다른 존재가 함께 있다는 사실을 전제하고 있다. 따라서 개인과 개인 사이에서나, 나라와 나라 사이에서나, 이 세상 어디서 벌어지는 무슨 일에서나, 서로 다른 존재들 사이에 조화를 이룰 수 있는 점을 찾아서 갈등과 분열을 극복하여 서로 결합시켜줄 수 있다.

이처럼 하나로 화합을 이루어나가는 길을 제시하는 것이 바로 '중용의 도리'이다. 화합을 이룸으로써 갈등에 따르는 상처를 막고, 패배당하거나 소외당함에 따라 입게 되는 고통을 풀어준다. 그렇다면 나를 미루어 남에 이르러 함께 어울리고 화합하는 '서'는 '중용의 도리'를 실현하는 핵심적 방법으로서 '하나로 꿰뚫고 있다'고 하겠다.

9. 지극히 어렵다

천하와 국가도 균평均平하게 다스릴 수 있고, 벼슬과 녹봉祿俸도 사양할 수 있으며, 시퍼런 칼날도 밟고 올라설 수 있지만, 중용中庸은 할 수가 없구나.

天下國家可均也, 爵祿可辭也, 白刃可蹈也, 中庸不可能也.

≪중용≫ 9:1

"천하와 국가도 균평하게 다스릴 수 있다."는 것은 통치자가 누구나 밤낮으로 고심하는 가장 중요한 정치적 과업이다. 그렇지만 역사에서 아무리 태평성대라 하여도 이 과업이 이루어진 사례를 찾아볼 수 없으니, 지극히 어려운 일이 아닐 수 없다.

"벼슬과 녹봉도 사양할 수 있다."는 것은 사람이면 누구나 고귀하게 되고 싶고 부유하게 되고 싶어 하는 기본적 욕망이 있으니, 이 욕망을 억제하는 도덕적 역량이 있어야 가능한 일이다. 그러나 지위와 재물은 모든 사람이 바라는 가장 뿌리 깊은 욕망이라 버리기가 결코 쉽지 않지 않은 일이다.

"시퍼런 칼날도 밟고 올라설 수 있다."는 것은 살고 싶은 생물적

본능조차 버리고 죽음의 고통과 두려움을 받아들이는 일이다. 그러니 인격이 높고 의지가 강인한 사람도 행하기가 결코 쉬운 일이 아니다.

그런데 이 어려운 일들을 모두 감당해낼 수 있다 하더라도 '중용의 도리'를 실행할 수 있는 것은 아니다. '중용'을 실현하기란 너무 어려워 행할 수가 없다는 말이다. 그래서 공자도 "중용은 할 수가 없구나."라고 깊이 탄식하였던 것으로 보인다. 그렇다고 '중용의 도리'를 실행하기가 어려우니 포기하겠다는 말은 아니다. '중용의 도리'가 그 극진한 경지에 올라가고 완전하게 실현하기란 얼마나 어려운 일인지를 각성함으로써 '중용의 도리'를 가볍게 보려 드는 일이 없어야 한다고 경계하는 말로 들어야 할 것 같다.

'중용의 도리'를 행하기 어려운 까닭

어찌하여 '중용의 도리'를 행하기가 이다지도 어렵다는 것인가? 공자는 그 까닭을 구체적으로 설명하면서, "도리가 행해지지 않음을 내가 알겠노라. 지혜로운 자는 지나치고, 어리석은 자는 못 미치는구나. 도리가 밝혀지지 않음을 내가 알겠노라. 현명한 자는 지나치고, 미련한 자는 못 미치는구나.〔道之不行也, 我知之矣. 知者過之, 愚者不及也. 道之不明也, 我知之矣. 賢者過之, 不肖者不及也.〕"(≪중용≫ 4:1)라고 하였다.

이처럼 지혜로운 사람은 '도리'를 행한다면서 지나치게 엄격하거나 너무 융통성이 없이 행하다가, 도리어 '도리'에서 벗어나기 일쑤다. 이에 비해 어리석은 자는 '도리'를 행하는 데 자질도 의지도 너무 부족하여 애초에 미치지를 못하고 있다는 사실을 보여준다. 마찬가지로 '도리'를 아는 문제에서도 지혜로운 사람은 지나치게 천착하다가 '도리'에서 벗어나기 일쑤요, 어리석은 사람은 '도리'를 알기에 식견이 너무 부족하여 처음부터 미치지 못하고 있다는 사실을 말해준다.

'중용'의 '중中'은 주자가 말한 것처럼 '지나치지도 않고 못 미치지도 않은 것〔無過不及〕'이다. 그런데 '중용의 도리'를 행하려고 하거나 알려고 하면서 지나치거나 못 미치고 만다면 그것은 이미 '중용의 도리'에서 벗어난 것이 되고 만다.

대저울에서 물건의 무게를 달 때는 저울추의 위치를 앞으로 당기거나 뒤로 밀어서 조절하지만, 정확하게 균형점을 붙잡기가 매우 어려워서 여러 번 저울추를 조심스럽게 옮겨야 한다. 이처럼 균형점을 잡기는 쉬운 일이 아니다.

대저울(출처 : e뮤지엄)

하물며 서로 다른 주장과 각자의 욕심이 충돌하고 있는 현실에서 당면한 문제를 지나침도 없고 못 미침도 없는 '중용의 도리'를 실행한다는 것은 참으로 어려운 일이다. 그래서 한순간이라도 방심하면 균형점을 잃게 되니, '중용'은 실행하기도 어렵고 알기도 어렵지만 실지로는 실행하기가 알기보다 더욱 어려운 것이 아닐 수 없다.

'중용의 도리'를 제대로 알지 못하는 현실

사람들은 누구나 '도리'를 말하지만 사실은 '도리'에 지나치지 않으면 못 미치고 있다. 그래서 공자는 '도리'를 절실하게 아는 사람이 없다는 실상을 쉬운 비유로 설명하여, "먹고 마시지 않는 사람이 없지만 맛을 제대로 알아낼 수 있는 자는 드물다.〔人莫不飮食也, 鮮能知味也.〕(≪중용≫ 4:2)라고 하였다. 다들 자기가 '맛'을 잘 안다고 하지만 '맛'에 대한 느낌은 제각기 다르니, 가장 깊은 맛을 제대로 찾아낸 사람은 드물지 않을 수 없다. 공자는 이런 현실을 한마디로 말해, "도리가 행해지지 못하겠구나!〔道其不行矣夫.〕"(≪중용≫ 5:1)라고 깊이 탄식하고 있다.

심지어 공자는 사람들이 '도리'를 제대로 알지 못하여 전혀 엉뚱한 곳을 파고 있는 사실을 비유로 설명하면서, "사람들은 모두 '내가 안다.'고 말하지만 그물과 덫과 함정 속에 몰아넣어도 피할 줄을 알지 못한다.〔人皆曰, '予知.' 驅而納諸罟擭陷阱之中, 而莫之知辟也.〕"(≪중용≫ 7:1)라고 하였다. 물고기나 짐승이야 그물이나 덫이나 함정에 걸리는 줄도 모르고 눈앞의 먹이에 매달리는 것이 당연하지만, 따지고 보면 사람도 그렇게 맹목화되어 살고 있음을 절실하게 지적하고 있는 말이다.

실지로 많은 사람들은 자신이 착하게 살아간다고 생각하고 있지만, 자기도 모르게 온갖 허물을 저지르고 있으면서 자신이 큰 허물에 빠져 있는 줄도 모르는 경우가 허다하다. 마치 많은 사람들이 크고 작은 병을 치료하기 위해 약을 먹고 있지만 그 약의 부작용이 다른 부분에서 자신의 건강을 해치고 있는 줄은 모르고 있는 경우와 같으며, 많은 부모들이 자식을 잘 가르치려고 많은 비용을 들이며 열심히 노력하고 있지만 그 결과는 전혀 예상치 못했던 엉뚱한 모습으로 나타나는 경우가 많은 것과 같다.

'중용'은 언제 무슨 일을 당해서도 중심을 잡고 확실하게 지켜서 치우치지도 않고 기대지도 않으며, 지나치지도 않고 못 미치지도 않게 일을 처리해가는 길이다. 또 이렇게 실행하기를 지속적으로 계속해 가야만 '중용'을 실행할 수가 있다. 그러니 누가 '중용'이 어떤 것인지를 조목조목 짚어가며 분명하게 설명해준다면, 비록 알기야 쉽다 하겠지만 그래도 실행하기란 여전히 지극히 어려운 일이 아닐 수 없다.

'도리'를 '앎〔知〕'과 '행함〔行〕'의 관계

우선 아는 것〔知〕과 행하는 것〔行〕의 관계를 보면 어느 것이 더 어렵다고 단정적으로 말할 수는 없다. 학생이 숙제를 할 때는 대체로 문제는 어렵지 않지만 귀찮고 성가셔서 하기 싫다면, '알기는 쉬운데 행하기가 어려운〔知易行難〕' 경우라 할 수 있다. 이에 비해 과학자가 공기의 저항과 추진력의 관계를 한 치의 오차도 없이 정확하게 계산하여 알아내기만 하면 우주공간에 우주선을 띄워 올릴 수 있는 경우에서는 '행하기는 쉬워도 알기가 어려운〔行易知難〕' 경우라 할 수 있다.

일반적으로 '도리'의 문제는 대체로 알기는 쉬워도 행하기가 어려운 일이라는 사실을 누구나 경험한다. 그러나 자세히 살펴보면 '중용의 도리'는 그 중심을 찾아내어 잡기도 어렵고, 중심을 잡았다 하더라도 지속적으로 유지하기는 더욱 어려운 일이다. 그러니 '중용의 도리'는 알기도 어렵지만 행하기는 지극히 어려운 일이 아닐 수 없다. 엄밀하게 말하면 '중용의 도리'를 알기도 지극히 어려운 일이다. 상황이 뒤얽혀 미묘한 경우에는 어느 것이 '중용'인지 판단하기가 성인이라도 쉬운 일은 아니다.

공자는 알기 어려움과 행하기 어려움을 함께 말하고 있는 사실이 주목된다. 실지로 '앎〔知〕'과 '행함〔行〕'의 관계는 상당히 복잡한 구조를 내포하고 있다. 어떤 것은 먼저 알고 나서 그 다음에 행할 수 있는〔先知後行〕 경우도 있고, 어떤 것은 행하다 보면 알게 되는〔先行後知〕 경우도 있다. 좀 더 엄격하게 말하면 아는 만큼 행할 수 있고 행하는 만큼 알 수 있다는 사실에서 '앎과 행위가 함께 나간다〔知行竝進〕' 하기도 하고, 알면 행하게 되고 행하면 알게 되어 '앎과 행위가 상호적으로 진행된다〔知行互進〕'고 하기도 한다.

더 나가서 왕양명王陽明의 경우는, "알면서 행하지 않는 것은 단지 아직 알지 못하는 것이다.〔知而不行, 只是未知.〕"(≪전습록傳習錄≫)라고 하였다. 마치 아름다운 빛깔을 보면 그 순간에 그 아름다움을 좋아하듯이 아는 것이 바로 행하는 것이 된다고 함으로써, '앎과 행위가 일체다〔知行合一〕'라고 주장하기도 한다. 여기서 왕양명은 "앎이란 행위의 핵심 생각이요, 행위는 앎의 공부이다. 앎은 행위의 시작이고, 행위는 앎의 완성이다.〔知是行的主意, 行是知的功夫. 知是行之始, 行是知之成〕"(≪전습록≫)라고 하여, 앎과 행위가 분리될 수 없음을 강조하였다.

사실 좀 더 엄격하게 말하면 '중용의 도리'를 안다는 것은 행한다는 것과 쉽게 나누어지지 않는다. 그러니 '중용의 도리'를 알기는 쉬워도 행하기는 어려운 것이 아니라 알기도 지극히 어렵고 행하기도 지극히 어렵다고 말하는 것이 올바른 이해가 될 수 있다.

'중용의 도리'를 알아가고 실행해가는 방법

'중용의 도리'가 모든 일을 올바르게 처리하는 방법이 되는 것이라면, 알기 어렵다고 버려둘 수도 없고 행하기 어렵다고 버려둘 수도 없다. 문제는 '중용의 도리'가 무엇인지 온전히 알고 나서 행한다는 것은 불가능한 일이니, 삶의 경험 속에서 찾아내어 알아가야 하고 아는 만큼 이를 행해야 하며, 또 행하는 과정에서 이를 더욱 깊이 알아가야 하니, '앎'과 '행함'이 순환적으로 이루어져야 한다고 할 수 있다.

그래서 공자는 "필부필부匹夫匹婦의 어리석음으로도 군자의 도리를 알 수 있지만 그 지극한 데에 가서는 비록 성인이라도 모르는 것이 있으며, 필부필부의 미련함으로도 군자의 도리를 행할 수 있지만 그 지극한 데에 가서는 비록 성인이라도 해내지 못하는 것이 있다.〔夫婦之愚, 可以與知焉, 及其至也, 雖聖人, 亦有所不知焉, 夫婦之不肖, 可以能行焉, 及其至也, 雖聖人, 亦有所不能焉.〕"(≪중용≫ 12:2)고 하였다. 곧 '중용'의 도리는 일상생활 속에서 누구나 알 수 있고 행할 수 있는 경우가 있지만, 그 극진한 경지에 이르면 성인도 알 수 없고 행할 수 없는 차원이 있다는 것을 말하였다. 그렇다면 '중용의 도리'가 알기도 지극히 어렵고 행하기도 지극히 어렵다는 것은 모든 경우에서 말하는 것이 아니라 그 극진한 경지에서 말하는 것임을 확인할 수 있다.

그렇다고 필부필부도 알 수 있고 행할 수 있는 것이 있다고 하여, '중용의 도리'가 상당부분을 쉽게 알 수 있고 쉽게 행할 수 있다는 말은 아니다. 단지 '도리'의 첫 출발점에서 누구나 쉽게 알 수 있고 행할 수 있다는 것을 말하는 것일 뿐이다. 한 발짝만 더 들어가서 일이 복잡해지면 복잡해질수록 점점 더 알기도 어려워지고 행하기도 어려워지게 된다. 그만큼 '중용의 도리'란 결코 쉬운 일이 아니요, 지극히 알기도 어렵고 행하기도 어려운 것이라는 말이 사실이라 하겠다.

여기서 '중용의 도리'가 그 극진한 경지에서 지극히 알기도 어렵고 행하기도 어려운 경우를 말하면서, "하늘과 땅이 광대하지만 사람이 오히려 유감스럽게 여기는 것이 있다. 그러므로 군자가 큰 것을 말하면 천하도 그것을 실어낼 수 없고, 작은 것을 말하면 천하도 그것을 쪼갤 수 없다.〔天地之大也, 人猶有所憾. 故君子語大, 天下莫能載焉, 語小, 天下莫能破焉.〕"(≪중용≫ 12:2)고 하였다.

'중용의 도리'는 극히 비근하고 사소한 문제에서도 드러난다. 그러나 극진한 경지에서 '중용의 도리'를 말하면, 그 큰 것은 천하도 그 크기를 실어낼 수 없을 만큼 무한히 광대한 것이요, 그 작은 것을 말해도 어느 누군들 그 속을 쪼개어 들여다볼 수 없을 만큼 무한히 미묘하다는 말이다. 곧 '극소極小'에서 '극대極大'에 이르기까지 '중용의 도리'는 세상의 모든 일에 관통하고 있음을 말한다. 이처럼 '천하'가 아무리 넓어도 한계와 범위가 있는 것이지만 '중용의 도리'는 어떤 범위에도 한정되지 않는 보편적 '도리'이니, '중용의 도리'를 실현하기가 어찌 어렵지 않겠는가.

그러나 이처럼 극진한 경지도 인간이 아니면 인식해낼 수 없고, 인간이 아니면 실행해낼 수 없는 '도리'이다. 그렇다면 지극히 알기 어렵고 행하기 어려운 '중용의 도리'를 알아가고 행해가려면, 쉬운 데서 출발해야 할 뿐만 아니라 끊임없이 노력하는 과정이 필요하다는 사실을 분명하게 보여주고 있다.

제2부

중용을 행하는 마음

中庸

中庸

10. 열린 마음이다

윗자리에 있으면서 아랫사람을 업신여기지 않고, 아랫자리에 있으면서 윗사람에게 매달리지 않으며, 자기를 바르게 하고 남에게 요구하지 않으면, 원망함이 없을 것이다. 위로 하늘을 원망하지 않고, 아래로 남을 탓하지 않을 것이다.

在上位, 不陵下, 在下位, 不援上, 正己而不求於人, 則無怨. 上不怨天, 下不尤人. 《중용》 14:3

"윗자리에 있으면서 아랫사람을 업신여기지 않는다."는 것은 권위를 내세워 아랫사람을 무시하거나 차별하지 않고, 아랫사람의 인격을 존중하며 의견을 받아들이는 '열린 마음'을 요구하는 말이다.

"아랫자리에 있으면서 윗사람에게 매달리지 않는다."는 것은 윗사람에게 지나치게 의지하지 않고, 자신의 중심을 확보하여 모든 사람과의 관계를 원만하게 유지할 수 있는 '자립하는 마음'을 가져야 할 것을 강조하는 말이다.

또한 "자기를 바르게 하고 남에게 요구하지 않으면 원망함이 없을 것이다."라는 것은 모든 인간관계에서 치우치거나 의지하지 말고 자기중심을 바르게 세우며, 자신을 위해서 남이 무엇을 해주기를 바라지 말고 자기가 모든 사람과 공정하고 화합하는 관계를 유지한다면, 남을 원망하지도 않고 남으로부터 원망을 받는 일도 없을 것이라는 말이다.

"위로 하늘을 원망하지 않고, 아래로 남을 탓하지 않을 것이다."라는 것은 자기중심을 세우고 '열린 마음'으로 일에 대응하면 어떤 어려움이 있더라도 하늘을 원망하거나 남을 탓하는 일이 없을 것임을 말한다.

제2부에서 '중용을 행하는 마음'을 이해하기 위해 (1) 그 '심법心法'을 살펴보고, (2) 그 '시야'를 확인하며, (3) 그 '자세'를 점검하는 세 가지 주제를 밝힐 필요가 있다.

먼저 첫 번째 주제인 (1) 중용의 도리를 행하는 '심법'으로 세 가지 과제를 나누어 살펴본다면, ① 첫째 과제는 '열린 마음〔開放〕'이요, ② 둘째 과제는 '따뜻한 마음〔溫和〕'이며, ③ 셋째 과제는 '굳은 신념〔信念〕'을 들어볼 수 있다.

여기서는 먼저 '중용'의 심법으로서 ① '열린 마음'이라는 과제를 해명하고자 한다. '열린 마음'이 없으면 아무것도 온전하게 받아들일 수 없고 화합하게 할 수도 없으니, '중용의 도리'를 실행하기 위한 길을 열어갈 수도 없게 된다. 그렇다면 '중용의 도리'는 열린 마음에서 싹이 트고 자라날 수 있는 것이라 하겠다.

'중용의 도리'는 '열린 마음'이 있어야 실행될 수 있다

'중용의 도리'는 치우침도 없고 기울어짐도 없으니, 자신의 중심을 확고하게 세워야 하고 세상을 향해 '열린 마음'이 있어야 실행될 수 있다. 이렇게 '열린 마음'을 갖는 데 장애가 되어 경계해야 할 가장 큰 적敵은 자기만 옳다고 주장하는 독선獨善에 빠지거나 세상을 다 거부하고 자기 속에 갇혀버리는 폐쇄閉鎖에 빠지는 일이다. 따라서 '열린 마음'이 추구해가야 할 가장 큰 과제는 모든 것을 끌어안는 포용包容과 모든 것을 조화시키는 화합和合이라 할 수 있다.

마음을 열고자 하면 자기만 옳다는 독선적 고집을 버리고 남의 말에 귀를 기울일 줄 알아야 한다. 마음이 열린 사람이라야 상대방을 꺾어 누르려 들지 않고 서로 마음을 비우고서 '도리'가 무엇인지 토론도 할 수 있게 된다.

그래서 조선후기 북학파北學派 실학자인 홍대용洪大容(담헌湛軒)은 실옹實翁의 입을 빌려, 성리설性理說의 이론에 사로잡혀 남의 말을 들으려 하지 않고 남의 생각을 꺾으려고만 드는 허자虛子를

홍대용洪大容(≪엄철교전집嚴鐵橋全集≫)

꾸짖으면서, "옛날 들은 것에 집착한 자와는 더불어 '도리'를 이야기할 수 없고, 남을 이기려는 마음에 버릇이 든 자와는 더불어 논쟁을 할 수 없다. 네가 '도리'를 듣고 싶거든 네가 옛날에 들은 것을 씻어버리고 너의 그 이기려 드는 마음을 버려라.〔膠舊聞者, 不可與語道, 狃勝心者, 不可與爭口. 爾欲聞道, 濯爾舊聞, 祛爾勝心.〕"(〈의산문답毉山問答〉) 라고 날카롭게 지적하였다.

마음을 열려면 먼저 마음을 비워야 한다

마음을 열고자 하면 먼저 자신의 마음을 비워야 한다. 사람의 마음에는 환경이나 관습이나 관념에 따라 형성된 온갖 편견과 고정관념이 자리잡고 있다. 이런 편견과 고정관념 때문에 다른 사람의 생각이나 행동이 쉽게 이해되지 않는 경우도 많고, 심하면 증오심이나 적대감을 불러일으키기도 한다. 이렇게 굳어지고 고정된 마음을 비우지 않으면 조금이라도 자신과 다른 것이나 새로운 것을 받아들이기가 매우 어려워진다.

문화배경이 다른 외국인의 생각이나 행동을 이해하지 못해 기이하게 여기거나 혐오하는 경우도 많다. 심지어 같은 나라 사람이라도 지방이 달라서 풍속이 다르다거나 같은 지방에 살아도 생활환경이 달라서 습관이 다른 경우에도, 이해를 못하거나 불쾌하게 여기는 일을 흔히 보게 된다. 그렇다면 마음을 연다는 것은 마음을 비우는 바탕 위에서 비로소 가능한 일이라 할 수 있다.

노자老子는 성인의 정치로서, "〈백성들의〉 마음은 비우게 하고,

그 배는 채우게 하라.〔虛其心, 實其腹.〕"(≪도덕경道德經≫ 3)라고 말한 일이 있다. 이 말도 백성들은 굶주리면 서로 빼앗고 다투는 일이 벌어지기 쉬우니, 배불리 먹을 수 있게 해주어야 한다는 사실과 더불어, 백성들은 마음을 비우지 않으면 제각기 자기 욕심이나 자기 생각이 터져 나와 분쟁과 혼란이 일어나는 것을 막을 수가 없음을 지적한 말이다. 그렇다면 마음을 비우지 않고서는 서로 상대방을 받아들일 수 없고 서로 화합을 이룰 수도 없음을 이해할 수 있다.

노자老子(≪만고제회도상≫)

마음을 비우지 못하고 자신의 생각에 사로잡혀 있는 사람이나 자신의 주장만 옳다고 내세우는 사람은 남의 말을 들을 수가 없고 정상적인 대화를 할 수도 없으니, 남들과 화합할 수가 없는 것은 당연하다. 공자는 순舜임금의 덕을 칭송하면서, "묻기를 좋아하셨고, 비근한 말을 살피기 좋아하셨다.〔好問而好察邇言.〕"(≪중용≫ 6:1)고 말했던 일이 있다.

이렇게 순임금은 백성들의 사정을 물어서 그 사정을 자세히 알아보기를 좋아하고, 백성들이 하는 하찮은 말에도 귀를 기울이고 들어서 그 속에 숨겨져 있는 소중한 뜻을 잘 살피기를 좋아했다고 한다. 이것은 바로 순임금이 마음을 비웠고, 그래서 백성들을 향해 마음을 활짝 열었다는 사실을 말해주고 있다.

마음을 비우는 것은 마음을 열기 위한 전제조건임을 확인하도록 요구한다. 마음을 비우지 않고 자기 생각에 가득 차 있으면 아무리 마음을 열려고 애를 쓴다 하더라도 아무것도 받아들일 수 없으니, 결국 마음을 열 수가 없는 일이다. 그러나 마음을 비우는 것만으로 충분한 것은 아니다. 모든 것을 받아들일 수 있어야 비로소 마음을 열었다는 성과가 이루어질 수 있다. 마음을 열어두기만 하고 다른 사람이나 다른 일에 아무런 관심을 두지 않으면 마치 눈은 뜨고 있지만 사물을 살피지 않아서 무엇을 보고 있는지도 모르는 것과 같다.

'마음을 비운다'는 것이 '마음을 연다'는 일의 필요조건이라면 '모든 것을 받아들인다'는 것은 '마음을 연다'는 일의 충분조건이 된다고 할 수 있다. 물론 마음을 비우지 않으면 모든 것을 받아들일 수 없고, 모든 것을 받아들이지 않는다면 마음을 비운 의미가 없다. 그렇다면 '마음을 비움'은 선행하는 조건이 되고, '모든 것을 받아들임'은 '중용의 도리'를 실현하기 위한 과제가 되어 서로 떠날 수 없는 깊은 상호 연관성을 지니고 있다.

학문하는 방법도 마음을 비우는 데 있다

주자는 독서의 기본 요령이 마음을 비우는 데 있음을 강조하여, "단지 마음을 비움으로써 그 뜻을 찾아야 하고, 자기 견해로 읽는

데 집착해서는 안 된다.〔只要虛其心以求其義, 不要執己見讀.〕"(≪주자어류≫ 67:58)고 언급하였다. 책을 읽으면서 자기 생각으로 뜻을 찾는다면 그것은 글 속에 있는 뜻이 아니라 자기 생각으로 왜곡된 뜻이 될 위험이 따른다. 마음을 비우지 않으면 한 글자도 제 뜻을 드러내지 못하고 자신의 거울에 비친 일그러진 글자만 보게 되고 만다는 사실을 지적하는 말이다.

또한 주자는 학문하는 방법이 바로 마음을 비우는 데 바탕을 두고 있음을 강조하여, "원컨대 마음을 비우고 기운을 가라앉혀서 고매함을 좋아하는 데 뜻을 두지 말고, 선입견을 주장으로 삼음이 없어야 한다.〔願虛心平氣, 勿以好高爲意, 毋以先入爲主.〕"(≪주희집朱熹集≫ 〈답호광중答胡廣仲〉 3)고 말하기도 하였다. 고매한 이상적 경지를 추구하는 데 집착하거나 이미 고착된 자기 소견에 사로잡힌다면, 그것은 진실을 찾아가는 학문의 길이 아니라 자기주장이나 믿음을 펼치는 설교가 되고 만다는 사실을 지적하고 있다.

어디 그뿐이겠는가. 가족관계나 친우관계를 비롯하여 사람과 사람이 만나는 모든 인간관계에서도 마음을 비우면 그동안 이해되지 않았던 상대방의 말도 이해할 수 있게 되고, 그동안 이해했던 것과는 전혀 다른 의미가 새롭게 이해되기도 한다. 군주나 지도자가 신하나 아랫사람의 간언諫言을 받아들이거나 백성의 실정을 살피는 데에도, 마음을 비우면 그동안 모색해왔던 질서와 화합의 길도 보다 쉽게 찾을 수 있다. 마음을 비우지 않고 자기의 생각이나 신념만 내세우면 그것은 이미 마음을 닫은 것으로 아무것도 받아들일 수 없게 된다.

모든 것을 받아들임에는 공정한 이해와 판단이 따라야 한다

열린 마음은 비워둔 마음속에다 모든 것을 받아들여서 남의 말도 알아듣고, 사물의 상태도 알아보고, 현실의 변화도 살펴보아야 한다. 그렇다고 사람의 마음은 무엇이나 담아두는 빈 통은 아니다. '마음을 열었다'는 것이 무엇이나 받아두는 데 그칠 수는 없다. 받아들인 남의 말이 무슨 뜻인지 깊이 이해해야 하고, 사물의 이치나 변화의 질서가 무엇인지 깊이 통찰해야 한다. 이렇게 모든 것을 받아들여 관찰하고 인식하고 판단하는 것이라야 마음이 '모든 것을 받아들인다'는 말의 진정한 의미라 할 수 있다.

그렇다면 '중용의 도리'를 실행하기 위해서는 먼저 마음을 비우고, 그 바탕 위에 열린 마음으로 모든 것을 넓게 받아들여야 한다. 여기서 바탕으로 마음을 비운다는 것은 자신의 사사로운 욕심에 빠지거나 선입견에 사로잡히지 않는 공정성을 확보해야 함을 요구한다. 또한 그 다음에 이렇게 폭넓게 받아들인 것에 대해 그 참된 의미와 실상을 깊이 이해하는 것이 요구되고, 또한 깊은 이해를 바탕으로 공정하게 판단하는 것이 요구된다.

모든 것을 온전하게 받아들인다는 것은 외부세계의 유혹에 끌려 다니거나 그 영향력에 동요하지 않게 함으로써 공정하게 판단하며 그 참된 의미를 찾아내어야 하는 것을 말한다. 이렇게 하기 위해서는 항상 치우치지도 않고 기울어지지도 않는 자신의 중심이 확고하게 세워져야 한다. 이처럼 확고한 중심을 세우고서 마음을 비우고 사물을 온전하게 받아들이는 길을 따르는 것이 바로 '중용의 도리'를 실행하는 모습이라 할 수 있다.

따라서 열린 마음을 확보한 위에 자신의 중심을 확고하게 세우고서 모든 것을 받아들인다면 편견도 독선도 사라지고 분열도 갈등도 해소되어 '화합의 길'이 열릴 수 있다. 바로 여기서 '중용의 도리'가 실행되고 있음을 보게 된다. 이렇게 '열린 마음'을 통해 '화합의 길'이 열린다면 자기 자신도 올바르게 실현될 수 있고, 인간과 만물의 세계도 균평하게 실현될 수 있다. 이것이 바로 '자신을 이루는 것〔成己〕'이요, 동시에 '사물을 이루어주는 것〔成物〕'이며, 여기에서 '중용의 도리'가 진실하게 실현된 모습이 드러남을 볼 수 있게 된다.

11. 따뜻한 마음이다

오직 천하의 지극한 성인聖人이라야, 그 총명聰明과 예지叡智가 넉넉히 천하에 군림할 수 있으며, 그 너그러운 도량과 부드러운 성품이 넉넉히 포용할 수 있으며, 분발함이 힘차며 강직하고 꿋꿋함이 넉넉히 도리를 지킬 수 있으며, 엄숙하고 정당함이 넉넉히 일을 공경하여 처리할 수 있으며, 조리 있고 치밀함이 넉넉히 사물을 판별할 수 있다.

唯天下至聖, 爲能聰明睿知, 足以有臨也, 寬裕溫柔, 足以有容也, 發强剛毅, 足以有執也, 齊莊中正, 足以有敬也, 文理密察, 足以有別也.

≪중용≫ 31:1

천하의 지극한 성인이 '중용의 도리'를 실행하여 드러낸 모습과 그 조건을 다섯 가지로 제시하고 있다.

① '총명과 예지〔聰明睿知〕'는 무슨 일이나 담당하여 처리할 수 있는 지혜로움을 가리킨다. '총명과 예지'의 분명한 인식과 올바른 판단력이 있어야 천하의 온갖 일에 대응하여 올바

르게 파악할 수 있다.

② '너그러운 도량과 부드러운 성품〔寬裕溫柔〕'은 누구나 무슨 일이나 포용할 수 있는 따뜻한 마음의 인격을 가리킨다. '너그러운 도량과 부드러운 성품'의 인격이 있어야 천하의 모든 일에 대응하여 일을 원만하고 조화롭게 풀어갈 수 있다는 말이다.

③ '분발함이 힘차며 강직하고 꿋꿋함〔發强剛毅〕'은 어려운 고비를 넘겨가며 '중용의 도리'를 지켜나갈 수 있는 힘이다.

④ '엄숙하고 정당함〔齊莊中正〕'은 '중용의 도리'에 따라 일을 처리하는 중심의 확립과 공경하는 자세이다.

⑤ '조리 있고 치밀함〔文理密察〕'은 사물을 올바르게 판별하기 위해 공부하는 태도이다.

무엇보다 ② '너그러운 도량과 부드러운 성품'은 천하의 모든 사람과 사물을 받아들일 수 있는 포용력을 지니고 있음을 말한다. 특히 도량이 '너그러움〔寬裕〕'과 성품이 '부드러움〔溫柔〕'이란 사람의 '따뜻한 마음'에서 나오는 것이 아닐 수 없다. 너그러우면 무엇이나 쉽게 받아들일 수 있고, 부드러우면 누구와도 쉽게 친밀해져서 서로 잘 어울리고 결합할 수 있음은 당연한 일이다. 그렇다면 '중용의 도리'를 실행함은 무슨 일에서나 '너그러운 도량과 부드러운 성품'의 인격이 지닌 '따뜻한 마음'에 기반을 두고 있다.

'따뜻한 마음'이 '중용의 도리'를 실행하는 마음의 기본자세이다

'중용의 도리'를 천하에 실행하기 위해서는 실행의 추진력과 자세의 경건함과 판단의 정밀함이 두루 갖추어져야 함이 요구되고 있다. 그러나 무엇보다 누구나 용납하고 무슨 일이나 받아들이는 '너그러운 도량과 부드러운 성품'에서 보여주는 '따뜻한 마음'이 소중하다. '따뜻한 마음'이 없으면 남을 받아들이는 너그러움이 사라지니, 남에 대해 시기하거나 미워하는 마음이 쉽게 분출된다. 또한 공손하고 친절함이 사라지니, 남에 대해 분노하는 마음이 쉽게 터져 나오고 무례한 짓을 쉽게 저지르게 된다.

'따뜻한 마음'은 먼저 남을 배려하고 남을 존중하는데, '따뜻한 마음'이 없으면 자기가 먼저 차지하고 많이 차지하려는 욕심이 폭발하게 되고, 남을 무시하고 자신만이 옳다고 고집하는 신념 속에 고립되고 만다. 한 사람이 아무리 추진력과 판단력이 뛰어나다 하더라도 독선과 고집에 빠지면 일마다 남들과 부딪치게 되니, 아무 일도 조화롭고 원만하게 이루어낼 수가 없게 된다. 한마디로 '따뜻한 마음'이 없으면 '중용의 도리'를 실현할 수가 없음을 말한다.

공자는 군자의 덕으로 강함을 말하면서, "너그럽고 부드러움으로 가르치고, 무도無道한 짓에 보복하지 않는 것이 남방南方의 강함이니, 군자가 그렇게 사느니라.〔寬柔以教, 不報無道, 南方之强也, 君子居之.〕"(≪중용≫ 10:3)라고 하였다. 곧 강함의 한 가지 유형으로서 군자가 살아가는 모습인 '남방의 강함'을 언급하면서, '너그럽고 부드러움으로 가르침〔寬柔以教〕'이 제시되고 있다. 그것은 군자가 안으로 관대하고 유순함으로 표현되는 '따뜻한 마음'의 포용력을 배양하도록 가르치고 있음을 보여준다.

이와 더불어 '무도한 짓에 보복하지 않음〔不報無道〕'이란 밖으로 무도하게 행동하는 사람이나 나라에 대해서도 보복으로 대응하는 것이 아니라 그들을 너그럽게 포용하여 바른 도리로 이끌어주는 것이 바로 군자로서의 '도리'임을 말한다. 대부분의 문화전통에서는 복수復讎를 정당한 것으로 여기지만, 복수가 또 복수를 낳게 되어 증오와 갈등만 키워가니 문제가 심각하다. "원수를 사랑하라."는 말이 역설적이라면 같은 맥락에서 "무도한 짓에 보복하지 말라."는 것은 도덕적 인격의 깊이를 보여주는 것이라 하겠다.

따라서 너그럽고 부드러움의 '따뜻한 마음'을 발휘한다면 옳지 않다고 판단된다 하여 비판하고 물리치거나, 자신에게 무도하게 행동한다 하여 적으로 규정하고 보복하려 드는 엄격한 태도를 보이기만 하지 않을 것은 당연하다. 무도한 사람까지도 포용하여 감화시켜 바른길로 이끌어가는 강한 힘을 지녔으니, 바로 군자의 따뜻한 마음이 '중용의 도리'를 실행하는 힘을 지니고 있음을 확인해주고 있다.

따뜻한 마음도 절제節制와 균형均衡이 있어야 한다

'중용의 도리'를 실천하는 인격으로서 군자가 따뜻한 마음으로 '도리'를 실현해야 하지만, '따뜻한 마음'을 가졌다는 것으로 충분하지는 않다. 그래서 "온화하면서도 조리가 있다.〔溫而理.〕"(≪중용≫

33:1)고 지적하고 있다. 군자의 인격이 드러나는 양상은 여러 가지이지만 무엇보다 '온화함'을 핵심으로 삼는다고 하겠다.

군자의 인격이 '온화하면서도 조리가 있다〔溫而理〕'는 말이다. '따뜻한 마음'이 밖으로 드러나도 아무런 절제가 없이 흘러나오는 것이 아니라 '따뜻한 마음'은 안으로 조리를 갖추고 있어서 '도리'에 맞게 발현되는 것임을 말한다. 그것은 '중용의 도리'를 실행하는 마음이 바로 '도리'에 맞는 '조리〔理〕'를 따르는 '따뜻한 마음'으로 드러나는 것임을 보여준다. 따라서 '따뜻한 마음'은 단지 따뜻하게 분출되어 너그럽고 친절한 마음이기만 한 것이 아니라 도리에 맞게 드러나는 마음임을 확인할 수 있다.

공자의 인품에 대해, "온화하면서 준엄하시다.〔溫而厲.〕"(≪논어≫ 7-38)라고 서술한 언급이 있다. 마음은 봄바람처럼 따뜻하여 인정人情이 흘러넘치지만 그 속에는 '도리'에 어긋나는 경우에 단호하게 제재하는 서릿발처럼 엄격함이 깃들어 있다고 하겠다. 이처럼 '온화하면서 준엄하다'는 말에는 마음이 따뜻하기만 한 것이 아니라 따뜻하면서 동시에 엄격하여 도리에 어긋남이 없음을 보여준다.

흔히 "아버지는 엄격하고, 어머니는 자애롭다.〔嚴父慈母.〕"라고 하는데, 어머니의 사랑이 언제나 무슨 일이나 다 받아들이는 따뜻함이라면 아버지의 사랑은 마음속으로 깊고 따스한 정이 있으면서도 겉으로는 '도리'에 벗어나는 경우에는 매섭게 꾸짖는 엄격함을 드러내는 것임을 말한다. 이처럼 군자의 따스한 마음은 '중용의 도리'를 지키는 엄격함을 지닌 따스한 마음임을 보여준다.

≪서경≫의 〈고요모皐陶謨〉편에는 행실에 아홉 가지 덕이 있음을 제시하고 있는데, 그 가운데 '너그러우면서 위엄이 있음〔寬而栗〕'과 '부드러우면서 꿋꿋함〔柔而立〕'과 '곧으면서 온화함〔直而溫〕'을 들고 있는 것은 모두가 '중용의 도리'를 지키는 '따뜻한 마음'을 가리키는 것이라 하겠다. 여기서도 한쪽으로 치우치지 않아서 균형을 잡아 조화를 이루고 있는 '중용의 도리'를 보여주고 있다.

그리스도교에서도 하느님〔神〕은 '사랑의 하느님'이면서 '심판의 하느님'이라는 두 상반된 얼굴을 보여주고 있다. 루돌프 옷토는 인간의 하느님에 대한 체험을 '공포의 신비'(mysterium tremendum)이면서 동시에 '매혹의 신비'(mysterium fascinans)라는 양면적 성격을 제시하였다. 그것은 '온화함과 준엄함'의 상반된 두 요소가 통합되어 균형을 이루고 있음을 보여주는 것이라 하겠다.

따뜻한 마음은 '덕德'의 기본이다

무엇보다 '따뜻한 마음'에서 오는 너그럽고 온화함은 군자의 덕을 드러내는 기초로서 그 중요함이 강조되고 있다. 그래서 ≪시경≫ 〈대아大雅 억抑〉에서는 "따뜻하고 따뜻한 마음을 지닌 공손한 사람은 덕스러움의 기본이네.〔溫溫恭人, 維德之基.〕"라고 하여, '따뜻한 마음'이 덕의 기본이 됨을 강조하고 있다. '중용'의 덕을 드러내는 마음의 양상은 여러 가지이지만 '따뜻한 마음'을 잃으면 아무것도 드러날 길이 없다는 말이기도 하다.

군자의 모습은 언제나 얼굴빛에서도 온화함을 잃지 않는다. 그만큼 군자의 덕은 따뜻한 마음이 말과 행동과 모습에서 드러나고 있음을 말한다. 그만큼 '온화함'은 여러 덕스러운 모습의 양상들 가운데서도 핵심을 이루는 것이라 하겠다. 그래서 "온화하고 선량함은 어진 덕의 근본이다.〔溫良者, 仁之本也.〕"(≪예기禮記≫ 〈유행儒行〉)라고 하였다. 온화하고 선량함으로 드러나는 '따뜻한 마음'이 '어진 덕〔仁〕'을 실현함에 근본이 되고 있으며, 나아가 '따뜻한 마음'이 '중용의 도리'를 실현하는 마음가짐의 시작이 되는 것임을 말해준다.

자하子夏(≪성현상찬≫)

또한 공자의 제자 자하子夏는 군자가 세 가지 모습으로 변한다는 점을 지적하면서, "멀리서 바라다보면 엄숙하고, 가까이 다가가면 온화하며, 그 말씀을 들으면 준엄하다.〔望之儼然, 卽之也溫, 聽其言也厲.〕"(≪논어≫ 19-9)고 하였다. 이 말은 군자의 덕이 드러남에서는 가까이 다가섰을 때의 '온화함'이 중심축을 이루고 있음을 보여준다. 곧 따뜻한 마음을 지닌 군자를 가까이서 대할 때의 '온화함'은 멀리서 바라볼 때의 '엄숙함'과 그 멀고 가까운(원遠 – 근近) 관계로 대응하고, 동시에 고요할 때의 '온화함'과 말씀의 '준엄함'은 침묵과 말씀(묵默 – 언言)의 관계로 대응하고 있다. 이처럼 군자의 덕스러운 모습에는 '따뜻한 마음'이 근본이 되어 '엄숙함'과 '준엄함'을 내포하고 있음을 보여주는 것이라 하겠다.

따뜻한 마음은 시詩로 가르쳐진다

온화한 덕을 특정한 경전의 정신과 연결시켜 설명하기도 한다. 곧 "그 사람됨이 온화하고 유순하며 돈독하고 후덕함은 ≪시경≫의 가르침이다.……그 사람됨이 온화하고 유순하며 돈독하고 후덕하면서 어리석지 않으면 ≪시경≫에 깊이 젖어 있는 것이다.〔其爲人也, 溫柔敦厚, 詩敎也.……其爲人也, 溫柔敦厚而不愚, 則深於詩者也.〕"(≪예기≫ 〈경해經解〉)라고 언급하였다. 이처럼 ≪시경≫의 가르침은 인간의 마음을 '온화하고 유순하게' 순화시켜 주며, '돈독하고 후덕하게' 배양해 주는 것이라 지적하였다. 한마디로 ≪시경≫이 여러 경전 가운데서도 인간의 '따뜻한 마음'을 길러 주는 기능을 지닌 경전으로 소중하게 여겨져 왔음을 말한다. 이렇게 '따뜻한 마음'이 배양되어야 다른 사람을 이해하고 받아들일 수 있다는 점을 중시하였다.

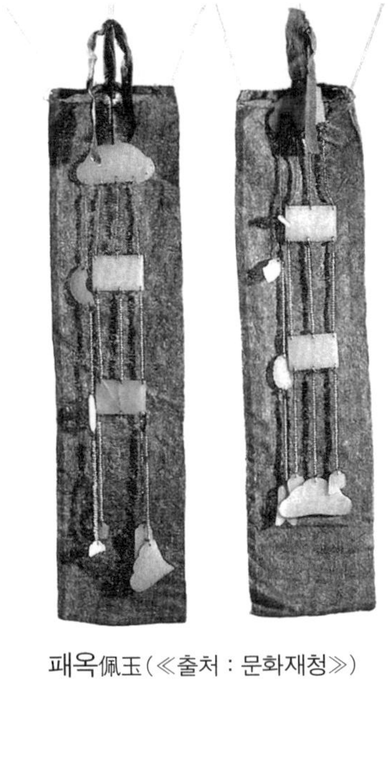
패옥佩玉(≪출처 : 문화재청≫)

나아가 공자는 군자의 덕을 옥玉에 비유하여, "〈옥의〉 온화하고 윤택함은 어진 덕이다.〔溫潤而澤, 仁也.〕"(≪예기≫ 〈빙의聘義〉)라고 하였다. 옥의 모습은 온화하고 부드러우며 윤택이 있다는 점에서 어진 덕에 견주어지기 때문에, 옥을 소중하게 여긴다는 점을 주목한 말이다. 따라서 군자의 '어진 덕〔仁〕'이 드러나는 모습도 온화하며 윤택이 나는 사실을 강조하고 있다. 바로 이 점에서 옥은 군자의 어진 덕을 상징하는 것으로 받아들여지고 있다.

'따뜻한 마음'은 그리스도교의 핵심 정신인 사랑이다

예수는 첫 설교의 한 대목에서 "행복하여라, 온유한 사람들! 그들은 땅을 차지할 것이다."(≪마테오 복음서≫ 5:5)라고 하여, 세상을 살아가는 가장 중요한 덕목의 하나로 '온유함'을 들고 있다. 온유함 곧 따뜻한 마음이 땅을 차지하여 세상을 살아간다는 것은 따뜻한 마음이 사람의 마음을 얻고 하늘의 마음도 얻을 수 있기 때문에 가능한 일이다.

바오로도 "내가 이제 인간의 여러 언어와 천사의 언어로 말한다 하여도 나에게 사랑이 없으면 요란한 징이나 소란한 꽹과리에 지나지 않습니다. 내가 예언하는 능력이 있고, 모든 신비와 모든 지식을 깨닫고, 산을 옮길 수 있는 큰 믿음이 있다 하여도 나에게 사랑이 없으면 나는 아무것도 아닙니다."(≪신약성경≫ 〈코린토 신자들에게 보낸 첫째 서간〉 13:1~2)라고 하였다. 여기서 '사랑'이 모든 지식과 능력의 전제가 되어야 함이 절실히 강조되고 있는 것처럼, '따뜻한 마음'이 없으면 '중용의 도리'가 기반을 잃어 온전하게 실현될 수 없음을 인식할 수 있게 한다.

'따뜻한 마음'은 부드럽고, 넉넉하고, 친절하며, 사랑하는 마음이다. 이러한 '따뜻한 마음'을 만나면 누구나 긴장과 불안감과 의심을 풀고 편안하고 즐겁고 미더움을 느낄 수 있으니, 인간관계에서 분열·대립·갈등의 온갖 적대적 감정을 해소시킬 수 있다. 곧 서로 마음을 열고 상대방을 받아들이며 함께 어울리고 화합할 수 있게 된다. 따라서 '중용의 도리'를 실행하는 마음 씀의 방법으로서 '따뜻한 마음'은 '열린 마음'을 이루기 위한 기반이 되는 중요한 의미를 지닌 것이라 하겠다.

12. 굳은 신념信念이다

군자의 도리는 자신에 근본을 두고, 서민庶民에게서 징험되니, 삼대三代의 임금에서 살펴보아도 틀림이 없고, 하늘과 땅에 제시하여도 어긋나지 않으며, 귀신에게 물어보아도 의심할 것이 없고, 백대 이후의 성인을 기다려도 마음이 흔들리지 않는다.

君子之道, 本諸身, 徵諸庶民, 考諸三王而不謬, 建諸天地而不悖, 質諸鬼神而無疑, 百世以俟聖人而不惑. ≪중용≫ 29:3

귀신에게 물어보아도 의심할 것이 없다는 것은 하늘을 아는 것이요, 백대 이후의 성인을 기다려도 마음이 흔들리지 않는다는 것은 사람을 아는 것이다.

質諸鬼神而無疑, 知天也, 百世以俟聖人而不惑, 知人也.

≪중용≫ 29:4

'군자의 도리'는 '성인의 도리'와 통하는 말이다. 여기서 '군자의 도리'란 '중용의 도리'를 가리킨다. 바로 이 '중용의 도리'는 속마음이 조화로움〔中和〕으로 발현되는 '도리'이므로 '자신에 근본을 둔다〔本諸身〕'고 말하였다. 또한 모든 사람과 어울리고 소통하면서 서민들 속에서 '도리'를 실행하니, '서민에게서 징험된다〔徵諸庶民〕'고 말하였다. 이러한 '도리'는 자신에게서 체득하여 세상에 실현해가야 하는데, 이 '도리'를 실행하는 인격의 기본적 마음가짐으로 '굳은 신념'을 요구하고 있다.

그래서 이 '도리'를 하夏·은殷·주周 삼대三代의 옛 성왕聖王(요堯·순舜·우禹·탕湯·문왕文王·무왕武王·주공周公)의 말씀이나 행적에서 살펴보아도 일치하여 조금도 틀림이 없다는 확신을 갖게 된다고 말한다. 또한 이 '도리'를 실행하고서 하늘에 제사〔祭天〕 드리거나 땅에 제사〔祭地〕 드려도 하늘과 땅의 신명神明이 감응하여 그 말과 일에서 어긋남이 없이 잘 이루어진다는 확신을 갖는다는 말이다. 이처럼 '중용의 도리'는 옛 성인과 천지신명天地神明에 일치하니, 그 신념이 확고하지 않을 수 없음을 말한다.

나아가 점占을 쳐서 귀신에게 물어보아도 점괘占卦가 길吉해서 의심할 것이 없으니, "귀신에게 물어보아도 의심할 것이 없다."는 확신을 갖게 된다고 하였다. 따라서 '중용의 도리'를 실현하면 귀신의 뜻과도 일치하니 귀신과 통하는 것이요, 귀신과 통하면 위로 하늘과 통하게 된다. 결국 '중용의 도리'를 실행한다는 것은 귀신을 알고 나아가 하늘을 아는 것이라 하겠다. 그것은 '하늘'과 '귀신'에 소통한다는 믿음에서 나오는 확고한 신념으로 '중용의 도리'를 실행하는 것임을 보여주고 있다.

또한 과거에 살았던 옛 성인이 남긴 말씀이나 행적을 살펴보아도 자신에 근본하는 '도리'와 어긋남이 없을 뿐만 아니라, 백대 이후 미래에 다시 나타나게 될 후세의 성인을 기다려서 자신의 말과 행적에 대해 평가를 받는다 하더라도 서로의 마음과 생각이 조금도 어긋남이 없을 것이라는 확신을 보여준다. 따라서 아무 걱정할 것이 없고 의심할 것도 없으며, 마음이 조금도 흔들리지 않는 확고한 신념을 갖고 있다는 사실을 보여주고 있다.

'중용의 도리'에 대한 신념은 '성품性品'에 근거하여 하늘과 통한다

이렇게 옛 성인과 '도리'가 일치할 뿐 아니라 미래에 올 모든 성인과도 '도리'가 일치하여 마음에 흔들림이 없는 확신을 가질 수 있다면, 그것은 사람을 아는 것이요 동시에 '사람의 성품〔人性〕'을 아는 것이라 할 수 있다. 이 말은 육상산陸象山(육구연陸九淵)이 "천백 세대 앞에 나왔던 성인도 이 마음이 같고 이 이치가 같으며, 천백 세대 후에 성인이 나와도 이 마음이 같고 이 이치가 같다.〔千百世之上有聖人出焉, 此心同也, 此理同也. 千百世之下有聖人出焉, 此心同也, 此理同也.〕" (≪상산집象山集≫ 33 〈행장行狀〉

육구연陸九淵(≪만고제회도상≫)

(양간楊簡 찬撰))고 말한 것과 뜻이 통하는 것이라 할 수 있다. '중용의 도리'를 체득하고 실현하는 마음은 어느 시대 어느 사회에서나 소통하고 일치할 수 있으니, 확고한 신념을 그 마음으로 삼고 있음을 말한다.

이처럼 위로 생명의 근원인 하늘의 도리를 알고 사방에서 자신을 둘러싸고 있는 사람의 성품을 안다는 것은 바로 '중용의 도리'가 하늘과 통하고 사람과 통하니 어디에나 통하는 기준과 법도를 이루는 것이라 할 수 있다. 이처럼 '중용의 도리'가 천하에 통용되는 보편적인 '도리'요, 천하의 모든 일을 통제하는 '법도法度'요, 천하의 모든 일에서 지켜져야 할 '준칙準則'이라면 '중용의 도리'에 대한 신념은 확고하여 흔들림이 없을 것은 당연하다.

어떤 신념도 독선에 빠지거나 잘못된 인식을 경계해야 한다

'굳은 신념'은 '중용의 도리'를 체득하고 실현할 때만 주어지는 확신은 아니다. 그 '도리'가 옳다고 판단하고 믿으면 어디에서나 일어날 수 있는 것이 사실이다. 공자는 강함에 대해 설명하면서 무사武士의 용감함으로 '북방北方의 강함'을 서술하여, "무기와 갑옷을 깔고 앉아서 죽더라도 싫어하지 않는 것이 북방의 강함이니, 강한 자가 그렇게 사느니라.〔衽金革, 死而不厭, 北方之强也, 而强者居之.〕"(≪중용≫ 10:4)라고 하였다. 용맹한 군사가 죽음을 무릅쓰고 지키는 기개와 용기처럼 굳은 신념이 '중용의 도리'를 실행하는 마음으로 필요한 것임을 보여주고 있다.

여기서 심각하게 경계해야 할 사항은 잘못된 인식의 '도리'에 대한 신념과 독선에 빠진 신념이다. 어떤 이론체계나 신념체계가 그 신념이 확고하다고 진실성眞實性이 보장되는 것은 아니다. 도덕적 판단이나 사회정의에 대한 인식이나 종교적 신념들 사이에는 서로 다른 신념이 첨예하게 충돌하는 경우를 흔히 볼 수 있는 것이 현실이다. 그만큼 자신의 신념이 확고하다고 진실성이 지켜지는 것이 아니라 진실성에 대한 신념을 갖기 위해서는 열린 마음으로 자신의 신념을 깊이 성찰해야 하고 남의 신념도 세심하게 살펴야 한다.

따라서 '중용의 도리'에 대한 신념이나 어떤 종류의 신념이라도 배타적이고 독선적인 확신에 빠져서는 안 된다. '중용의 도리'는 언제나 열려 있고 화합을 지향하는 '도리'이다. 따라서 자신의 신념은 결코 다른 사람의 의견이나 주장을 거부하거나 배척할 것이 아니다. 그 신념은 모두를 포용하고 함께 가며 조화를 이루는 '도리'에 대한 확고한 신념이다. 결코 쉬운 일이 아니겠지만 이러한 포용정신의 '도리'에 대한 확고한 신념은 바로 '중용의 도리'를 실현하는 동력動力이 되는 마음자세라 할 수 있다. 그만큼 언제나 온화하고 부드럽고 겸허함을 지키고 있음을 확인할 수 있어야 한다.

신념은 '때'에 맞게 운용運用되어야 한다

군자가 굳은 신념으로 '중용의 도리'를 실천하며 살아가는 모습의 한 가지 경우를 보여주는 것으로, "군자는 중용에 의지하며, 세상을 피해 살다가 알려지지 않더라도 후회하지 않으니, 오직 성인

聖人이라야 그렇게 할 수 있다.〔君子, 依乎中庸, 遯世不見知而不悔, 唯聖者, 能之.〕"(≪중용≫ 11:3)라고 하였다. '중용의 도리'를 따라 살아가면 언제나 모든 문제가 저절로 다 풀리는 것은 아니다. 다만 '중용의 도리'가 어떤 문제나 풀어나갈 수 있는 길이라는 신념을 지니고 문제를 풀어나가는 것이 '중용의 도리'를 실천하는 방법이다.

그러나 시대가 '도리'에 맞지 않으면 무리하게 자신의 뜻을 펴려고 세상에 나서지 않고 세상을 피해 은둔해 살면서 '때'를 기다려야 하는 경우도 있음을 제시하였다. 따라서 자신의 뜻이 세상에 펼쳐져 드러나지 않는다고 조급한 마음으로 세상을 원망하거나 후회하지 않기 위해서는 '때'를 알고 '때'를 기다릴 줄 알아야 하니, 결코 쉬운 일이 아니요, 오직 성인만이 할 수 있다고 말한다.

'중용의 도리'는 때에 알맞게 도리를 행하는 '시중時中'의 도리라 하였다. 현실에서는 모든 일이 항상 순탄하게 풀려가는 것은 아니다. 그래서 맹자孟子도, "옛 사람은 뜻을 얻으면 혜택이 백성에게 더해지고, 뜻을 얻지 못하면 자신의 덕을 닦아서 세상에 드러내니, 곤궁하면 홀로 그 자신을 선하게 하였고, 출세하면 천하를 아울러 선하게 하였다.〔古之人, 得志, 澤加於民, 不得志, 修身見於世, 窮則獨

맹자孟子(≪만고제회도상≫)

善其身, 達則兼善天下.〕"(≪맹자≫ 13-9:3)고 말한 바 있다. 일이 순탄하게 풀리지 않아 곤궁한 처지에 놓였을 때, 세상에서 숨어 살더라도 자신이 지키는 '도리'를 더욱 깊이 닦아가며 '때'를 기다리는 것이 '굳은 신념'으로 '중용의 도리'를 행하는 길이라는 말이다.

신념은 현실의 처지에 맞게 적용되어야 한다

현실을 살펴보면 '중용의 도리'가 실현되어 세상에서 사람들이 서로 화합을 이루는 경우는 극히 드물다. 그렇다면 대부분의 일은 '중용의 도리'에 어긋나서 서로 대립하고 갈등을 일으켜 혼란에 빠져 허덕이는 것이 인간이 살아가는 현실의 실제 모습이라 하겠다. 심지어 '중용의 도리'를 가르친 공자도 그 시대에 자신의 뜻을 펼치지 못하였을 뿐만 아니라, "도리가 행해지지 못하겠구나!〔道其不行矣夫.〕"(≪중용≫ 5:1)라고 깊이 탄식하였던 사실도 확인할 수 있다. 이처럼 '중용의 도리'는 현실에서 실현되어야 할 '도리'이지만 동시에 현실에서 찾아보기는 쉽지 않은 이상을 제시하는 것으로 보이기도 한다.

현실을 직시한다면 '중용의 도리'가 제대로 실현되지 않아서 어려움에 빠진 상황에 대처하기 위해서는 오히려 '중용의 도리'에 대한 깊은 통찰과 굳은 신념이 더욱 절실히 필요하다고 하겠다. 맹자는 세상이 자신의 뜻을 알아주지 않아서 곤궁한 처지〔窮〕에 놓였을 때와 뜻이 받아들여져서 출세한 때〔達〕에 선비가 처신하는 도리에 깊은 주의를 기울였다.

맹자는 처지에 따라 처신하는 방법을 말하면서, "덕을 높이고 의로움을 즐거워하면 태연할 수 있다. 그래서 선비는 곤궁해도 의로움을 잃지 않고, 출세해도 도리에서 벗어나지 않는 법이다. 곤궁해도 의로움을 잃지 않으니, 그래서 선비는 자기가 지키는 바를 얻는 것이고, 출세해도 도리에서 벗어나지 않으니, 그래서 백성들이 바라는 바를 잃지 않는 것이다.〔尊德樂義, 則可以囂囂矣. 故士窮不失義, 達不離道. 窮不失義, 故士得己焉, 達不離道, 故民不失望焉.〕"(≪맹자≫ 13-9:3)라고 하였다.

'덕을 높이고 의로움을 즐거워함〔尊德樂義〕'은 굳은 신념으로 '도리'를 따라 살아가는 자세이니, 어떤 고난과 곤궁 속에서도 태연할 수 있어야 한다. 곧 '곤궁해도 의로움을 잃지 않음〔窮不失義〕'으로써 선비가 신념을 잃지 않고 자기가 지키는 도리를 확보하고 있음을 보여주며, '출세해도 도리에서 벗어나지 않음〔達不離道〕'으로써 백성들이 바라는 '도리'를 저버리지 않는 삶을 살아가고 있음을 보여준다. 이처럼 곤궁한 가운데서나 순조로운 경우에서나 '중용의 도리'를 지켜갈 수 있는 것은 '도리'에 대한 굳은 신념이 없이는 불가능한 일이다.

곤궁한 처지나 위기의 상황에서 굳은 신념으로 '도리'를 지켜가는 자세가 무엇보다 중요하다. 그래서 맹자는, "천하에 도리가 행해지면 도리가 자신을 따라가 공적을 베풀고, 천하에 도리가 행해지지 않으면 자신이 도리를 따라가 은둔한다.〔天下有道, 以道殉身, 天下無道, 以身殉道.〕"(≪맹자≫ 13-42:1)고 하였다. 천하가 평안하여 '도리'가 드러난다는 것은 '도리'가 자신을 통해 실행된다는 것이요,

천하가 어지러워 '도리'가 숨어버린다는 것은 자신이 '도리'를 끝내 지키며 살아가야 한다는 말이다. 어려운 시절에 굳은 신념으로 역경을 견디며 '도리'를 지켜가야 하는 일이 군자의 책임임을 강조하고 있다.

13. 세계를 관통한다

오직 천하에 지극히 진실한 사람만이 천하의 큰 도리를 다스릴 수 있고, 천하의 큰 근본을 세울 수 있으며, 하늘과 땅이 조화하고 양육함을 알 수 있다. 그가 어찌 한편에 의존함이 있겠는가?

唯天下至誠, 爲能經綸天下之大經, 立天下之大本, 知天地之化育. 夫焉有所倚.

≪중용≫ 32:1

천하에 지극히 진실한 사람이라면 '중용의 도리'를 체득한 인격인 성인이라 할 수 있다. 이러한 인격이 이루는 가장 중요한 업적으로서 먼저 "천하의 큰 도리〔天下之大經〕를 다스릴 수 있다."고 함은 '중용의 도리'로 기준을 삼아 천하의 모든 일을 다스리는 것을 말한다. 또한 "천하의 큰 근본〔天下之大本〕을 세울 수 있다."고 함은 '중용의 도리'로 천하의 모든 일을 경영하는 근본을 세우는 것을 말한다. '중용의 도리'로 천하의 큰 근본이 세워지면 천하는 질서 있고 조화로운 세상을 열 수 있다는 말이다.

나아가 "하늘과 땅이 조화하고 양육함〔天地之化育〕을 알 수 있다."

고 함은 '중용의 도리'를 따라 천하를 경영하면 천하의 모든 사물과 인간이 제각기 자기 생명을 온전하게 실현하는 사실을 알 수 있다는 말이다. 따라서 '중용의 도리'는 세계를 관통하는 '도리'요, 결코 어느 한쪽에 치우치거나 기울어지지 않으니, 어떤 다른 것에도 의지하지 않는다는 사실을 강조하고 있다.

이렇게 '중용의 도리'로 천하를 다스리고, 큰 근본을 세우며, 인간과 만물이 생성되고 양육됨을 이루는 것은 모두 '중용의 도리'를 체득한 인격의 공덕이요, 그 공덕은 '중용의 도리'로 확고한 중심을 수립하여 어디에도 치우치거나 의지함이 없음을 말한다.

제2부 '중용을 행하는 마음'에서 두 번째 주제로 삼은 (2) 중용의 도리를 행하는 '시야視野'에서는 ① '세계世界를 관통함', ② '역사歷史를 통찰함', ③ '예법과 제도〔禮制〕를 살핌'이라는 세 가지 과제를 살펴볼 필요가 있다.

여기서는 먼저 '중용'을 행하는 '시야'의 첫째 과제로서 ① '세계世界를 관통한다'는 과제를 해명하고자 한다. '중용의 도리'를 실행하는 마음에서는 공간의 범위로서 '천하'의 끝까지 관통해야 하고, 시간의 범위로서 과거의 '역사'와 장차 다가올 '미래'에 대한 통찰이 있어야 전체의 범위에서 균형과 조화를 이룰 수 있게 된다.

'중용의 도리'는 천하에서 실현되는 보편적 원리이다

물론 '중용의 도리'는 현실에서 당면하는 모든 구체적 일이나 인간관계에서 적용되는 원리이다. 그렇다면 세상에서 벌어지는 어떤 일이나 어떤 인간관계도 '중용의 도리'를 통해 가장 원만하게 해결될 수 있다. 따라서 '중용의 도리'는 그 적용범위가 '천하'에까지 뻗어 관통하는 것이 아닐 수 없다. 오늘의 우리 시대처럼 세계의 범위가 온 지구 위로 넓어졌고, 태양계의 행성에까지 사람의 손길이 뻗어가고 있으니, '중용의 도리'는 이제 우주에까지 뻗어가야 하는 형편이라 하겠다.

세상은 한없이 넓어 우리가 모르는 세계가 대부분이요, 일은 너무 다양하여 우리가 제대로 이해하는 것조차 불가능한데, 과연 하나의 '도리'로 세상의 모든 일을 관통할 수 있을까? 우리가 살아가고 있는 세상에는 한순간도 정지하는 일이 없이 끊임없이 변화하고 있으며, 한순간도 평온한 때가 없이 온갖 사건이 벌어지고 있다. 사방에서 서로 부딪치고 다투고 있는데, 과연 하나의 '도리'로 이 모든 대립과 갈등을 해결할 수 있을까?

아무리 생각해도 말처럼 그렇게 간단하지는 않을 것 같다. 그러나 자연에서도 뉴턴이 발견한 만유인력萬有引力의 법칙이 있듯이, 천하에 '통달한 도리〔達道〕'가 있고, 세상에 아무리 많은 사람이 제각기 자기 생각 속에 살고 있어도 누구나 동의하고 공감하는 하나의 일치된 마음이 있다면 이 마음은 천하의 '큰 근본〔大本〕'이 될 수 있다. '중용의 도리'는 바로 모든 다양한 일과 마음을 통합하고 관통하는 '큰 근본'이요 '통달한 도리'로 자리잡고 있다는 신념을 전제로 한다.

오히려 '중용의 도리'는 '천하'에서 그 범위가 끝나는 것이 아니다. '천하'라는 공간적 세계를 내포할 뿐만 아니라 그 너머 과거에서 미래로 관통하는 시간적 세계에까지 뻗어있다. 이와 더불어 밖으로 공간과 시간의 넓은 세계에 뻗어나가 있을 뿐만 아니라 안으로 심성心性 내면의 깊은 세계까지 포함하는 것이라 할 수 있다. 그래서 '중용의 도리'를 실현할 수 있다면 천하의 온갖 문제를 해결하는 것은 그 안에 모두 들어 있는 일이라 할 수 있다.

'중용의 도리'를 천하에 실현하는 '어진 덕〔仁〕'

나아가 '중용의 도리'를 실현하는 주체로서 인격이 드러내는 핵심의 덕성으로 '어진 덕〔仁〕'이 중시되고 있음을 주목할 필요가 있다. 이 '어진 덕'은 사람을 사랑하는 데 그치는 것이 아니라 그 사랑은 모든 사물을 사랑하며 모든 일을 처리함에서 정성스럽고, 또 생각함이 아득히 깊어서 '하늘처럼 아득히 넓은 덕〔浩浩其天〕'(《중용》 32:2)이라고 찬미하기도 한다. 따라서 '중용의 도리'를 실현하는 인격은 '어진 덕'의 역량이 한없이 커서 모든 인간을 사랑하고 세상 만물을 살리니, 이 세상에 '어진 덕'이 품을 수 없는 존재는 없다고 하겠다.

'중용의 도리'를 실현하는 인격을 알아보는 일도 아무나 할 수 있는 일이 아니다. 《중용》(32:3)에서는, "진실로 총명하고 성스러운 지혜가 하늘의 덕에까지 도달한 사람이 아니라면 그 누가 그를 알아볼 수 있겠는가?〔苟不固聰明聖知達天德者, 其孰能知之.〕"라고 하였다. 이처럼 총명하고 성스러운 지혜가 '하늘의 덕〔天德〕'에까지 이르른 사람이라야 '중용의 도리'를 실현하는 인격을 알아볼 수 있다고 찬미하기도 하였다. 지혜가 '하늘의 덕'에 이른 사람이라야 '중용의 도리'를 실행하는 인격의 어진 덕을 알아볼 수 있다면 그 말은 '중용의 도리'는 '하늘의 덕'이요, 하늘과 통하는 것임을 확인해주고 있다.

안연顔淵(≪만고제회도상≫)

'어진 덕〔仁〕'은 '중용의 도리'가 인격에서 드러나는 중요한 모습으로 공자가 특히 중시하였던 덕목이다. 제자 안연顔淵이 '어진 덕'에 대해 물었을 때, 공자는 "자기를 이기고 예법禮法을 회복하는 것이 '어진 덕'을 실행하는 것이다. 하루 동안에 자기를 이기고 예법을 회복하면 천하가 어진 덕으로 돌아간다.〔克己復禮爲仁. 一日克己復禮, 天下歸仁焉.〕"(≪논어≫ 12-1)고 하였다.

자기의 사사로운 감정이나 욕심을 극복하고 모두가 함께 따라가는 질서를 회복한다는 '어진 덕'의 실행은 바로 '중용의 도리'가 드러나는 모습이다. 그렇다면 '어진 덕' 곧 자기를 이기고 예법을 회복하는 '도리'가 하루라도 시행된다면 천하가 '어진 덕'으로 돌아온다고 하는 것은 달리 말하면 한 번이라도 '중용의 도리'가 행해지면 내가 '중용의 도리'를 행하는 것이면서 '중용의 도리'가 천하에 시행되는 것을 말한다. 다시 말하면 천하가 '어진 덕'으로 돌아오는 것이 바로 '중용의 도리'가 천하에 실현되는 것을 의미한다는 말이다.

'천하가 어진 덕으로 돌아간다〔天下歸仁〕'는 구절에 대해 주자는 '귀歸'를 '허여한다〔與〕'로 해석하여 "천하 사람이 모두 그 '어진 덕'을 허여한다.〔天下之人, 皆與歸仁.〕"(≪논어집주論語集註≫)라고 하였으나, 다산은 '귀歸'를 '귀화歸化'로 해석하여, "한 사람도 '어진 덕'에 귀화되지 않음이 없다.〔無一人不歸於仁.〕"(≪논어고금주論語古今註≫)라고 하였다. 필자는 다산의 해석을 따른다.

'중용의 도리'를 천하에 실현하는 인격

맹자도 '중용의 도리'를 실행하는 인격을 지닌 사람을 '대장부大丈夫'라 일컬으면서 그 '대장부'의 인격을 서술하여, "천하의 넓은 집에서 살고, 천하의 바른 자리에 서며, 천하의 큰 도리를 행하면서, 뜻을 얻으면 백성들과 함께 그 도리를 따르고, 뜻을 얻지 못하면 홀로 그 도리를 실행한다.〔居天下之廣居, 立天下之正位, 行天下之大道, 得志, 與民由之, 不得志, 獨行其道.〕"(≪맹자≫ 6-2:2)고 말했다.

이처럼 '대장부'의 인격이 '중용의 도리'를 실현하는 범위가 천하에까지 펼쳐지고 있음을 말하고 있다. 또한 그 활동하는 영역으로 말하면 '천하의 넓은 집'이라 하며, 그 '중심'을 확립함은 '천하의 바른 자리'라 하였다. 나아가 그 실행하는 '중용의 도리'를 가리켜 바로 '천하의 큰 도리'라 밝히고 있다.

이렇게 '중용의 도리'를 온전하게 실행하는 인격을 '성인'이라 일컫고 있지만, '군자'나 '선비〔士〕'나 '대장부'도 이 '도리'를 실행하기 위해 노력하고 상당히 높은 수준으로 실행하고 있는 인격인 것은 사실이다. '천하의 넓은 집〔天下之廣居〕'은 '어진 덕德'이요, '천하의 바른 자리〔天下之正位〕'는 '의로움〔義〕'이요, '천하의 큰 도리〔天下之大道〕'는 '중용의 도리'라 할 수 있다.

여기서 맹자는 '대장부'가 '중용의 도리'를 실행하는 모습으로 뜻을 얻어 포부를 펼 수 있는 기회가 오면, 백성들과 함께 이 '도리'를 행하여 백성들이 질서와 화합을 이루게 해준다고 보았다. 그러나 뜻을 얻지 못하면 홀로 이 '도리'를 실행하여 자신의 인격을 연마한다고 하였다. '중용의 도리'는 때에 맞게 행하는 '시중時中'의 도리이니, 상황에 따라 실행하는 방법이나 범위가 달라질 수밖에 없음을 보여준다.

때를 만나고 뜻을 얻는다는 것은 현실에서 참으로 드물고 어려운 일이다. 따라서 맹자는 가장 일반적인 현상으로서 뜻을 얻지 못한 경우를 만났을 때, 홀로 '중용의 도리'를 지키는 모습을 주목하였다. 곧 "부유함과 고귀함도 그 마음을 어지럽힐 수 없고, 가난함과 비천함도 그 의지를 바꿀 수 없고, 위세威勢와 무력武力도 그 지조를 굽힐 수 없다.〔富貴不能淫, 貧賤不能移, 威武不能屈.〕"(≪맹자≫ 6-2:2)고 언급했던 일이 있다.

부유함과 고귀함은 인간의 기본적 욕망이지만 그 '욕망'도 '도리'를 지키려는 자신의 단호한 결심을 어지럽게 할 수 없다는 말이요, 가난함과 비천함은 인간에게 가장 고통스러운 역경이지만 아무리

고통스러운 '역경'이라도 '도리'를 지키려는 자신의 강인한 의지를 변질시킬 수 없다는 말이다. 나아가 위세와 무력으로 억누르고 위협하는 것은 사람에게 가장 두려운 일로 생명을 위협하는 것이지만 그 '위협'도 '도리'를 지키겠다는 자신의 굳은 지조를 꺾어놓을 수 없다는 말이다. '중용의 도리'를 지키고 실행하려는 강인한 의지는 이처럼 고통과 어려움 속에서 더욱 빛나는 것임을 잘 보여준다.

'중용의 도리'는 천하에 관통하는 '도리'이다. 그렇다면 이 '도리'를 시행하는 인격은 천하에 이 '도리'를 밝히고 실현하는 일을 한다는 큰 사명감을 지녀야 한다. 곧 "군자는 거동하면 그것이 대대로 천하의 도리가 되고, 시행하면 대대로 천하의 법도가 되며, 말씀하면 대대로 천하의 준칙이 된다.〔君子, 動而世爲天下道, 行而世爲天下法, 言而世爲天下則.〕"(≪중용≫ 29:5)라고 하였다. 여기서 '군자'는 '중용의 도리'를 천하에 실행하는 '성인'과 동일한 인격을 가리킨다. 대대로 천하에 통용되는 '도리'요 '법도'요 '준칙'이라면, 그것은 바로 '중용의 도리'를 천하에 관철하여 실행하는 성인 내지 군자의 거동이요 시행이며 말씀이다.

14. 역사歷史를 통찰한다

중니仲尼(공자)는 요堯와 순舜을 본받아 서술하고, 문왕文王과 무왕武王을 법도로 본받으셨다.

仲尼, 祖述堯舜, 憲章文武. ≪중용≫ 30:1

≪중용≫의 이 구절에서 공자는 '도리'의 역사적 근원을 확인해주고 있다. 곧 공자는 역사를 통찰함으로써 '중용의 도리'를 자신이 추구하는 '도리'로 확인하면서 그 모범과 기준을 요임금과 순임금에게 찾아서 계승하여 펼치고자 하였던 사실을 밝혀주고 있다. 동시에 공자는 자신이 살고 있는 시대(동주東周 : 춘추春秋시대)의 원류인 주周(서주西周)나라의 문왕과 무왕이 정립한 제도制度와 예법禮法을 사회질서의 기준으로 삼았음을 확인하고 있다. 그것은 '중용의 도리'를 실행하면서 역사적 모범과 더불어 시대적 요인을 종합적으로 살피고 판단하여 실행하고 있음을 분명하게 보여준다.

공자가 본 각 시대의 옛 성인

공자는 중국 역사를 통해 각 시대를 열어준 성왕聖王들로서 요堯·순舜·우禹·탕湯·무왕武王이 가르침을 내린 말씀과 행적을 서술하고 있다. 그것은 역사를 살핌으로써 정치를 하고 도리를 실행하는 데 옛 성왕들이 보여준 모범을 찾아서 밝히고 있음을 말한다.

먼저 요堯임금이 순舜에게 임금 자리를 물려주며 훈계한 말씀을 소개하여, "아! 그대 순이여! 하늘의 운수가 그대의 몸에 와 있구나. 진실로 그 '중용'을 잡아야 한다. 사해四海가 곤궁해지면 하늘에서 내려준 복록도 영원히 끊어지고 말 것이다.〔咨, 爾舜. 天之厤數在爾躬. 允執其中. 四海困窮, 天祿永終.〕"(≪논어≫ 20-1)라고 하였다. 이어서 순임금은 요임금에게 받은 가르침을 좀 더 자세하게 설명하여 우禹에게 임금 자리를 물려줄 때 다시 훈계하였다고 언급하였다.

요堯(≪만고제회도상≫)

요임금이 순에게 "진실로 그 중용을 잡아야 한다.〔允執其中.〕"고 언급한 한마디의 훈계에서 '중용의 도리'를 제시하였던 사실을 분명하게 보여준다. 이 '중용의 도리'는 순임금을 통해 다시

우禹(≪만고제회도상≫)

우에게 전해지면서 계승되어 내려오는 역사적 사실을 확인할 수 있다. 따라서 '중용의 도리'는 역사시대의 시작이 되는 요임금에서 비롯되었고 역사와 함께 이어져 내려왔음을 확인해주고 있다. 곧 '중용의 도리'는 요임금이 "진실로 그 중용을 잡아야 한다.〔允執其中.〕"는 한마디 말에서 시작하여, 순임금이 우에게 임금 자리를 물려줄 때에는, "사람의 마음〔人心〕은 위태롭고 도리의 마음〔道心〕은 희미하니, 오직 정밀하게 하고 오직 한결같이 하여, 진실로 그 중용을 잡아야 한다.〔人心惟危, 道心惟微, 惟精惟一, 允執厥中.〕"(≪서경≫ 〈대우모大禹謨〉)는 네 마디 말로 구체화되어 전수되고 있는 사실을 보게 된다.

'그 중용을 잡아야 한다'는 말은 이해관계나 처지가 서로 다르고 믿음이나 주장이 서로 달라 극심하게 대립하고 갈등하는 현실 속에서 전체를 포괄하여 조화를 이루는 방법이 바로 '중용'의 원리임을 밝히고 있다. 곧 '중용'의 원리를 찾아내어 붙잡아야 한다는 말이다. 이러한 가르침은 요임금에서 시작하여 순임금을 거쳐 우임금으로 전해져 내려온 핵심의 가르침이요 도리이다. 그것은 한마디로 유교정신이 '중용'에 근원하며, '중용'으로 집약되고 있음을 말해준다. 또한 '중용'은 가장 먼저 다양성의 포괄 속에서 찾아질 수 있다는 가르침임을 밝혀주는 것이기도 하다.

탕湯(≪만고제회도상≫)

그 다음은 은殷(상商)나라 탕湯임금이 상제上帝께 제사를 올리면서 드린 제문祭文에 기록된 말씀으로, "저 소자 이履(탕湯임금의 이름)는 감히 검정 수소를 제물祭物로 써서 위대하신 상제上帝께 밝게 아룁니다. 죄가 있는 자는 감히 용서하지 못하겠습니다. 상제의 신하를 덮어서 가려놓지 못하니, 신하를 간택하심은 상제의 마음에 달려 있습니다. 저의 몸에 죄가 있으면 만방에는 죄가 없으며, 만방에 죄가 있으면 죄는 저의 몸에 있습니다.〔予小子履敢用玄牡, 敢昭告于皇皇后帝. 有罪不敢赦. 帝臣不蔽, 簡在帝心. 朕躬有罪, 無以萬方, 萬方有罪, 罪在朕躬.〕"(≪논어≫ 20-1)라고 하였다.

탕임금은 자신의 모든 신하가 상제의 신하임을 확인하면서, 자신은 마음을 비우고 오직 상제의 뜻을 받들어 신하를 임명하겠다는 입장을 밝혔다. 또한 죄가 있는 자를 처벌하겠지만 상제의 뜻을 받들어 처벌하겠다는 의지를 밝히고 있다. 나아가 천하 만백성의 죄는 자신의 죄로 상제 앞에 그 죄에 대한 벌을 자신이 받겠다고 선언하고 있음을 보여준다. 한마디로 '사람의 마음〔人心〕'을 억제하

하늘에 밝게 고하는 탕임금(≪흠정서경도설欽定書經圖說≫)

고 하늘의 뜻인 '도리의 마음〔道心〕'에 따라 '도리'를 실행하겠다는 맹서를 하였던 사실을 엿볼 수 있다.

주나라 무왕武王(≪만고제회도상≫)

그 다음은 주周나라 무왕武王의 말을 소개하여, "비록 지극히 가까운 친족이 있다 하더라도 어진 사람만 못하다. 백성에 허물이 있으면 나 한 사람에게 있는 것이다.〔雖有周親, 不如仁人. 百姓有過, 在予一人.〕"(≪논어≫ 20-1)라고 하였다. 곧 무왕은 사사로운 마음을 버림으로써 친족보다도 어진 인재를 찾아서 등용하는 데 더욱 힘쓰겠다는 입장을 밝히고, 나아가 '도리'를 행하는 주체가 자신임을 확인함으로써 백성의 허물에 대해 책임도 자신이 지고 그 죄에 대한 처벌을 받겠다고 선언하였다. 한마디로 천명天命을 받들어 '도리'를 행하겠다는 의지를 밝히고 있다.

맹자가 본 옛 성인에서 '도리'의 전승방법

또한 맹자도 요堯·순舜·우禹·탕湯·문왕文王의 시대에서 공자에 이르기까지 500년 단위로 성왕聖王이 출현하는 역사적 과정을 세밀하게 살펴보면서 '도리'가 전해지는 양상을 확인하고 있다.

① "요와 순으로부터 탕에 이르기까지 500여 년인데, 우와 고요皐陶(순임금의 재상)는 요・순의 덕을 직접 보고서 알았고, 탕은 전해 듣고서 알았다."〔由堯舜至於湯, 五百有餘歲, 若禹・皐陶, 則見而知之, 若湯, 則聞而知之.〕(≪맹자≫ 14-38:1)

② "탕으로부터 문왕에 이르기까지 500여 년인데, 이윤伊尹(아형阿衡, 탕임금의 재상)과 내주萊朱(중훼仲虺, 탕임금의 어진 신하)는 탕의 덕을 직접 보고서 알았고, 문왕은 전해 듣고서 알았다."〔由湯至於文王, 五百有餘歲, 若伊尹・萊朱, 則見而知之, 若文王, 則聞而知之.〕(같은 곳)

③ "문왕으로부터 공자에 이르기까지는 500여 년인데, 태공망太公望(강姜(여呂)상尙, 문왕・무왕의 어진 신하)과 산의생散宜生(무왕의 어진 신하)은 문왕의 덕을 직접 보고서 알았고, 공자는 전해 듣고서 알았다.〔由文王至於孔子, 五百有餘歲, 若太公望・散宜生, 則見而知之, 若孔子, 則聞而知之.〕"(같은 곳)

④ "공자로부터 지금에 이르기까지는 100여 년인데, 성인이 살았던 시대로부터 이처럼 멀지 않으며, 성인이 살던 고장과 이처럼 가깝다. 그러나 성인의 덕을 이을 사람이 없구나! 역시 성인의 덕을 이을 사람이 없구나!〔由孔子而來至於今, 百有餘歲, 去聖人之世若此其未遠也, 近聖人之居若此其甚也. 然而無有乎爾, 則亦無有乎爾.〕"(같은 곳)

고요皐陶(≪만고제회도상≫)

이윤伊尹(≪만고제회도상≫)

주나라 문왕文王(≪만고제회도상≫)

태공망太公望(≪만고제회도상≫)

≪맹자≫의 마지막 구절에서도 요·순에서 공자까지 '중용의 도리'를 실행한 모범이 제시되고, 이를 보고 계승한 세대의 인물과

그 다음으로 듣고 계승하는 세대의 인물들이 '중용의 도리'를 전해 내려오는 과정을 확인하고 있다. 곧 맹자도 '도리'의 시원적 모범으로 '중용의 도리'를 밝힌 요임금과 순임금을 확인하고서, 요·순으로부터 시대가 내려오면서 '도리'가 전해져 내려오는 양상을 '직접 보고 아는〔見而知之〕' 단계와 '전해 듣고서 아는〔聞而知之〕' 단계로 나누어보면서, 역사 속에서 '도리'의 계승과정을 확인해준다. 여기서 '도리'를 계승한 마지막 성인으로 공자를 내세워 주목하고, 공자 이후에 도리가 이어지지 않고 있음을 탄식하였던 것이다.

맹자가 "요와 순은 본성대로 행하였고, 탕과 무왕은 몸소 체험하여 행하였고, 패도覇道를 행했던 다섯 사람은 빌려다 썼다.〔堯舜性之也, 湯武身之也, 五覇假之也.〕"(≪맹자≫ 13-30:1)라고 하였던 말도, 요·순은 '중용의 도리'를 천성으로 깨달았던 인물이요, 탕왕·무왕은 '중용의 도리'를 직접 겪어서 체득하여 실행한 인물이며, 춘추시대 다섯 패자들(오패五覇 : 제 환공齊桓公, 진 문공晉文公, 진 목공秦穆公, 송 양공宋襄公, 초 장왕楚莊王)은 '중용의 도리'를 끌어다가 꾸며서 패권을 휘둘렀던 사실을 말한다고 해석할 수 있다. 그렇다면 중국 역사에서 통치자가 내걸었던 '도리'는 자신이 깨달은 것이거나, 올바르게 계승하여 배운 것이거나, 빌려다가 거짓으로 이용한 것이거나, 모두가 '중용의 도리'를 벗어나지 않는 것임을 보여준다.

역사에서 '도리'의 모범을 찾음

역사를 통찰하면서 가장 중요한 과제는 '도리'를 실행한 모범을 찾아내어 귀감龜鑑으로 삼는 일과 '도리'에 어긋나서 패배한 사실을 발견하면, 앞에 가던 수레가 엎어진 바퀴자국을 따라 또다시 가는 '중도복철重蹈覆轍'의 어리석음을 경계警戒로 삼는 일이다. 이것이 이른바 '감계鑑戒'의 과제이다. 역사를 통찰하여 귀감으로 삼아야 할 경우와 경계로 삼아야 할 경우를 잘 살펴서 자신의 판단과 행동을 성찰하지 않는다면, 훌륭한 '중용의 도리'를 아무리 세밀하게 알고 있다 하더라도 현실에서 이를 온전하게 실행할 수는 없는 일이다.

≪대학≫에서는 "요堯와 순舜이 천하를 어진 덕으로써 인도하니 백성들이 이에 따랐으며, 걸桀과 주紂가 천하를 포악함으로써 인도하니 백성들이 이에 따랐다. 그 명령하는 바가 그 좋아하는 바에 상반되면 백성들이 따르지 않는다. 그러므로 군자는 자기한테 선함이 있어야 남에게 선하기를 요구하며, 자기한테 악함이 없어야 남의 악을 나무랐다. 자신에 간직된 것으로 남에게 미루어가지 않고서 남을 깨우칠 수 있는 사람은 없다.〔堯舜帥天下以仁, 而民從之, 桀紂帥天下以暴, 而民從之. 其所令反其所好, 而民不從. 是故君子, 有諸己而後求諸人, 無諸己而後非諸人. 所藏乎身不恕, 而能喩諸人者, 未之有也.〕"(≪대학≫ 10:4)라고 하였다.

성왕聖王인 요・순이 '어진 덕〔仁〕'으로 백성을 이끌어가니 백성들은 그 '어진 덕'을 따라 화평한 사회를 이루었고, 폭군인 걸・주가 '난폭함〔暴〕'으로 백성을 이끌어가니 백성들은 그 '난폭함'을 따라 혼란한 사회를 이루었다는 사실을 보여준다. 그러니 화평한 사회를 이루고자 하면서 통치자가 '어진 덕'을 베풀지 않는다면, 백성이 '어진 덕'을 따를 수 없으니 화평한 사회를 이룰 수 없음을 강조한 말이다. 통치자가 자신은 탐욕에 빠져 있으면서 아무리 청렴함을 강조하더라도 그 아래서 관료들이 따르지 않을 것이요, 백성들도 따르지 않을 것은 당연한 일이다.

또한 역사는 그 시대의 현실상황에 따라 대응하는 방법도 달라지지 않으면 안 된다는 사실을 보여준다. 한 왕조의 역사적 변동을 세 단계로 나누어보면, 새로운 왕조를 일으켜 세우는 창업創業의 시기, 그 나라의 제도와 질서를 정착시키는 수성守成의 시기, 폐단을 일으키는 낡은 제도를 개혁하는 경장更張의 시기로 구분할 수 있다. 그렇다면 이러한 시대의 변동에 맞게 대응을 하는 것이 바로 '시중時中'으로서 '중용의 도리'라 하겠다.

율곡은 자신이 살고 있던 16세기 후반의 조선시대를 '경장'의 시대로 인식하고, '경장'의 시대적 요구를 확인하였다. 곧 "이른바 '경장'이란 흥성함이 극에 달해 중간에 미약해지고, 법이 오래되어 폐단이 생겼는데도 편안함에 젖어 고루함을 그대로 따르면, 온갖 제도가 해이해져 날로달로 어긋나서 나라를 다스릴 수 없게 된다. 그렇다면 반드시 현명한 군주와 지혜로운 신하가 분발하여 떨쳐 일어나서 법도法度와 기강紀綱을 붙들어 세우고 어리석고 게으름을 일깨워야 하며, 옛 습속을 깨끗이 씻어내고 묵은 폐단을 개혁함으로써, 선왕先王이 남기신 뜻을 잘 이어서 한 시대의 규모를 새롭게 하는 것이다. 그렇게 한 다음에야 공적이 앞에서 빛나고, 사업이 후손에게 끼쳐지게 될 수 있다.〔所謂更張者, 盛極中微, 法久弊生, 狃安因陋, 百度廢弛, 日謬月誤, 將無以爲國. 則必有明君哲輔, 慨然興作, 扶擧綱維, 喚醒昏惰, 洗滌舊習, 矯革宿弊, 善繼先王之遺志, 煥新一代之規模. 然後功光前烈, 業垂後

裔矣.〕"(≪성학집요聖學輯要≫ 〈식시무識時務〉)라고 하였다.

한 사회의 법률과 제도가 모순에 빠져 폐단을 일으키면 고쳐서 바로잡는 것이 '중용의 도리'를 실행하는 길이다. 이러한 상황에서 옛 법도에 안주하여 고치기를 거부하고 있으면 이미 그 법도는 시대에 적합한 역할을 할 수 없으니 '중용의 도리'를 잃어버리게 되고 만다. 물론 그 시대에서 지켜야 할 법도마저 개혁하려고 드는 일도 때에 맞아야 하는 '시중時中'에 어긋나니, '중용의 도리'를 잃었다는 점은 마찬가지이다.

15. 예법禮法과 제도制度를 살핀다

내가 하夏나라의 예법을 말할 수 있으나 그 후손들인 기杞나라는 그 증거로 삼기에 부족하다. 내가 은殷나라의 예법을 배웠는데, 그 후손들인 송宋나라가 있는 정도이다. 내가 주周나라의 예법을 배웠는데, 지금 쓰이고 있으니, 나는 주나라 예법을 따르겠다.

吾說夏禮, 杞不足徵也. 吾學殷禮, 有宋存焉. 吾學周禮, 今用之, 吾從周.

≪중용≫ 28:5

공자는 삼대三代(하夏·은殷·주周)의 각 시대에서 시행되었던 예법을 논하면서 하夏나라의 예법은 그 증거가 부족하고, 은殷나라의 예법은 그 후예인 송宋나라에서 엿볼 수 있지만 그의 시대와는 차이가 있고, 주周나라의 예법은 현재 통용되고 있는 것이므로 자신은 주나라의 예법을 따르겠다고 밝혔다. 이렇게 시대에 따라 달라지는 예법을 논하는 것은 시대의 변천과정을 살피면서 자신의 시대에서 시행될 수 있는 예법과 제도의 기준이 될 만한 사례를 확인하고자 하는 관심을 보여준다.

예법과 제도는 한 사회를 질서 있게 유지하고 공동체로서 통합을 이루게 하는 장치이다. 그렇다면 '중용의 도리'를 한 시대에서 실천하기 위해서는 그 구체적 실천장치인 예법과 제도에 대한 관심과 인식이 중요한 과제가 아닐 수 없다.

예법과 제도의 변천원리

공자는 시대의 변화에 따른 예법과 제도의 변천과정에 깊은 관심을 밝히면서, "은殷나라는 하夏나라의 예법을 따랐으나 줄이기도 하고 보태기도 하였음을 알 수 있고, 주周나라는 은나라의 예법을 따랐으나 줄이기도 하고 보태기도 하였음을 알 수 있다. 혹시 주나라를 이은 나라가 있다면 비록 100왕조 뒤라도 알 수 있다.〔殷因於夏禮, 所損益, 可知也, 周因於殷禮, 所損益, 可知也. 其或繼周者, 雖百世, 可知也.〕"(≪논어≫ 2-23)고 하였다.

예법과 제도는 '중용의 도리'를 실행하기 위해 그 시대에 정착된 형식이니, 시대의 변화에 따라 변하지 않을 수 없다. 그러나 예법과 제도가 시대에 따라 완전히 바뀌는 것이 아니다. 예법과 제도의 근본정신은 시대의 변화를 넘어 계승되어야 할 것이요, 또한 그 시대에 실행하기 적합하여 좋은 예법과 제도는 받아들여 따르는 것이 마땅하다. 이와 더불어 폐단을 일으키고 모순이 발생하여 그 시대에 적합하지 않는 경우라면 제거하기도 하고, 또 새로운 예법과 제도를 제정하여 수정하거나 보완하지 않을 수 없다.

이렇게 예법과 제도를 시대에 따라 줄이기도 하고 보태기도 한다는 '소손익所損益'은 예법과 제도를 그 시대에 적합하게 운영하기 위한 기본원칙으로 확인된다. 예법과 제도를 시대에 따라 줄이기도 하고 보태기도 해야 한다는 '소손익'의 원칙이 발판으로 삼는 근본정신은 예법과 제도를 시대의 현실에 알맞게 실현하고자 하는 '중용의 도리'임을 확인할 수 있다.

주공周公(≪만고제회도상≫)

중국에서 예법과 제도는 사실상 주周나라 초기에 무왕의 아우인 주공周公이 정비하였다고 전해진다. 주공이 예법을 정비한 사실에 대해, "무왕이 말년에 천명을 받으니, 주공이 문왕과 무왕의 공덕을 완성하고 태왕太王과 왕계王季를 왕으로 추존하여 위로 선조들을 천자天子의 의례로 제사하였다. 이 예법은 제후諸侯와 대부大夫와 사士와 서인庶人에까지 두루 통용되었으니, 아비가 '대부'요 아들이 '사'라면 장례는 '대부'의 의례로 하고 제사는 '사'의 의례로 하며, 아비가 '사'요 아들이 '대부'라면 장례는 '사'의 의례로 하고 제사는 '대부'의 의례로 하는 것을 말한다. 1년상喪은 '대부'에까지 통용되고, 3년상은 천자에까지 통용되었다. 부모의 상喪은 귀천의 구별이 없이 한가지이다.〔武王末受命, 周公成文·武之德, 追王太王·王季, 上祀先公以天子之禮. 斯禮也, 達乎諸侯·大夫及士·庶人, 父爲大夫, 子爲士, 葬以大夫, 祭以士,

父爲士, 子爲大夫, 葬以士, 祭以大夫. 期之喪, 達乎大夫, 三年之喪, 達乎天子. 父母之喪, 無貴賤一也.〕"(≪중용≫ 18:3)라고 하였다.

천자의 의례를 기준으로 제후·대부·사·서인의 신분질서에 따른 의례를 제정한다는 것은 예법을 통해 신분제도의 질서를 확립한다는 의미를 지니고 있다. 주나라가 본래는 은나라의 제후국이었으나 문왕을 이은 무왕이 은나라를 멸망시키고 주나라를 창업하여 천자가 되었을 때는, 선조인 태왕太王과 왕계王季는 살았을 때 제후였지만 죽은 뒤에 천자로 받들어 천자의 의례에 따라 제사를 드렸다는 사실이 예법의 전형典型으로 제시되고 있다.

이에 따라 아비가 '대부'이고 자식이 '사'이면, 아비가 죽었을 때는 아비의 신분인 '대부'의 예법으로 장사 지내지만 제사는 자식이 주관하는 예법이니 자식의 신분에 따라 '사'의 예법으로 제사를 드린다는 말이다. '1년상'의 의례는 '대부'에까지 적용된다는 것은 천자나 제후의 신분에서는 과도한 제사를 덜어주는 것이 신분에 따른 예법의 합리적 운영임을 보여준다. 부모의 상喪인 '3년상'에서는 천자에서 서인까지 공통의 예법으로 제시된 것은 예법을 통해 부모와 자식의 관계를 사회질서의 핵심으로 정립하려는 의도를 보여주고 있다.

'도리'의 실현에서 '예법'의 의미

공자는 예법의 참된 의미를 확인하는 데 깊은 관심을 기울여, "예법을 알지 못하면 설 수가 없다.〔不知禮, 無以立也.〕"(≪논어≫ 20-3)

고 하였다. 사람과 사람 사이에 절도에 맞게 행동하여 조화로운 인간관계를 이루기 위해서는 반드시 예법을 알아야 함을 강조한 말이다.

이와 더불어 예법과 음악의 근본이 인간의 '어진 덕〔仁〕'에 있음을 강조하여, "사람으로 어질지 못하다면 예법은 어디에 쓰겠는가? 사람으로 어질지 못하다면 음악은 어디에 쓰겠는가?〔人而不仁, 如禮何. 人而不仁, 如樂何.〕"(≪논어≫ 3-3)라고 하였다. '어진 덕'은 '중용의 도리'를 드러내는 인격이요, '어진 덕'에 기반하는 예법과 음악은 바로 '중용의 도리'를 실행하는 도구임을 보여주고 있다.

또한 ≪중용≫(20:5)에서는 핵심적 덕목인 '어진 덕〔仁〕'과 '의로움〔義〕'에서 예법이 발생되는 것임을 지적하여, "어진 덕〔仁〕은 사람다움이니, 어버이를 사랑하는 것이 중대한 일이다. 의로움〔義〕은 마땅하게 함이니, 현명한 이를 높이는 것이 중대하다. 어버이를 사랑하는 데 상복喪服제도에서 관계가 멀수록 비중을 낮추어가는 것과 현명한 이를 높이는 데 신분에 따라 차등을 두는 것에서 예법이 생겨나는 것이다.〔仁者人也, 親親爲大. 義者宜也, 尊賢爲大. 親親之殺, 尊賢之等, 禮所生也.〕"라고 하였다. '어진 덕'이 드러나는 데 가장 큰 일은 어버이를 사랑하는 것이지만 친족 사이에도 가깝고 먼 차이가 있으니 부모를 위한 상복에 차등을 두는 예법이 생겨나게 되며, '의로움'이 드러나는 데 가장 큰 일은 현명한 사람을 높이는 것이지만 신분에 따라 차등을 두는 예법이 생기는 사실을 밝히고 있다.

그러나 공자는 예법의 형식과 절차에 사로잡히는 것은 '중용의 도리'를 실행하는 방법으로서 예법의 정신에 맞지 않는 것임을 지적하여, "'예법'이라 '예법'이라 말하는데, 옥玉이나 비단의 폐백을 말하는 것이겠느냐? '음악'이라 '음악'이라 말하는데, 종鐘이나 북의 악기를 말하는 것이겠느냐?〔禮云禮云, 玉帛云乎哉. 樂云樂云, 鐘鼓云乎哉.〕"(≪논어≫ 17-9)라고 하였다. 이처럼 폐백의 형식에 사로잡힌 예법이나 악기에 사로잡힌 음악은 예법과 음악의 정신을 잃어버린 것임을 강조하였다.

또한 제자 임방林放이 예법의 근본을 물었을 때, 공자는 "예법이란 사치하기보다는 검소함이 낫고, 상례는 절도에 따라 익숙하게 하기보다는 슬퍼함이 낫다.〔禮, 與其奢也寧儉, 喪, 與其易也寧戚.〕"(≪논어≫ 3-4)고 대답하였다. 여기서도 예법이 꾸밈을 화려하게 하거나 형식적 절차를 엄격히 지키는 데 빠지면 예법의 정신을 잃게 되는 것임을 지적하고, 형식이나 절차보다는 검소함과 슬퍼함을 통해 마음의 진실함을 간직하는 것이 중요함을 강조하고 있다. 이처럼 예법의 실행에서도 '중용의 도리'가 살아 있어야 하는 사실을 중시하며, '중용의 도리'를 잃고 외형이나 절차에 치우치는 폐단을 깊이 경계하고 있음을 보여준다.

'도리'에 맞게 '예법'을 실현하는 방법

예법의 합당성을 판단하는 기준은 옛 것인지 현행하는 것인지에 달려 있는 것이 아니다. '중용의 도리'를 실현하기 위해 예법의 정신에 맞도록 행할 것을 요구하고 있다. 그래서 공자는 "삼〔麻〕으로 짠 제복의 관을 쓰는 것이 예법인데, 지금은 생사生絲로 짠 것을 쓰니, 나는 대중을 따르겠다. 신하가 당堂 아래에서 절하는 것이 예법인데 지금은 당 위에서 절하니, 교만하다. 비록 대중에 어긋나더라도 나는 당 아래에서 절하는 것을 따르겠노라.〔麻冕, 禮也, 今也純, 儉, 吾從衆. 拜下, 禮也, 今拜乎上, 泰也. 雖違衆, 吾從下.〕"(≪논어≫ 9-3)고 하였다. 이렇게 검소한 것을 중시하고, 겸손한 것을 소중히 여기는 예법의 정신을 살려 '중용의 도리'에 맞는 예법을 실행하는 것이 예법을 통해 인간심성과 사회질서를 바로잡아가는 과제라 할 수 있다.

그러나 예법을 제정하는 것은 사회의 질서를 유지하는 중대한 일이니, 신중하지 않을 수 없다. 그래서 공자는 "천자가 아니면 예법을 의논하지 못하고, 법도를 만들지 못하며, 문자文字를 바로잡지 못한다.〔非天子, 不議禮, 不制度, 不考文.〕"(≪중용≫ 28:2)고 하였다. 통치자의 권위가 없이 제각기 자신의 판단에 따라 예법을 논의하거나 제도를 정하고 문자를 만든다면, 그것은 엄청난 혼란을 불러일으켜 사실상 예법의 시행 자체를 불가능하게 만드는 결과를 초래할 수 있다. 당시의 중국은 주周나라의 체제 아래서 '수레의 궤도가 같고〔車同軌〕', '글은 같은 문자를 쓰고〔書同文〕', '행동의 예절이 같다〔行同倫〕'는 현실에서 함부로 변경하여 혼란을 일으키는 것을 깊이 경계하였던 것이다.(≪중용≫ 28:3의 '車同軌, 書同文, 行同倫.'이라는 이 구절에 대해, 남송 때 왕백王柏은 춘추시대의 일이 아니라 진秦·한漢의 통일 이후에 말할 수 있는 일이라 하여 진·한 무렵 유학자의 언급이라고 지적하기도 하였다.)

그렇다고 천자의 권위를 가졌다 하여 함부로 예법과 제도를 바꿀 수 있는 것도 아니다. 따라서 공자는 "비록 그 지위가 있더라도 진실로 그 덕이 없으면 감히 예법과 음악을 제작할 수 없고, 비록 그 덕이 있더라도 진실로 그 지위가 없으면 역시 감히 예법과 음악을 제작할 수 없다.〔雖有其位, 苟無其德, 不敢作禮樂焉, 雖有其德, 苟無其位, 亦不敢作禮樂焉.〕"(≪중용≫ 28:4)고 하여, 천자의 지위와 성인의 덕이 아울러 갖추어져야 예법과 제도를 고치고 만들 수 있음을 강조하였다.

여기에 문제점이 발생한다. 천자이면서 성인의 덕을 지닌 인물이 나오지 않으면 예법과 제도에 폐단이 있어도 바꾸고 만들지 못한다는 말인가. 현실적으로 주공周公과 같은 성인이 출현하기는 어려운데 덕을 갖춘 천자가 아니면 예법과 음악을 제정할 수 없다면, 예법의 변혁을 근원적으로 막는 결과를 초래할 수도 있다.

공자가 이 말을 했던 것이 사실이라면 당시에 예법과 제도를 함부로 만들고 바꾸려 드는 폐단을 막기 위해 언급했던 말로 들린다. 공자 자신이 "군자가 천하의 온갖 일에 대응하여 그렇게 해야만 한다는 것도 없고, 그렇게 해서는 안 된다는 것도 없으며, 의로움에 견주어 행한다.〔君子之於天下也, 無適也, 無莫也, 義之與比.〕"(≪논어≫ 4-10)라고 하였으니, '중용의 도리'에 합당하다면 신중하게 개혁을 논의하고 시도할 수 있음을 말하는 것이기도 하다. '중용'은 시대의 변화에 맞는 '시중時中'이니, 시대의 변화에 거슬리는 일은 없을 것임이 분명하다.

16. 중심中心을 세운다

군자는 조화로우면서 휩쓸리지 않으니, 강하도다, 꿋꿋함이여! 중심에 서서 기울어지지 않으니, 강하도다, 꿋꿋함이여! 나라에 도리가 행해지더라도 군색窘塞했을 때의 지조를 바꾸지 않으니, 강하도다, 꿋꿋함이여! 나라에 도리가 행해지지 않으면 죽음을 당하더라도 지조를 바꾸지 않으니, 강하도다, 꿋꿋함이여!

君子, 和而不流, 强哉矯. 中立而不倚, 强哉矯. 國有道, 不變塞焉, 强哉矯. 國無道, 至死不變, 强哉矯. 《중용》 10:5

공자는 '중용의 도리'를 따르는 군자의 꿋꿋하고 강한 지조를 예찬하면서, '조화로우면서 휩쓸리지 않을 것(和而不流)'을 제시하였다. '조화로움'은 자신의 '중심'이 절도에 맞아 어울리고 화합한 상태이다. 그 '조화로움'이 균형을 잃으면 휩쓸리게 되지 않을 수 없다. 그러니 '중심'의 균형을 잡아야 한다는 점이 중시되지 않을 수 없다. 곧 사람을 포용하여 조화를 이룸으로써 어느 쪽으로도 기울어져 따라가는 법이 없음을 강조하였다. 이러한 인격은 이미 자기

중심이 서 있음을 말하며, 그 '중심'을 유지하는 모습을 보여준다.

또한 '중심에 서서 기울어지지 않을 것〔中立而不倚〕'을 제시한 것은 '중심'을 세우고 나서도 이를 잘 유지해가기 위해 반드시 요구되는 조건으로 '기울어지지 않을 것'을 지적하였다. 여기서 '조화로움〔和〕'은 '중심〔中〕'이 실현된 모습이요, '중심'은 '조화로움'의 근거라 할 수 있다. 또한 '중심'에 서서 어느 쪽으로도 기울어지지 않는다는 것은 '균형'이 잘 잡혀 있음을 말한다. 그러나 심지心地를 굳건히 하여 '중심'에 섰다 하더라도 한번 그 균형을 잃으면 흔들리게 되고, 어느 쪽으로나 기울어져서 다른 것에 기대지 않을 수 없게 된다. 한마디로 '균형'을 잘 잡아야 '중심'을 유지할 수 있으며, '중용의 도리'를 실행할 수 있음을 말해준다.

이렇게 '중심'을 확고하게 세우고 '조화로움'을 실현하는 인격이라면 그 나라에 도리가 행해지는 안정된 시대를 만나 뜻을 펼 수 있는 기회를 얻더라도 곤궁하던 시절에 세운 입지立志의 초심初心을 잃지 않을 것이요, 나라에 도리가 행해지지 않는 혼란한 시대에 살 때에는 권력의 위협으로 죽음 앞에 놓이게 되더라도 '도리'를 지켜온 지조를 굽히지 않아야 한다는 것을 말한다.

제2부 '중용을 행하는 마음'에서 세 번째 주제인 (3) 중용의 도리를 실행하는 '자세'에는 ① '중심을 세운다〔中心〕', ② '공손하다〔恭遜〕', ③ '경건하다〔畏敬〕'라는 세 가지 과제를 살펴볼 필요가 있다.

여기서는 먼저 '중용'을 행하는 '자세'의 첫째 과제로서 ① '중심을 세운다'는 과제를 해명하고자 한다. '중용의 도리'를 실행하는 자세는 안으로 따뜻하고 진실한 마음에 중심을 세우고서 밖으로 조화롭고 당당함으로써 중심을 지켜가야 하는 것이며, 어떤 사람을 만나던지 어떤 일을 당하던지 겸허한 마음으로 자신을 낮추는 공손한 자세를 지녀야 하고, 하늘과 신명神明을 대하는 경건한 마음을 가져야 한다고 보고 있다.

'도리'의 실현을 위해 인격이 '중심'을 세워야

자신의 인격에 '중심'을 세우고, 또 그 '중심'에 서서 행동하고 살아가는 것은 '중용의 도리'를 실행하는 데 가장 먼저 갖추어져야 할 기본자세라 할 수 있다. '도리'를 분명하게 인식한다면 자신의 삶에 '중심'을 세울 수 있을 것이지만, 그 '중심'이 확고하게 서 있지 않으면 의혹이나 유혹에 흔들려 '도리'를 지켜갈 수가 없게 된다.

공자는 자신의 평생에서 인격이 성숙되어 가는 과정을 단계적으로 제시하였는데, 40세까지의 전반부를 보면, "나는 열다섯에 배움에 뜻을 두었고, 서른에 자신을 확립하였고, 마흔에 미혹되지 않았다.〔吾十有五而志于學, 三十而立, 四十而不惑.〕"(≪논어≫ 2-4)고 하였다. 여기서 공자는 먼저 '도리'를 배우는 데 뜻을 두었고, 그 다음 단계로 자신의 '중심'을 세웠다는 사실을 밝혔다. 또 그 다음 단계로 그 '중심'이 확고하게 정립되었음을 말하고 있다.

'중심에 서서 기울어지지 않는다〔中立而不倚〕'는 말은 바로 자신의 '중심'을 확고하게 정립한 단계를 가리키는 것이라 하겠다. 맹자는 '중심을 세운다'는 말의 뜻으로, "먼저 그 큰 부분인 마음을 세우면 그 작은 부분인 감각기관이 빼앗을 수 없으니, 이에 대인大人이 될 뿐이다.〔先立乎其大者, 則其小者不能奪也, 此爲大人而已矣.〕"(≪맹자≫ 11-15:4)라고 언급하였다. 곧 마음의 '중심'을 세워서 감각기관의 자극에 이끌려 동요하지 않아야 인격이 제대로 갖추어진 사람 곧 '대인大人'이 될 수 있음을 보여주고 있다.

'중심'을 세우기 위한 조건

먼저 '중심'을 세우기 위한 조건으로는 '미리 준비되어야 함〔豫〕'이 중시되고 있다. ≪중용≫(20:16)에서는, "무릇 일이란 미리 준비되면 이루어지고, 미리 준비되지 않으면 폐기된다. 말이 먼저 정해져 있으면 뒤집히지 않고, 일이 먼저 정해져 있으면 곤란에 빠지지 않으며, 행동이 먼저 정해져 있으면 탈이 생기지 않고, 도리가 먼저 정해져 있으면 궁색하게 되지 않는다.〔凡事, 豫則立, 不豫則廢. 言前定則不跲, 事前定則不困, 行前定則不疚, 道前定則不窮.〕"라고 하였다.

미리 준비된다는 것은 '중심'을 세우기 위해 먼저 해야 할 일이 있음을 말한다. 공자가 '배움에 뜻을 두었다〔志于學〕'는 점을 강조하였던 것도 '도리'를 배우고 익혀서 자신의 역량을 길러야 자신의 '중심'을 세울 수 있음을 잘 보여준다. ≪대학≫에서 먼저 '뜻을 진실하게 하고〔誠意〕', 그 다음에 '마음을 바로잡음〔正心〕'으로써 '자신을 닦음〔修身〕'에 이르게 되는 단계를 제시한 것도 '자신을 닦음'으로써 '중심'을 세우는 일에는 그에 앞서 '마음을 바로잡음'이 요구되고, '마음을 바로잡음'에는 그에 앞서 '뜻을 진실하게 함'이 미리 준비되어야 하는 과제임을 보여준다.

또한 공자가, "시詩에서 감동되어 착한 마음을 일으키고, 예법에서 몸을 단속하여 자신을 세우고, 음악에서 뜻을 화합하게 하여 덕을 이루는 것이다.〔興於詩, 立於禮, 成於樂.〕"(≪논어≫ 8-8)라고 언급한 구절도 착한 마음을 일으키기 위해서는 먼저 ≪시경≫을 공부하는 것이 필요하고, 자신의 '중심'을 세우는 데는 먼저 예법을 익혀 몸을 단속하는 공부가 필요하며, 덕을 이루기 위해서는 먼저 음악을 익혀 화합하는 마음을 기르는 공부가 필요함을 말해주고 있다.

나아가 맹자는, "자기 마음을 다하는 자는 자기 성품을 알고, 자기 성품을 알면 하늘을 안다. 자기 마음을 간직하고 자기 성품을 배양하는 것이 하늘을 섬기는 방법이다. 일찍 죽거나 오래 사는 것에 대해 의심하지 않고, 자신을 닦아서 천명天命을 기다리는 것이 천명을 온전하게 지키는 방법이다.〔盡其心者, 知其性也, 知其性, 則知天矣. 存其心, 養其性, 所以事天也. 殀壽不貳, 修身以俟之, 所以立命也.〕"(≪맹자≫ 13-1:1)라고 하였다.

'도리'의 궁극적 근원은 하늘이니, 하늘을 알고, 하늘을 섬기며, 하늘의 명령을 온전하게 지켜야 한다. '중용의 도리'를 실현하기 위한 자세로서 먼저 자기 마음을 다 기울여 '중심'을 확고하게 세워야 함을 제시하는 말이다. 곧 자기의 중심을 세운 다음에 하늘을 알고〔知天〕, 하늘을 섬기며〔事天〕, 천명을 온전하게 지킴〔立命〕으로써 하늘과 소통할 수 있는 길이 열린다고 보았다.

여기서 '하늘을 안다〔知天〕'는 것은 이에 앞서 자신의 마음을 다 기울임〔盡心〕으로써 자신의 성품을 아는 것〔知性〕이 요구되며, '하늘을 섬긴다〔事天〕'는 것은 이에 앞서 자신의 마음을 간직하고〔存心〕, 자신의 성품을 배양하는 것〔養性〕이 요구됨을 지적하였다. 나아가 '천명을 온전하게 지킨다〔立命〕'는 것은 이에 앞서 일찍 죽거나 오래 사는 것에 마음 쓰지 않고, 자신의 인격을 닦아서 천명을 기다리는 자세가 요구됨을 보여주기도 한다. 이처럼 '흔들리지 않는 마음〔不動心〕'으로 자신의 '중심'을 세운다는 것은 마음만 먹으면 한순간에 이루어지는 것이 아니라 기초를 다지는 넓고 깊은 공부가 요구됨을 말하고 있다.

자신의 '중심'을 세운다는 말의 뜻은 자기가 홀로 서 있기만 하면 되는 것이 아니라 다른 사람과의 관계 속에서 자기중심이 확인되어야 한다. 공자는 "더불어 함께 배울 수는 있지만 더불어 도리를 따라갈 수는 없다. 더불어 도리를 따라갈 수는 있지만 더불어 자신을 세울 수는 없다. 더불어 자신을 세울 수는 있지만 더불어 권도權道를 행할 수는 없다.〔可與共學, 未可與適道. 可與適道, 未可與立. 可與立, 未可與權.〕"(≪논어≫ 9-30)고 하였다.

함께 '도리'를 배우는 일보다는 그 '도리'를 함께 따라가는 실행이 어렵다. 함께 '도리'를 배우고, 함께 '도리'를 따른다는 것은 여전히 배움의 실천 단계에 머물고 있다. 그러나 더 어려운 일은 더불어 '중심'을 세움으로써 각자 '도리'를 체득한 인격을 성취하는 단계에 이르는 일이다. 이렇게 더불어 '도리'를 체득하여 각자 자신의 '중심'을 세우고 나서도 더 어려운 일은 그 체득한 '도리'를 현실에 응용하여 '도리'에 맞게 일을 처리해가는 '권도'를 함께 행할 수 있는 단계임을 말한다.

'중심'을 세운 인격이 이루는 성과

자신의 '중심'을 세우면 이 '중심'으로 '중용의 도리'를 드러낼 수 있는 힘이 생기고, 또 그 성과를 이루어낼 수 있게 된다. '중용의 도리'를 체득하여 자신의 '중심'을 확고하게 세운 인격이라면 '천하의 큰 근본'을 세울 수 있고, 따라서 천하에 질서가 이루어지고 천하의 모든 존재가 화합을 이루어 제각기 자기 생명을 온전하게 실현할 수 있는 안정된 세상을 열어줄 수 있다고 본다.

이렇게 천하를 질서 있게 다스리고, 천하를 조화롭게 성취시켜주는 위대한 업적도 '중용의 도리'를 체득하여 자신의 '중심'을 세우는 데서 가능한 일이다. '중심'을 확고하게 세웠으니, 그래서 "어찌 한편에 의존함이 있겠는가?"라고 하였다. 곧 지극히 진실한 사람은 어디에도 의존함이 없이 자신의 '중심'을 확고하게 세운 인격임을 확인하고 있다.

'중용의 도리'를 실현하기 위해서는 먼저 자신의 '중심'을 세워야 한다. 또한 그 '중심'은 어느 쪽으로 기울어지지 않으며, 어디에도 의지하지 않는 확고한 '중심'을 말한다. 그러나 이 중심은 모든 주위와 구별되거나 주변을 거부하는 중심이 아니라 모든 주변을 남김없이 받아들이고, 전체를 '중용의 도리'에 따라 돌아가게 하는 회전의 축을 이루는 '중심'이라야 한다.

무엇보다 이 '중심'은 자기의 '중심'으로 확립하면서 동시에 자기를 위한 중심이 아니고, 불교佛教에서 말하는 '인다라망因陀羅網'의 그물에서 모든 그물코마다 보주寶珠가 달려 서로 비쳐주는 것처럼 모든 이웃과 어울리고 조화를 이루며 함께 그 생명을 이룰 수 있게 하는 축으로 역할을 하는 '중심'이라 할 수 있다.

17. 공손하다

윗자리에 있어도 교만하지 않고, 아랫사람이 되어서는 배반하지 않는다. 나라에 도리가 행해지고 있으면 그의 말이 군주를 분발시키기에 넉넉하고, 나라에 도리가 행해지지 않으면 그의 침묵이 용납되기에 넉넉하다.

居上不驕, 爲下不倍. 國有道, 其言足以興, 國無道, 其默足以容.

≪중용≫ 27:7

윗자리에서 교만하지 않음은 '겸손謙遜'의 덕이요, 아랫자리에서 배반하지 않음은 '신의信義'의 덕이다. 겸손하고 신의가 있으면 그 말이 임금을 설득하여 '중용의 도리'를 따라 정치를 행하도록 분발하게 할 수 있는 힘이 있고, 혼란한 시대에 나서지 않고 침묵을 지키고 있다 하더라도 사람들이 그 인격의 정대함을 이해해줄 수 있음을 말한다.

이 말은 세상을 살아가는 데 시기와 형세를 잘 판단하여 자신을 보존하는 '명철보신明哲保身'의 처세술로 비쳐질 수 있다. 그러나 '중용의 도리'를 실천하는 자세는 과격하게 부딪치는 것이 아니라 온화하고 공손한 태도로 주위와 갈등을 일으키지 않으면서 '때'에 맞게 실행하여 자신의 '중심'을 지키고 신념의 도리를 지킬 수 있어야 한다는 사실을 강조한 말이다.

'공손함'은 '중용의 도리'를 실현하는 출발점이다

'공손함'은 남을 존중하고 자기를 낮추는 태도이다. 또한 '공손함'은 자기주장을 내세우기에 앞서서 남의 말을 경청하고 깊이 이해하는 자세이다. 신념이 확고하면 과격한 행동으로 나타나기 쉽다는 사실은 우리 주변에서도 자주 보게 된다. 자신의 신념이 확고하여 남과 타협하거나 공존하지 못하여 많은 사람들과 충돌을 일으키다가 끝내 큰 일을 성공시키지 못하고 마는 경우를 흔히 볼 수 있다. '중용의 도리'를 실행하는 길은 어느 쪽으로도 치우치지 않는 양면이 균형均衡과 조화調和를 이룬 모습을 제시하였던 것으로 보인다.

'중용의 도리'를 실행하는 과정에서 출발은 자신을 비우는 '공손함'이요, '공손함'으로 자신을 비우면 그 바탕 위에 남을 받아들이는 '포용력'을 발휘할 수 있다. 이렇게 '공손함'의 마음과 '포용'의 자세가 지향하는 실현과제는 전체가 어울려 조화를 이루게 하는 '화합'이라 할 수 있다. 그렇다면 '중용의 도리'를 실현하는 자세의 출발점이 되는 마음의 바탕이 바로 마음을 비우고 자신을 낮추는 '공손함'이라 할 수 있다.

공자는 제자 번지樊遲가 '어진 덕〔仁〕'에 대해 물었을 때, "거처할

번지樊遲(≪성현상찬≫)

때에는 공손하게 하고, 일을 담당해서는 경건하게 하며, 사람을 대할 때는 충직하게 하는 것이다.〔居處恭, 執事敬, 與人忠.〕"(≪논어≫ 13-19)라고 대답하였다. 집 안에 머물 때에는 '공손함〔恭〕'을 지키다가 밖에 나가 일을 담당하게 되면 '경건함〔敬〕'을 지켜야 한다는 말은 '공손함'과 '경건함'이 안과 밖에서 마음 씀으로 대비되고 있음을 보여준다. 또한 일을 담당함에 '경건함'과 사람을 대함에 '충직함〔忠〕'이 같은 마음에서 드러나는 양상으로 대비되기도 한다.

여기서 '공손함'과 '경건함'과 '충직함'은 모두 '중용의 도리'를 행하는 마음가짐으로 서로 연관되고 하나로 통하고 있다. 그러나 '공손함'은 평소에 마음을 비우고 온화함을 지키는 기본태도라고 한다면 '경건함'은 일을 담당하여 두려워하고 조심하는 태도이다. 비유하자면, '공손함'의 마음이 그림의 흰 바탕이라 할 때, 담당하게 된 일에 대해 조심스럽고 두려워하는 새로운 마음가짐으로서 '경건함'은 그 바탕 위에 채색하여 그려진 그림이라 할 수 있다. 다시 말해 경건하다면 공손해야 하지만, 공손하다고 언제나 경건한 것은 아니라 하겠다.

겸손함은 자기를 비우고 낮추는 덕이다

≪주역≫ '겸괘謙卦'에서는 '겸손함'의 덕을 말하면서, "겸손함은 형통하는 것이다. '하늘의 도리〔天道〕'는 아래로 베풀어져 밝게 빛나며, '땅의 도리〔地道〕'는 낮은 데 있어서 위로 행한다. '하늘의 도리'는 가득 찬 것을 일그러지게 하고 겸손한 것에 보태주며, '땅의 도리'는 가득 찬 것을 변하게 하고 겸손한 데로 흘러든다. '귀신'은 가득 찬 것을 손상시키고 겸손한 것에 복을 주며, '사람의 도리〔人道〕'는 가득 찬 것을 싫어하고 겸손한 것을 좋아한다. 겸손함은 높이 올라도 빛나며, 낮은 곳에 내려가도 그 덕을 넘어설 수 없으니, 군자가 끝까지 가야 하는 길이다.〔謙亨. 天道下濟而光明, 地道卑而上行. 天道虧盈而益謙, 地道變盈而流謙. 鬼神害盈而福謙, 人道惡盈而好謙. 謙, 尊而光, 卑而不可踰, 君子之終也.〕"라고 하였다.

가득 차면 기울어지기 시작하고 다 비워지면 채워지기 시작한다는 것은 하늘에 떠 있는 달만 그런 것이 아니다. '하늘'의 근원적 도리나 '땅'의 자연적 현상이 '겸손함'의 덕을 지니고 있다. 또한 '귀신'의 신묘한 작용이나 '사람'의 타고난 감정 등, 세상 모든 일이 '겸손함'의 비워진 상태를 소중히 여기는 것임을 강조하였다. 겸손함은 자만하지 않는 것이요, 한번이라도 자만에 빠지면 '겸손함'의 덕은 상처를 입게 되고 만다. 따라서 겸허한 덕을 지닌 인격이라면 죽을 때까지 평생을 변함없이 지켜 끝까지 가야 하는 덕이라는 말이다.

군자가 세상에서 자신을 낮추어 처신하는 것이 위태로운 처지에 높이더라도 자신이 지켜가야 할 '도리'를 잃지 않는 지혜로움이다. 또한 겸손함은 자만하지 않고 내세우지 않는 덕이다. '겸괘'의 셋째 효爻〔九三〕에서는 '공로가 있으면서 겸손한〔勞謙〕' 덕을 강조하여 군자가 세상에 나서서 공적을 세우고서도 자만하지 않고 겸손하면 모든 백성이 마음으로 복종하여 따를 것임을 지적하였다.

공자는 '공로가 있으면서 겸손한 덕'에 대해, "수고로움이 있어도 자랑하지 않고 공적이 있어도 덕으로 여기지 않음은 두터움이 지극한 것이니, 공적이 있으면서도 남에게 몸을 낮추는 것을 말한다.〔勞而不伐, 有功而不德, 厚之至也, 語以其功下人者也.〕"(≪주역≫ 〈계사전繫辭傳 상上〉 8)고 설명하였다. 노고와 공적이 있어도 자랑하거나 자신이 해낸 것으로 삼지 않는 '겸손함'은 세상이 알아주지 않아도 원망하지 않는 것이요, 자신의 '중심'을 확고히 세운 인격이 행할 수 있는 '겸손함'이다. 이러한 '겸손함'이라야 모든 사람을 포용하고 조화를 이루어 '중용의 도리'를 행할 수 있는 자세를 갖추었다고 할 수 있다. 이처럼 '중용의 도리'를 실현하는 자세에서 '겸손함'은 위태로울 때를 만나더라도 자신을 지킬 수 있는 힘이니, 언제나 큰 효과를 거둘 뿐만 아니라 세상에 나서서 무슨 일을 하더라도 든든한 버팀목이 될 수 있다.

'공손함'이란 자신을 비우고 낮추어 남을 받아들이고 존중하는 '겸손한' 마음이 속에서부터 겉으로 드러나는 덕이다. 바로 남을 존중하는 '공손함'이 남을 사랑하고 공경하는 마음을 일으켜주고 있다. 이처럼 '공손함'은 자기를 내세우는 것이 아니라 언제나 남을 먼저 생각하고 배려하는 사랑의 마음을 간직하고 있으며, 남을 높여주고 공경하는 마음을 지니고 있음을 보여준다. 비록 겉으로 그 태도는 공손하지만 그 마음속에 남을 사랑하고 공경하는 '겸손한' 마음이 없다면 진실한 '공손함'이라 할 수 없다.

'공손함'은 예법禮法과 어울려야 한다

개와 고양이처럼 애완동물은 사랑하여 데리고 놀지만 공경하지는 않는다. 공경한다는 것은 오직 사람을 대하여 자신을 낮추는 겸손함과 아울러, 상대방을 존중하는 마음이다. 사람과 사람 사이에 지켜야 하는 예절은 자신을 낮추고 상대방을 존중하는 '공경함'이 있어야 하는데, 공경하는 마음이 깃들어 있지 않으면 예절에 따라 보내는 예물禮物도 상대방의 호감을 얻어 자신을 이롭게 하겠다는 뇌물賂物에 다름이 없다.

바로 이 '공손함'이 마음속에서 겉으로 드러나 행동의 절도로 정착된 것이 '예법禮法'이요 '예절禮節'이다. 그만큼 '예법'의 절도에는 마음의 '공손함'이 담겨야 하고, '공손함'의 마음은 '예법'의 형식과 절차로 드러내는 일이 중요시되고 있다. 그래서 공자는, "공손하면서 예법이 없으면 편안하지 못하다.〔恭而無禮, 則勞.〕"(≪논어≫ 8-2)고 하여, '공손함'과 '예법'이 결합되어야 함을 강조하였다.

공손한 마음을 표현하고자 해도 예법에 맞게 표현할 줄을 모르면 수고롭게 애만 태우게 될 뿐이요, 그 공손한 마음도 편안할 수가 없다는 말이다. 그 반대로 '예법'을 갖추어 질서 정연하게 차려 놓았지만 거기에 공손한 마음이 깃들어 있지 않다면 이 또한 절차와 형식에 매달려 번거롭기만 한 일이요, 그 정신이 빠진 공허한 예법의 형식일 뿐이니, 역시 피곤한 일이 되고 말 뿐이다.

안으로 공손한 마음과 밖으로 예법의 절도에 맞는 행동은 서로 상응해야 한다. 한쪽이 결핍되거나 균형을 잃으면 다른 한쪽도 올바르게 실현될 수가 없는 일이다. 공손한 마음을 표현한다 하더라도 예법에 맞지 않으면 자칫 아첨하는 모습이나 비굴하게 구는 태도로 비쳐질 수가 있다. 공손함이 '중용의 도리'를 실행하는 자세로서 중요하지만, '공손함'을 강조하다가 예법의 절도를 벗어나 지나치게 공손하기만 하면 이것도 예법에 맞는 것이 아니다.

밖으로 드러나는 안색이나 말과 행동에서 몹시 공손하게 굴지만 예법의 절도에 맞지 않게 지나치면 그 '공손함'의 의도까지 의심을 받을 수 있다. 문을 드나들거나 계단을 오르내릴 때, 상대방이 앞서도록 사양하는 것도 세 번을 넘지 않는 것이 예법의 절도인데, 지나치면 비굴하게 보일 수 있다는 말이다. 우리 주변의 일상생활에서도 너무 공손하게 행동하는 상대방을 편안하게 해주기 위해, "지나친 공손함은 예법이 아니다.〔過恭非禮.〕"라고 하는 말을 흔히 듣게 된다.

'공손함'이 이루는 공덕

공손한 몸가짐은 겸손한 마음에서 나온다. 겸손한 마음으로 몸가짐을 바르게 한다면 마음을 비워 남의 말에 귀를 기울일 것이니, 자기 의견만 내세우고 고집하는 일이 일어나지 않는다. 따라서 겸손한 마음은 윗사람의 뜻을 잘 살펴서 바른 '도리'를 찾아 공손하게 받들 수 있다. 또한 겸손한 마음은 탐욕貪慾과 이기심利己心을 비웠으니, 모든 사람에게 은혜롭게 베풀 수 있고 또 공평하고 정의롭게 일을 처리할 수 있다.

또한 맹자는 공손하고 검소한 덕을 실행하는 인격의 공덕을 말하여, "공손한 사람은 남을 업신여기지 않고, 검소한 사람은 남에게서 빼앗지 않는다.〔恭者不侮人, 儉者不奪人.〕"(≪맹자≫ 7-16:1)라고 하였다. 여기서 맹자는, 아랫사람의 순종을 강요하는 사람이라면 아랫사람을 업신여기기도 하고, 아랫사람에게서 빼앗기도 한다는 사실을 지적하였다. 순종을 요구하는 것이 아니라 남의 장점을 찾아내어 존중한다면 남을 업신여길 까닭이 없다. 따라서 남과 어울려 함께 일을 하려고 한다면 남이 가진 역량이나 기회를 빼앗으려 들지 않을 것은 당연하다.

'공손함'은 자신을 비우고 남을 받아들이는 겸허한 마음가짐이다. 남을 받아들인다는 것은 남의 장점을 취하는 차원이 아니라 남을 나와 함께 가야 할 동반자로 받아들이는 태도이다. 남에 대해 사랑하는 마음과 공경하는 마음을 지니고 서로 어울리며 화합하는 길을 가야 한다. 이렇게 남에 대해 사랑하고 공경하는 마음이 있다면 남의 허물도 덮어주고 너그럽게 받아들이는 포용력도 저절로 따라올 것은 분명하다.

18. 정성스럽고 경건하다

그 다음은 정성을 다하는 것이다. 정성을 다하면 진실할 수 있고, 진실하면 나타나고, 나타나면 뚜렷해지고, 뚜렷해지면 밝아지고, 밝아지면 사물을 움직일 수 있고, 사물이 움직이면 변화가 일어나고, 변화가 일어나면 감화를 이룰 수 있으니, 오직 천하의 지극히 진실한 사람이라야 감화를 이룰 수 있다.

其次致曲. 曲能有誠, 誠則形, 形則著, 著則明. 明則動, 動則變, 變則化, 唯天下至誠, 爲能化. ≪중용≫ 23:1

'천하의 지극히 진실함〔天下至誠〕'을 이룬 완성된 인격은 하늘과 짝이 되는 인간존재인 성인의 경지이다. 바로 지극히 진실한 성인의 단계 그 아래가 '정성을 다 기울이는 것〔致曲〕'이라 하였다. 곡진하여 간절하고 정성스럽게 하면 여기서부터 향상하여 최상의 경지인 '지극히 진실함〔至誠〕'의 단계까지 이를 수 있음을 말한다. '정성스러움'에서 나아가 '진실함'에 도달할 수 있으니, '정성스러움'은 '진실함'을 얻는 길이라 할 수 있다.

'천하의 지극히 진실함[天下至誠]'은 완성된 경지를 말한다. 이 '지극히 진실함'을 향해 나아가는 과정에서 '진실함'에 도달하기 직전의 단계를 '정성을 다함[致曲]'이라 언급하였다. 곧 '정성을 다함'으로써 '진실함[誠]'을 이룰 수 있음을 확인하고 있다.

이렇게 '정성을 다함'으로 '진실함'이 이루어졌을 때, 그 '진실함'이 드러나는 과정을 단계적으로 서술하였다. 곧 '정성을 다함'→'진실함'→'나타남[形]'→'뚜렷함[著]'→'밝아짐[明]'→'사물을 움직임[動]'→'변화를 일으킴[變]'→'감화를 이룸[化]'으로 나아가며 드러남을 말하고 있다. 여기서 '진실함' 이후로 먼저 제시한 '나타남'→'뚜렷함'→'밝아짐'까지의 세 단계는 '중용의 도리' 그 자체가 드러나는 양상이라 한다면, 뒤에 제시한 '사물을 움직임'→'변화를 일으킴'→'감화를 이룸'의 세 단계는 '중용의 도리가' 세상에서 실현되면서 작용하는 양상을 말하는 것이라 할 수 있다. 여기서도 '밝게 빛남'은 '중용의 도리'가 실현된 양상의 최종적 모습을 서술한 것으로 중요한 의미가 있다고 하겠다.

'정성스러움'은 '진실함'을 이루는 동력動力이다

이른바 '진실하게 하려고 하는 것[誠之者]'이란 바로 '정성스러움'에 해당하는 것이라 하겠다. '진실함'은 하늘의 도리요, 성인이 이룬 완성된 인격의 모습이다. 그것은 가야 할 길의 종착점에 해당한다. 그 종착점을 향해 열심히 가고 있는 사람의 향상하는 자세가 바로 '정성스러움'이요 '경건함'이라 할 수 있다.

'정성스러움'이 마음속에 간직되어 '진실함'으로 나아가면 반드시 밖으로 나타나고, 점점 뚜렷해지고, 더욱 밝아질 것이라 한다. '정성스러움'은 이렇게 '진실함'을 지향하면서 '진실함'을 점점 뚜렷하고 밝게 드러내게 한다. 그렇다면 뚜렷하게 드러나고 밝게 빛나는 것은 '진실함'이 드러내는 양상이지만, 이러한 양상은 모두 '정성스러움'이 기반을 이루고 있기에 가능한 것이라 할 수 있다.

나아가 '정성스러움'은 사물을 움직여서 변화시키고 온전한 질서로 창조創造 – 조화造化를 이룰 수 있게 하는 마음의 자세라 할 수 있다. 이렇게 만물이 변하게 하여 조화를 이룰 수 있게 되는 것은 '천하의 지극히 진실함〔天下至誠〕'이다. 그러나 지극히 '정성스러움'이 마침내 '지극히 진실함'에 도달할 수 있다는 사실을 돌아보아야 한다. 따라서 '정성스러움'이 없이는 '진실함'에 도달할 수도 없고, '정성스러움'이 없다면 '진실함'도 공허한 관념에 떨어질 위험이 있다고 할 수 있다.

그렇다면 '정성스러움'은 '진실함'을 이룰 수 있는 가장 강한 동력이 되는 것이라 하겠다. 정성스러움은 간절하고 열성을 다 기울이는 것으로 털끝만큼의 거짓도 용납하지 않는다. 바로 이 '정성스러움'이 '중용의 도리'를 실행하기 위해 반드시 갖추어야 할 마음의 자세이다. 열정과 정성을 다 기울이는 마음의 자세는 순수하고 거짓됨이 없으며, 아무런 탐욕도 속박도 없이 오직 하늘의 명령을 받들고 따를 뿐이다.

이런 점에서 지극히 '정성스러움'은 바로 그 속에 '경건함'을 간직하고 있다. '경건함'이 없는 '정성스러움'은 마음의 상태에 머물고 있는 면이 있다면 지극히 높은 존재의 위엄을 감지한 두려움으로서 '경건함'은 '정성스러움'을 더 높은 길로 나가도록 이끌어주고 단속해준다. 마찬가지로 '경건함'에도 '정성스러움'이 간직되어 있어야 깊어지고 나아가는 힘을 얻을 수 있다.

'정성스러움'은 '충직함〔忠〕'으로 드러난다

'충忠'이란 글자는 '중中'과 '심心'이 결합되어 있으니, 중심을 잡은 속마음의 모습으로 볼 수 있다. '충직함'은 정성스럽고 진실한 '자신의 속마음을 다 열어서 드러내는 것〔盡己 - 忠〕'을 말한다. 이렇게 정성스럽고 진실한 속마음을 드러내면 내 마음이 남의 마음에 닿아 서로 소통하고 감응함〔推己及人 - 恕〕으로 나가는 길이 열리게 된다. 이렇게 내 마음과 남의 마음이 감응하고 소통한다면 서로 공감하여 화합을 이룰 수 있으며, 이것이 바로 '중용의 도리'를 실현하는 길이기도 하다.

재여宰予(≪성현상찬≫)

또한 공자는 제자 재여宰予가 공부한다고 말해놓고서 낮잠을 잤던 사실을 크게 꾸짖으면서, "썩은 나무는 조각을 할 수 없고, 거름흙으로 쌓은 담장은 흙손질을 할 수 없다.〔朽木不可雕也, 糞土之牆不可杇也.〕"(≪논어≫ 5-10)고 하였던 일이 있다. 이 구절에 대해 더러는 낮잠 좀 잤다고 너무 심하게 질책하는 것이 아니냐 하고 의심을 하기도 한다. 그러나 말과 행동이 어긋나 정성스러움을 잃은 사람은 아무 일도 성취할 수 없음을 깨우쳐주기 위해 비유를 들어 깊이 경계 하였던 것이라 이해할 수 있다.

자포자기自暴自棄한 사람과는 함께 말을 할 수도 없고 일을 도모할 수도 없다고 하였으니, 자신을 지키고 실현하기 위해서는 정성스럽고 경건한 마음이 없다면 그 사람은 더 이상 성숙한 인격으로 나아갈 수 없고 무너지기 시작할 뿐이다. 그만큼 '정성스러움'과 '경건함'이 '중용의 도리'를 행하는 자세로서 더욱 소중함이 강조되고 있다.

실제로 사람은 누구나 자신을 소중하고 가치 있는 존재로 이루어내고 싶은 꿈을 지니고 있다. 그래서 그 꿈을 이루기 위해 아무리 괴롭고 어려운 처지에 놓이더라도 참고 견디며 노력해가서 마침내 성공을 거두기도 한다. 우리 역사 속에서도 이순신李舜臣처럼 지극히 어려운 일을 맡고서도 정성을 다 기울여 끝내 무너져가는 나라를 구출해냄으로써, 모든 사람들이 우러러 보고 다음 시대에 아름다운 이름을 남긴 경우를 볼 수 있다.

그러나 좋은 환경에 좋은 교육을 받고 또 높은 지위에까지 올랐던 사람도 때로는 탐욕에 빠지거나 오만하게 행동하다가 사람들의 지탄을 받기도 한다. 이런 간신배 · 탐관오리 · 매국노들은 하나의 공통점이 있으니, '정성스러움'이나 '충직함'이 없다는 사실이다. 이처럼 모든 일은 그 마음이 정성스럽고 충직함을 지켰는지 잃었는지에 따라 갈라지는 것일 뿐이다.

'정성스러움'은 '경건함〔敬〕'으로 드러난다

공자는 '귀신鬼神'의 덕과 '제사祭祀'의 정성스러움을 강조하여, "귀신의 덕이란 성대하구나! 보려고 해도 보이지 않고 들으려 해도 들리지 않으나, 만물에 충만하여 빠뜨리는 법이 없도다. 온 천하 사람들이 정결하게 재계齋戒하며, 성대하게 옷을 차려입고서 제사를 받들게 하는데, 가득 차서 위에 계시는 듯하기도 하고, 좌우에 계시는 듯하기도 하도다.〔鬼神之爲德, 其盛矣乎. 視之而弗見, 聽之而弗聞, 體物而不可遺. 使天下之人, 齊明盛服, 以承祭祀, 洋洋乎如在其上, 如在其左右.〕"(≪중용≫ 16:1~3)라고 하였다.

이처럼 '귀신鬼神(신神)'이란 '보려고 해도 보이지 않고 들으려 해도 들리지 않으니', 인간의 감각으로 경험할 수 있는 영역을 벗어난 초월적超越的 존재이다. 또한 '만물에 충만하여 빠뜨리는 법이 없으니' 모든 존재 속에 깃들어 있는 내재적內在的 존재이며, 동시에 '위에 있는 듯하기도 하고 좌우에 있는 듯하기도 하니' 어디에나 계시지 않는 곳이 없는 보편적普遍的 존재이기도 하다. 이러한 '귀신'은 광명정대한 존재이니, 밤중에 으슥한 곳에서 머리를 풀고 나타나는 통속적으로 말하는 '귀신'과는 전혀 다르다고 하겠다.

'귀신'은 일반적으로 천지의 신명(천신天神 · 지기地祇)과 조상의 신령(인귀人鬼)을 함께 일컫는 말이라 보고 있다. 그러나 정약용丁若鏞은 여기서 말한 '제사'를 '상제上帝'에게 드리는 '교郊제사'라 하고, 이 '귀신'은 '상제'를 가리키는 것이라 해석하는 새로운 견해를 제시하였다.(≪중용자잠中庸自箴≫) 그렇다면 여기서 말한 '귀신'이란 '상제'를 포함하여 제사 드려지는 모든 신명을 가리키는 것이라 좀 더 넓게 해석해도 될 수 있을 것 같다.

이러한 '귀신' 앞에서 천하의 모든 사람들이 목욕재계하고서 제복祭服을 차려입고, 제물을 성대하게 차려놓은 제단 앞에서 경건하게 제사를 드린다는 사실이다. ≪중용≫(16:4)에서는 이어서 "신神이 내려오심은 헤아릴 수 없는데, 하물며 싫어할 수 있으랴.〔神之格思, 不可度思, 矧可射思.〕"(≪시경≫ 〈대아大雅 억抑〉)라는 ≪시경≫의 구절을 인용하였는데, '신神(귀신鬼神)' 존재의 드러나고 감추어짐이 사람이 헤아릴 수 없는 신비로움을 말하는 것이라면 '싫어할 수 있으랴'라는 말은 인간이 신에게 간절하고 정성스러운 마음으로 경건하게 제사를 드리는 일이 '상제'를 비롯하여 천지와 인간의 모든 '신'과 통하는 방법임을 보여준다.

정성스럽고 경건함이 '신'과 통하는데, 어찌 인간과 통하지 않을 이치가 있겠는가. '중용의 도리'를 실행하는 자세로서 정성스럽고 경건함은 자신의 속마음이 진실함을 드러내어 모든 인간과 천지·만물에 소통하여 화합을 이루는 길을 열 수 있다. ≪중용≫(25:2)에서는 "진실하지 않으면 만물이 존재하지 않는다.〔不誠, 無物.〕"라고 말했다. 진실함은 곧 정성스럽고 경건함의 바탕이니, 정성스럽고 경건하지 않으면 세상의 모든 인간과 사물이 제 모습으로 드러날 수 없다는 말이다. 따라서 정성스럽고 경건할 수 있을 때에 비로소 세상의 모든 인간과 사물이 제 모습으로 드러날 수 있음을 보여주기도 한다.

제3부

중용(中庸)의 길을 가려면

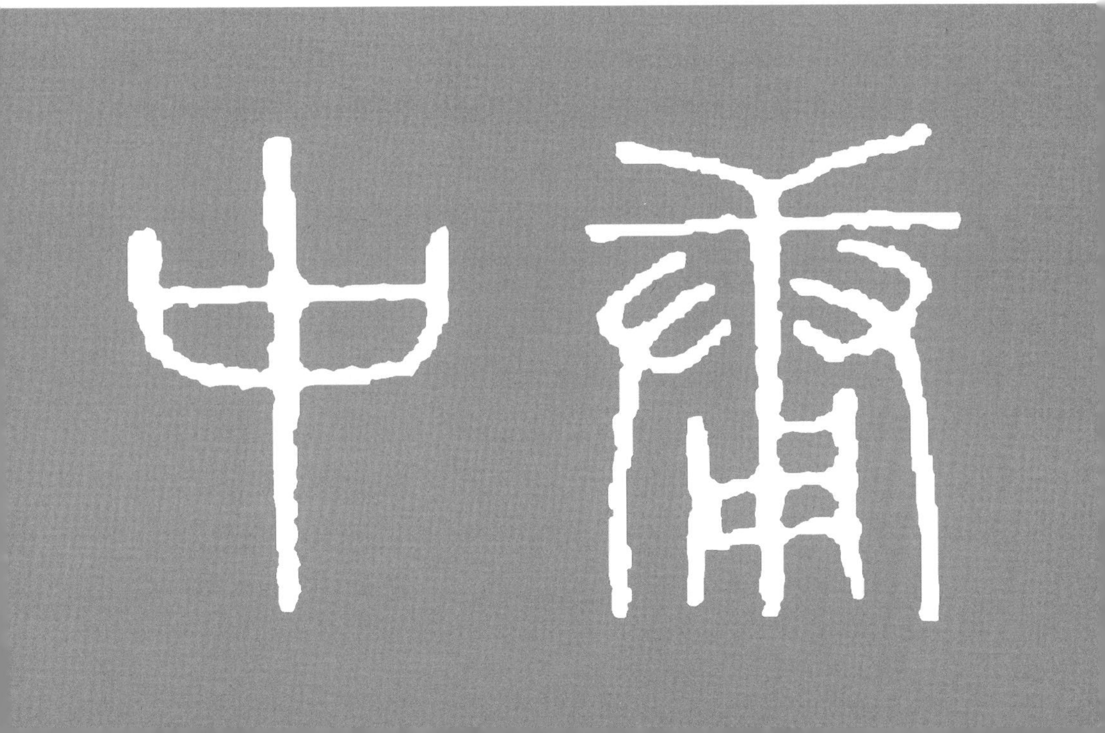

19. 지혜로운 판단

지혜와 어진 덕과 용기의 세 가지는 천하에 두루 통하는 덕인데, 이를 행하게 하는 것은 한가지이다.

知仁勇三者, 天下之達德也, 所以行之者, 一也. ≪중용≫ 20:8

공자께서 말씀하셨다.
"배우기를 좋아하는 것은 지혜로움에 가깝고, 힘써 행하는 것은 어진 덕에 가깝고, 부끄러워할 줄 아는 것은 용기에 가깝다."

子曰 "好學, 近乎知, 力行, 近乎仁, 知恥, 近乎勇."

≪중용≫ 20:10

≪중용≫(20:8)에서는 먼저 이른바 오륜五倫(군신君臣・부자父子・부부夫婦・장유長幼・붕우朋友)의 인간관계에 상응하는 것으로 '임금과 신하〔君臣〕', '부모와 자식〔父子〕', '남편과 아내〔夫婦〕', '형과 아우〔昆弟〕', '벗들과 사귐〔朋友之交〕'의 다섯 가지 인간관계의 기본구조를 세상 어디에서나 통용되는 '천하에 두루 통하는 도리〔天下之達道〕'라 지적

하고, 이어서 '천하에 두루 통하는 도리' 다섯 가지를 실행하는 방법으로 '지혜〔知〕', '어진 덕〔仁〕', '용기〔勇〕'의 세 가지를 들어 '천하에 두루 통하는 덕〔天下之達德〕'이라 하였다.

나아가 '지혜'를 열어주는 길은 '배우기를 좋아함〔好學〕'에서 찾아야 하고, '어진 덕'을 기르는 길은 '힘써 행함〔力行〕'에서 찾아야 하고, '용기'를 발휘하는 길은 '부끄러워할 줄 아는 것〔恥〕'에서 찾아야 한다는 사실을 일깨워주고 있다. 곧 '도리'를 실행하는 데는 배워서 지식을 쌓은 기초 위에서 얻는 '지혜'가 도리로 나아갈 방향을 잡아주는 방향타가 된다면 어려움을 견디며 노력하여 얻는 '어진 덕'이 도리를 실현하는 동력이 되는 것이라 하겠다.

이와 더불어 '지혜'와 '어진 덕'으로 '도리'를 실현해나가는 과정에서 잘못이 있으면 부끄러운 줄 알고 과감하게 고치는 '용기'가 안전장치가 된다는 말이다. 어떤 일을 하는 과정에서나 길을 찾아 힘써 나아가야 하지만, 만약 잘못이 있으면 바로 고쳐야 하지 핑계나 변명을 일삼아서는 안 되고 고집을 부려서도 안 된다는 점을 지적하고 있다. 따라서 이 세 가지 '두루 통하는 덕〔達德〕'은 '중용의 도리'를 실행하는 데에서 반드시 필요한 과제가 아닐 수 없다.

제3부에서 '중용의 길을 가는' 실천의 문제를 이해하기 위해 (1) 그 '조건'을 점검하고, (2) 그 '방법'을 검토하며, (3) 그 '실행'을 영역에 따라 살펴보는 세 가지 주제를 제시하고 있다.

먼저 첫 번째 주제인 (1) 도리를 실행하는 '조건'에는, 세 가지 과제를 나누어 살펴본다면, ① 첫째 과제는 '지혜로운 판단〔智慧〕'이요, ② 둘째 과제는 '독실한 실행〔篤行〕'이며, ③ 셋째 과제는 '소통疏通과 균형均衡'을 들어볼 수 있다.

여기서는 먼저 '중용'의 실행을 위한 '조건'으로서 ①'지혜로운 판단'의 과제를 해명하고자 한다. 지혜로운 인식과 판단이 없으면 실행의 방향을 찾을 수 없으니, 아무리 노력한다 하더라도 '중용의 길'을 올바로 열어갈 수가 없음을 말한다.

'지혜'는 '앎'을 기초로 삼고 있다

폭넓고 정확한 앎을 축적함으로써 인간의 머리와 가슴에서 피워내는 향기로운 꽃이 '지혜'라 할 수 있다. 그 '앎〔知〕'은 또한 '실행〔行〕'과 이웃하여 마주보고 있다. 먼저 ≪중용≫(20:9)에서 말하는 '앎'의 양상을 보면, "나면서부터 그것을 알기도 하고, 배워서 알기도 하고, 어려움을 겪고서 알기도 하지만, 그 아는 데 이르면 다 한가지이다.〔或生而知之, 或學而知之, 或困而知之, 及其知之, 一也.〕"라고 하였다.

'앎'을 이루어가는 과정에서 타고난 총명함으로 배우지 않고도 스스로 깨닫는 경우가 있다. '영대靈臺가 밝다.'고 말하는 경우가 바로 '타고나면서 아는' 경우라 할 수 있다. "하나를 들으면 열을 안다.〔聞一知十.〕"고 하는 말에서도 그 들어서 알게 된 하나를 제외한 나머지 아홉의 지식은 스스로 깨달은 것이 된다. '타고나면서 아는' 능력은 많고 적은 차이는 있더라도 누구에게나 얼마간은 가지고 있다고 하겠다.

그러나 어느 누구도 모든 일에 타고나면서 알 수는 없다. 공자도 "나는 타고나면서 아는 사람이 아니다. 옛것을 좋아하여 민첩하게 얻고자 하는 사람이다.〔我非生而知之者, 好古敏以求之者也.〕"(≪논어≫ 7-20)라고 하여, 자신이 무슨 일에나 '타고나면서 아는 사람'이 아님을 분명하게 밝혔던 일이 있다. 보통 사람이라면 학교에서 가르침을 받고 알거나 독서를 통해 알기도 하여 '배워서 아는' 경우가 대부분이니, 배워서 아는 부분이 가장 넓은 것이 아닐까 짐작이 된다.

그렇다고 배우기만 하면 어떤 지식이나 다 알 수 있는 것도 아니다. 배워서 지식을 얻어도 그 진정한 뜻을 모르고 관념으로만 알고 있다면 배우고 나서도 제대로 알지 못하는 셈이다. 상당히 많은 경우에 사람들은 '어려움을 겪고서 알게' 된다. 어려움을 겪었을 때, 비로소 예전에 배워서 알던 지식에 대해서도 더 깊고 진정한 의미를 깨닫게 된다.

이렇게 앎을 세 등급으로 나누어놓은 것은 사람의 지적知的 능력의 차이를 등급화하기 위해서가 아니라 누구에게나 앎에 이르는 길은 이렇게 세 가지가 있음을 제시한 것이라 해야 하겠다. 그래서 올바른 앎에 이르는 길은 세 가지가 있더라도 올바른 앎에 도달했다면 그 앎의 내용은 같으니, "아는 데 이르면 다 한가지이다."라고 강조했던 것이다.

'앎'이 추구하는 하나의 도달점은 '도리'요, 그 '도리'는 다양한 형태로 드러나지만 최종의 통합적 '도리'는 바로 '중용의 도리'이다. 그렇다면 '중용의 도리'를 실행하는 출발점에서 가장 시급한 문제는 이 '도리'의 실상을 알아야 하는 일이다. 그러나 '앎'은 활시위에 화살을 거는 단계로서 '도리'를 향한 첫 출발점이다. '앎'은 연관된 많은 지식을 아는 것이지만, 이렇게 '앎'으로 얻은 지식은 명석하게 분석되고 균형 있게 종합되는 '판단'을 거치면서 활시위에 건 화살이 과녁을 향해 정확하게 조준되게 하는 '지혜'로 성숙된다.

'앎'은 '도리'로 나가는 출발점이다. 그래서 공자는 "안다는 것은 좋아하는 것만 못하고, 좋아한다는 것은 즐거워하는 것만 못하다.〔知之者不如好之者, 好之者不如樂之者.〕"(≪논어≫ 6-20)라고 하였다. '도리'를 '앎'의 대상으로 인식하는 것보다 '도리'를 마음으로 '좋아함'이 한층 더 깊은 경지요, 그 위에 또 한층 더 올라가면 '도리'와 일체를 이루어 '즐거워함'의 경지가 있음을 제시하고 있다. 그만큼 '앎'은 '도리'를 실행하기 위한 자세로서 출발점이 되고 있다는 사실을 강조하여 보여주고 있다.

'도리'를 알아내는 올바른 앎의 방법

공자는 자신이 아는 것이 없다고 겸손하게 말하면서도, "어떤 고루한 사람이 나에게 물어왔을 때, 텅 빈 듯 아는 것이 없지만 나는 그 질문의 양쪽 단서를 촉발시켜 남김없이 다 드러내노라.〔有鄙夫問於我, 空空如也, 我叩其兩端而竭焉.〕"(≪논어≫ 9-8)라고 하였다. 그것은 모든 사실을 미리 알고 있는 '앎'이 아니라 '도리'를 알아내는 '앎'의 방법을 보여주고 있다.

공자의 '앎'을 찾아가는 방법은 소크라테스가 사용하던 방법으로 질문을 통해 올바른 지식을 이끌어내는 '산파술産婆術'처럼 아무리 어리석은 사람의 질문이라도 그 질문 속에 내포되어 있는 문제의 양극단을 끌어내어 검토함으로써, 그 의미를 남김없이 드러내는 것이 자신이 '앎'을 이루어가는 방법임을 밝히고 있다. 이것은 바로 순舜의 큰 지혜로움으로, "양쪽 극단을 붙들어 그 중도中道를 백성에게 쓰셨다.〔執其兩端, 用其中於民.〕"(≪중용≫ 6:1)고 언급한 방법에 상응하니, 역시 '중용의 도리'를 찾아가는 방법임을 밝혀주고 있다.

올바른 판단이 '지혜'를 바로잡아 주지만 동시에 '지혜'는 판단을 통해 그 역량이 드러난다. 그렇다면 '판단'과 '지혜'는 함께 가고 있는 것이라 할 수 있다. '오륜五倫'의 형식으로 제시된 인간관계의 '도리'를 실천하는 데서나, '중용의 도리'를 실천하는 데서나, '도리'를 올바르고 깊이 앎으로써, '도리'에 따라 판단하는 '지혜'가 가장 먼저 요구된다. 그러나 '지혜'로 '도리'를 제대로 밝혀내었다 하더라도 그 '도리'가 현실에서 그대로 실현되는 것은 아니다.

'지혜〔知〕'는 '어진 덕〔仁〕'과 '용기〔勇〕'를 동반해야 한다

마치 삼지창의 세 갈래 창날이 함께 나가듯이 '지혜〔知〕'는 '어진 덕〔仁〕'과 '용기〔勇〕'를 동반함으로써 온전하게 역할을 할 수 있다. 곧 '지혜'가 과녁을 판단하면 '어진 덕'이 힘을 발휘하고, 과녁에 제대로 맞지 않았을 때는 '용기'가 잘못된 판단이나 타성적惰性的인 버릇을 과감하게 수정하여 바르게 이끌어주는 역할을 하는 관계와 같다. 이처럼 '지혜'의 올바른 판단과 '어진 덕'의 힘써 시행함과 '용기'의 잘못에 대해 과감히 뉘우치고 절제하는 과정이 함께 가고 있음을 확인하여준다.

또한 공자는 '지혜'와 '어진 덕'과 '용기'의 기능을 대비시켜, "지혜로운 자는 미혹되지 않고, 어진 자는 근심하지 않고, 용감한 자는 두려워하지 않는다.〔知者不惑, 仁者不憂, 勇者不懼.〕"(≪논어≫ 9-29)고 언급하기도 하였다. 미혹되지 않으니 바른길을 찾을 수 있고, 근심하지 않으니 믿음을 지니고 힘써 실행에 옮길 수 있으며, 두려워하지 않으니 과감하게 고칠 수 있음을 말해주는 것이기도 하다.

이와 더불어 공자는 '지혜'가 '도리'에 이르는 출발점이지만, 더 갖추어나가야 할 조건들을 열거하면서, "'지혜'가 지위에 미치더라도 '어진 덕'이 이를 지킬 수 없으면 비록 이를 얻더라도 반드시 잃고 말 것이다. '지혜'가 지위에 미치고 '어진 덕'이 이를 지킬 수 있더라도, '엄숙함'으로 임하지 않으면 백성들은 공경하지 않을 것이다. '지혜'가 지위에 미치고 '어진 덕'이 이를 지키며 '엄숙함'으로 임하더라도, '예법禮法'으로 백성을 격동시키지 않으면 아직 좋다고 할 수는 없다.〔知及之, 仁不能守之, 雖得之, 必失之. 知及之, 仁能守之, 不莊以涖之, 則民不敬. 知及之, 仁能守之, 莊以涖之, 動之不以禮, 未善也.〕"(≪논어≫ 15-33)고 하였다.

이처럼 '도리'로 백성을 다스리려면, 먼저 '지혜'를 갖추고서도 '어진 덕'과 '엄숙함'과 '예법'이 층층이 갖추어지지 않으면 그 '지혜'가 제대로 실현될 수 없음을 지적하고 있다. 사실 '도리'는 알기도 어렵고, 깊이 알기란 더욱 어려운 일이다. 그런데도 공자는 '도리'의 실행을 위해서 '지혜'와 함께 갖추어야 할 조건들을 확인함으로써 '지혜'가 온전하게 실현될 수 있는 길에 대해 세밀한 관심을 보여주고 있다.

20. 독실한 실행

배우지 않을지언정 배운다면 능숙하게 되지 않고는 그만두지 않고, 묻지 않을지언정 묻는다면 알지 않고는 그만두지 않으며, 생각하지 않을지언정 생각하게 되면 터득하지 않고는 그만두지 않고, 판별하지 않을지언정 판별한다면 분명하게 되지 않고는 그만두지 않으며, 행하지 않을지언정 행한다면 독실해지지 않고는 그만두지 않아야 한다. 남이 한 번에 할 수 있으면 자기는 백 번을 하고, 남이 열 번에 할 수 있으면 자기는 천 번을 해야 한다.

有弗學, 學之, 弗能, 弗措也, 有弗問, 問之, 弗知, 弗措也, 有弗思, 思之, 弗得, 弗措也, 有弗辨, 辨之, 弗明, 弗措也, 有弗行, 行之, 弗篤, 弗措也. 人一能之, 己百之, 人十能之, 己千之.

≪중용≫ 20:20

과연 이 도리를 할 수 있으면 비록 어리석더라도 반드시 총명해질 것이요, 비록 유약하더라도 반드시 굳세어질 것이다.

果能此道矣, 雖愚必明, 雖柔必强. ≪중용≫ 20:21

이에 앞서 《중용》(20:19)에서는 '도리'를 실현하는 과정에서 요구되는 '학문'의 방법으로 '널리 배움〔博學〕', '자세히 물음〔審問〕', '신중하게 생각함〔愼思〕', '분명하게 판별함〔明辨〕'의 네 가지 과제를 제시하고, 마지막에서는 '실천'의 방법으로 '독실하게 행함〔篤行〕'의 한 가지 과제를 더 제시하였다. 그러나 '학문'의 방법이든 '실천'의 방법이든 실지로 힘써 행하지 않으면 공허한 말로 남을 뿐이요, 아무 의미도 없는 것임은 당연하다. 그래서 합쳐서 이 다섯 가지 방법의 하나하나에 대해 그 추구함이 다 이루어질 때까지 최선을 다해 실행하기를 요구하고 있다.

이와 더불어 '배움〔學〕'·'물음〔問〕'·'생각함〔思〕'·'판별함〔辨〕'·'실행함〔行〕'의 다섯 가지 조목의 실행에 빠짐없이 그 최선을 다해 노력을 기울인다면, 이에 따른 효과로 어리석은 사람도 총명해지고 유약한 사람도 굳세어질 것임을 강조했다. 그것은 근면하게 실행하면 사람이 타고난 기질의 어리석음이나 유약함도 바꾸어놓을 수 있음을 보여줌으로써 기질이 열등함을 탓하고 주저앉으려는 사람을 격동시켜 일으켜주고 있음을 보여준다.

'앎〔知〕'과 '실행〔行〕'의 상호관계

근면함이 없다면 모든 지식은 관념 속에 머물고 한 발짝도 앞으로 나갈 수 없을 것이 분명하다. 더구나 기질이 어리석은 사람은 몽매함에 젖어 '도리'가 무엇인지 끝내 알 수 없을 것이요, 기질이 유약한 사람은 게으름에 빠져서 아무것도 이룰 수 없음을 확인해주고 있다. 그러나 전심전력全心全力으로 이 다섯 가지 조목을 실행한다면, 기질이 열등하거나 우월하거나 단지 앞서고 뒤서는 차이만 있을 뿐이지 모두가 '도리'를 향해 앞으로 나아가고, 마침내는 하나의 목표인 '중용의 도리'를 성취하는 데 도달할 수 있게 됨을 제시하고 있다.

'중용의 도리'를 실현함에서 '앎〔知〕'이 올바른 방향을 찾아가는 일이라면 '실행〔行〕'은 앞으로 나아가는 추진력이 된다. '앎'이 없으면 방향을 모르고, '실행'이 없으면 나갈 수가 없다. 마치 자전거의 앞바퀴는 핸들의 조정으로 방향을 잡아주고, 뒷바퀴는 페달을 통해 추진력을 제공해주니, 앞바퀴와 뒷바퀴는 서로 요구되는 필수적 조건을 이루는 것과 같다. 그렇다면 지혜로운 판단도 근면한 실행과 맞물려 있어서 어느 한쪽도 빼놓을 수 없는 관계를 이루는 것임을 알아야 할 필요가 있다.

실제로 일상생활의 인관관계에서 '오륜五倫'의 규범을 알고 행하는 기본적 문제이거나 '중용의 도리'를 알고 행하는 근본적 문제이거나, 어디에서도 '앎'과 '실행'을 서로 분리시켜놓을 수 없는 것이 사실이다. 그 '앎'은 바른길을 찾아내는 판단력으로 작용하고, 그 '실행'은 목적지에 도달하게 나아가는 추진력으로 작용한다고 하겠다. 따라서 올바른 '앎'이 없이는 그 '실행'이 방향을 잃어 엉뚱한 곳으로 갈 위험에 놓이게 되고, 충실한 '실행'이 없이는 그 '앎'은 한 걸음도 앞으로 나갈 수 없게 되고 만다.

원효元曉는 "비록 재주와 학식이 있다 하더라도 계율을 지키고 수행修行함이 없는 자는 마치 보배로 인도하더라도 일어나서 가지 않는 것과 같고, 비록 부지런히 수행함이 있더라도 지혜가 없는 자는 동쪽으로 가고자 하면서 서쪽으로 간다.〔雖有才學, 無戒行者, 如寶所導而不起行, 雖有勤行, 無智慧者, 欲往東方而向西行.〕”(≪발심수행장發心修行章≫)고 하였다. ‘앎’만 있고 ‘실행’이 없으면 향상하여 나아감이 없는 폐단에 빠지는 사실과 ‘실행’만 있고 ‘앎’이 없으면 전혀 잘못된 방향으로 나아가게 되는 폐단을 선명하게 대비시켜 보여주었다.

또 하나의 사실은 ‘앎’이 언제나 ‘실행’에 앞서 있는 것이 아니라 때로는 ‘실행’이 ‘앎’에 앞서기도 한다는 점이다. 공자는 “자제들은 집에 들어 와서는 효도하고, 밖에 나가서는 공경하며, 행동은 근실하게 하고, 말은 믿음 있게 하며, 널리 대중을 사랑하면서도 어진 사람과 친해야 한다. 이렇게 실행하고서 남는 힘이 있으면 글을 배워야 한다.〔弟子, 入則孝, 出則悌, 謹而信, 汎愛衆, 而親仁. 行有餘力, 則以學文.〕”(≪논어≫ 1-6)고 하였다.

이 구절에서는 학문에 힘써 배움으로써 ‘앎’을 이루고, 그 다음에 그 ‘앎’을 힘써 ‘실행’하여야 하는 순서가 아니라 그 순서를 뒤집어서 ‘앎’에 앞서서 ‘실행’을 하는 경우를 들기도 한다. 곧 먼저 집에서는 부모님께 ‘효도하고’, 밖에 나가서는 어른들을 ‘공경하며’, 거동은 ‘근실하게 하고’, 말은 ‘믿음 있게 하며’, 대중을 ‘널리 사랑하고’, 많은 사람들 가운데서도 ‘어진 사람과 친해야 한다’는 여섯 가지 ‘실행’의 조목을 들고 있다.

이 정도의 ‘실행’을 한다면 이미 보통수준을 훨씬 넘어 상당한 수준의 인격을 갖추었다고 할 수 있다. 그런데 이렇게 ‘실행’하고도 힘이 남거든 그 다음에 글을 배워 ‘앎’을 이루라고 하였으니, ‘앎’에 앞서 가는 '실행'을 적극적으로 인정하며 중시하고 있음을 알 수 있다. '앎' 이전에 '실행'하는 일이란 사람의 성품과 감정에서 자연스럽게 받아들여지는 '도리'를 '실행'하는 것이라 할 수 있다.

'실행〔行〕'에는 '앎〔知〕'이 포함된다

'앎'에 앞서서 '실행'을 하는 데에도 '앎'이 그 '실행' 속에 이미 포함되어 있다는 점이 지적되기도 한다. 공자의 제자 자하子夏는 "아름다운 여인을 좋아하는 마음을 옮겨다가 현명한 사람을 존중할 수 있고 힘을 다해 부모를 섬길 수 있으며, 몸을 바쳐 임금을 섬길 수 있고 벗들과 사귀면서 말에 믿음이 있다면, 비록 글을 배우지 않았다고 말하더라도 나는 반드시 배웠다고 하겠다.〔賢賢易色, 事父母, 能竭其力, 事君, 能致其身, 與朋友交, 言而有信, 雖曰未學, 吾必謂之學矣.〕"(≪논어≫ 1-7)고 언급하였다.

아름다운 여인을 좋아하는 마음이야 모든 남자가 본능적으로 가지고 있는 감정이다. 이 감정을 없애야 한다거나 바꿔놓아야 한다는 말이 아니다. 아름다운 여인을 좋아하는 그 마음을 현명한 사람에게다 옮겨놓아 현명한 사람을 그렇게 설레는 마음으로 존중하기를 요구하고 있음을 말한다. 참으로 쉽지 않은 일이다.

부모를 섬기고, 임금을 섬기고, 벗들과 사귐에서도 이렇게 몸과 마음을 다 바쳐 진심으로 실행한다는 것은 아주 높은 실행의 경지라 해야 할 일이다. 이렇게 실행하는 사람에 대해, "교육을 받지 않아서 아는 것이 없다."고 누가 말한다면 인정하지 않고, 그 사람은

"배웠다."고 말하겠다는 입장을 밝히고 있다. '앎' 다음에 '실행'이 오는 것도 아니요, '실행' 다음에 '앎'을 구해야 한다는 것도 아니라 올바른 '실행'에는 '앎'이 '그 속에 이미 들어 있다〔在其中〕'는 것을 보여준다.

'도리'를 실행하는 방법으로서 독실함

'도리'를 '실행'함에는 독실하여 나태함이 없어야 한다. 공자는 "독실하게 믿어 배우기를 좋아하고, 죽음으로 지켜 도리를 닦아야 한다.〔篤信好學, 守死善道.〕"(≪논어≫ 8-13)라고 하였다. 이렇게 배우기를 좋아하고 도리를 닦아가는 것은 '도리'를 배우고 이를 지켜가는 기본태도이다.

여기서는 '도리'를 실행하기 위한 방법으로 '도리'를 독실하게 믿을 것, '도리'를 배우기 좋아할 것, '도리'를 죽음으로 지킬 것, '도리'를 잘 닦을 것의 네 가지 조목을 제시하고 있다. '독실한 믿음'→'배우기 좋아함'→'죽음으로 지킴'→'잘 닦음'의 순서는 '도리'를 처음에 받아들이는 시작의 단계에서 마지막에 '도리'를 온전하게 이루어내는 완성의 단계까지 나가는 과정을 보여주는 것이기도 하다. 그렇다면 '독실한 믿음〔篤信〕'은 '도리'를 실행하는 바탕이요 기초로서 중요한 의미를 지니는 것임을 확인할 수 있다.

공자의 제자 자장子張도 '독실한 믿음'의 중요성을 강조하여, "덕을 붙잡음이 크지 못하고 도리를 믿음이 독실하지 못하다면, 어찌 덕이나 도리가 있다고 하거나 없다고 할 것인가?〔執德不弘, 信道不篤,

焉能爲有, 焉能爲亡.〕"(≪논어≫ 19-2)라고 하였다. 곧 '도리'에 대한 믿음이 독실하지 않으면 '도리'가 있느니 없느니 따질 것도 없다는 사실을 지적하고 있다. 그만큼 '도리'의 실행에서 핵심적인 조건으로 '도리'에 대한 '독실한 믿음'을 요구하고 있음을 보여준다.

자장子張(≪성현상찬≫)

공자는 자기가 맡은 임무를 '실행'함에서 누구나 갖추어야 할 조건을 해명하면서 말이 '충성스럽고 미더움〔忠信〕'과 행동이 '독실하고 엄숙함〔篤敬〕'이 갖추어져야 할 것을 강조하였다. 여기서 공자는 수레를 몰고 가는 사람에 비유하여, 수레에서 일어서면 수레 앞에 매어 있는 멍에가 보이고, 수레에 앉으면 가름대에 매달려 있는 끌채가 보여야 수레가 제대로 움직여 갈 수 있는 것처럼, 일을 실행하려는 사람은 일어서서나 앉아서나 '충성스럽고 미더움〔忠信〕'과 '독실하고 엄숙함〔篤敬〕'을 지켜야만 어디에서나 자신의 명령이 시행될 수 있고, 자신의 행하는 일이 이루어질 수 있음을 강조하였다.

'도리'를 실행하는 데, 그 말이 '충성스럽고 미더워야' 하고 그 행동이 '독실하고 엄숙해야' 하는데, 여기서 공자는 말만 독실하게 하는 것으로 그 인격을 확인할 수는 없음을 경계하여, "언론言論이 독실하다고 인정된다 하여, 과연 군자다운 사람이겠는가? 낯빛만 장중莊重한 사람이겠는가?〔論篤是與, 君子者乎, 色莊者乎.〕"(≪논어≫ 11-19)라고 하였다. 행동의 '독실함'이 따르지 않고, 말만 독실한 경우에는 얼굴의 안색만 장중한 사람처럼 실상이 없음을 지적하고 있음을 보여준다. 이처럼 '도리'의 실행에서는 반드시 실행의 근면함과 더불어 행동의 '독실함'이 따라야 하는 것임을 강조하였다.

21. 소통疏通과 균형均衡

≪시경≫에서는, "저곳에 있어도 미워하는 사람이 없고, 이곳에 있어도 싫어하는 사람이 없도다. 밤낮으로 노력하여, 명예名譽를 길이 마치리라."고 하였다. 군자가 이와 같이 하지 않고서 일찍이 천하에 명예를 누리는 일은 없었다.

詩曰 "在彼無惡, 在此無射. 庶幾夙夜, 以永終譽." 君子, 未有不如此而蚤有譽於天下者. ≪중용≫ 29:6

≪시경≫ 〈주송周頌 진로振鷺〉에서는 군자의 인격을 찬미하여 아무도 미워하는 사람이 없고 싫어하는 사람이 없다고 하였는데, 이것은 사람과 사람 사이에 서로 마음이 통하여 한마음을 이룰 수 있기 때문이다. 이렇게 모든 사람과 소통할 수 있는 인격은 '중용의 도리'로 사람을 화합시켜주는 인격이다.

이러한 인격은 모든 사람으로부터 사랑과 존경을 받으니, 명예롭지 않을 이치가 없다. 천하에 명예를 누린다는 것은 보람된 일이지만, 의도한 것이 아니요 단지 얻어진 결과일 뿐이다. 중요한 것은 사람과 사람 사이에 서로 소통하여 한마음을 이루는 데 있다고 하겠다.

> "군자는 덕성德性을 높이면서 묻고 배우는 길을 따라가며, 넓고 큰 것을 파악하면서 정밀하고 미세한 것을 남김없이 탐구하며, 높고 밝은 것을 극진하게 밝히면서 중용을 따르며, 옛것을 익히면서 새로운 것을 알아내며, 독실하고 너그럽게 함으로써 예법을 높인다.〔君子, 尊德性而道問學, 致廣大而盡精微, 極高明而道中庸, 溫故而知新, 敦厚以崇禮.〕"(≪중용≫ 27:6)

군자의 인격은 '도리'를 실행함에서 결코 어느 한쪽으로 치우치지 않고 언제나 반대쪽을 고려하여 균형을 유지하는 것이 바로 '중용의 도리'를 실행하는 모습이다. ①'덕성을 높임〔尊德性〕'과 '묻고 배우는 길을 따름〔道問學〕', ②'넓고 큰 것을 파악함〔致廣大〕'과 '정밀하고 미세한 것을 탐구함〔盡精微〕', ③'높고 밝은 것을 밝힘〔極高明〕'과 '중용을 따름〔道中庸〕', ④'옛것을 익힘〔溫故〕'과 '새로운 것을 알아냄〔知新〕', ⑤'독실하고 너그럽게 함〔敦厚〕'과 '예법을 높임〔崇禮〕'이라는 두 가지 대비되는 항목을 묶은 다섯 짝은 어느 하나 '중용의 도리'를 닦고 실천하는 데 소중하지 않은 것이 없다.

그러나 둘 가운데 어느 한쪽에만 기울어지면 '중용의 도리'는 균형을 잃고 말아 그 전체의 온전한 실현에 큰 손상을 끼치게 될 수 있다. 마치 새는 양쪽 날개로 날아가는데 한쪽 날개에 상처를 입으면 제대로 날아갈 수가 없고, 사람은 두 다리로 걸어가는데 한쪽 다리에 문제가 생기면 제대로 걸어갈 수가 없는 것과 같다.

예를 들어 '도리'의 높고 밝음이라는 최상의 차원을 극진하게 밝히는 것이 '도리'를 밝히는 데 고귀한 일이라 하더라도 비근卑近한 현실에서 질서와 조화를 이루어주는 '중용'을 따르지 않는다면, 그 높고 밝은 '도리'는 비현실적인 데 빠질 위험이 있다. 마찬가지로 현실에서 질서와 조화를 잘 이루어주는 '중용의 도리'가 실현되더라도 그 최상의 수준인 '도리'의 높고 밝은 경지를 밝히지 못한다면, 이 '중용의 도리'도 여전히 저속함을 벗어나지 못하게 되는 위험에 놓일 수 있다는 말이다.

'도리'의 '균형'과 인간관계의 '소통'

'소통'은 인간관계에서 '중용의 도리'가 실현되는 양상이다. 인간사회 속에서 '중용의 도리'를 실현하기 위해서는 인간과 인간 사이에 소통이 이루어져야 함은 필수적 조건이 되고 있다. 이에 비해 '균형'은 '중용의 도리'가 지닌 근본성격이면서 소통을 유지하고 보장해주는 조건이기도 하다.

'중용의 도리'가 드러나기 위해서는 언제나 여러 상이相異한 문제들과 상반相反된 견해들 사이에 균형을 이룰 수 있어야 한다. 그만큼 '균형'은 '중용의 도리'가 요구하는 필수적 조건이라 할 수 있다. 그래서 인간사회에서는 '소통'이 되지 못하면 '중용의 도리'가 실현될 수 없고, 어떤 상황에서나 '균형'이 이루어지지 않으면 '소통'도 될 수 없을 뿐만 아니라 '중용의 도리' 자체가 성립되지도 못하는 것임을 주목해야 한다.

'소통'으로 사람과 사람의 결합을 이룬다는 일은 '중용의 도리'를 실행하는 데 중요한 조건이 되지만 결코 쉬운 일이 아니다. 그러나 이렇게 '소통'으로 결합된 인간관계도 잘 유지한다는 것은 더욱 어려운 일이 아닐 수 없다. 서로 다른 생각과 감정을 가진 사람들 사이에 소통이 되고 결합이 이루어졌다면 이 결합을 잘 유지하기 위해서는 '균형'을 잡아주는 것이 가장 중요한 조건이라 할 수 있다. 인간관계의 현실에서 균형이 깨어지면 어떤 소통이나 결합에도 분열이 생기고, 심하면 대립하여 갈등을 일으키기 마련이다.

실제로 한 사람의 인격에서는 안으로 자신을 지키는 지조와 밖으로 세상을 경영하는 방법이 서로 상응하고 있다. 속으로 심지心地가 허약하면 균형을 잃기 쉬워서 겉으로 아무리 거센 척하더라도 쉽게 주저앉기 마련이다. 그러니 안으로 '중심'을 확고하게 세우고 그 균형을 잘 유지해야 밖으로 남을 감싸주는 도량을 발휘할 수 있으며, '중용의 도리'를 실행할 수 있다는 말이다.

'소통'을 이루는 방법

공자는 "시를 배우지 않으면 말을 할 수가 없다.〔不學詩, 無以言.〕"(≪논어≫ 16-13)고 언급하였다. '말을 할 수가 없다'는 것은 사람 사이에 의사소통이 깊은 수준에서 제대로 안 된다는 말이다. 그렇다면 '시詩'는 인간과 인간 사이에서 의사를 깊이 있게 소통할 수 있도록 하는 중요한 매개체임을 지적한 말이다.

사람과 사람이 의사를 소통하는 데는 서로 상대방의 마음을 깊이 이해하며 공감을 일으킬 수 있는 말이라야 서로 마음속까지 깊이 소통할 수 있게 된다. '시'는 바로 이렇게 인간의 감성 깊은 곳에서 서로 공감할 수 있게 해주는 역할을 하는 것임을 보여주고 있다.

공자가 "말이 충성스럽고 미더우며 행동이 독실하고 엄숙하면 비록 오랑캐의 나라에서도 실행될 수 있지만, 말이 충성스럽지도 미덥지도 못하며 행동이 독실하지도 엄숙하지도 않으면 비록 고을 안에서도 실행될 수 있겠는가?〔言忠信, 行篤敬, 雖蠻貊之邦, 行矣, 言不忠信, 行不篤敬, 雖州里, 行乎哉.〕"(≪논어≫ 15-6)라고 언급한 것도, '충성스럽고 미더운〔忠信〕' 말과 '독실하고 엄숙한〔篤敬〕' 행동은 어디서나 사람의 마음에 공감을 불러일으켜서 소통할 수 있게 해준다는 사실을 강조한 말이기도 하다.

말과 행동이 진실하면 세상 어디에서 누구를 만나도 상대방의 마음에 믿음이 생기게 하여 마음을 열게 할 수 있다는 사실을 강조하였다. 그러나 그 반대로 말이 미덥지 못하고 행동이 공경하지 못하면 이웃집 사람과도 마음을 열고 소통할 수 없음을 경계하고 있다. 따라서 '중용의 도리'를 실행하는 데는 무엇보다 먼저 인간관계에서 서로 믿음을 갖고 마음을 열게 함으로써 소통할 수 있게 하는 것이 중요하다. 그만큼 미더운 말과 독실한 행동은 '중용의 도리'를 실행하는 데 필수적인 조건이 되고 있다.

또한 공자는 '어진 덕'으로 천하에 통할 수 있게 하기 위해서 꼭 실행해야 할 덕목으로 '공손함〔恭〕'·'너그러움〔寬〕'·'믿음〔信〕'·'민첩함〔敏〕'·'은혜로움〔惠〕'의 다섯 가지를 제시하였다. 나아가 이 다섯 가지 덕목의 실행 효과를 들면서, "공손하면 모욕당하지 않고,

너그러우면 많은 사람들의 마음을 얻고, 믿음이 있으면 남들이 일을 맡기고, 민첩하면 공로가 있게 되고, 은혜로우면 사람을 부리기에 넉넉하게 된다.〔恭則不侮, 寬則得衆, 信則人任焉, 敏則有功, 惠則足以使人.〕"(≪논어≫ 17-5)고 하였다. 사람과 사람이 서로 마음을 열고 서로를 믿을 수 있을 때에 봇물이 터지듯이 소통은 저절로 이루어질 수 있으니, '어진 덕'을 이루는 이 다섯 가지 덕목도 사람 사이에 소통을 이루는 조목이라 할 수 있을 것이다.

'균형'의 역할

우리가 사는 세상에는 다양한 사람들이 함께 살고 있는데, 사람마다 제각기 생각이 다르고 욕심이 다르다. 큰 역량이 없으면 모두를 함께 포용하여 균형을 잡기가 참으로 어려운 일이다. 더구나 제 생각을 내세워 고집을 부리거나 제 욕심을 채우려고 억지를 쓰는 광경은 우리 주변에도 흘러넘치게 많다. 그러다 보니 입만 열면 서로 비난하는 소리가 시끄럽고, 잘못이 드러나도 뻔뻔하게 변명만 하고 있는 모습은 우리 가슴을 한없이 답답하게 한다.

그렇다면 이런 대중을 모두 포용하여 소통시키고 균형을 유지하여 화합을 계속시켜 나갈 수 있다면, 그 사람이 바로 천하를 짊어질 수 있는 진정한 지도자일 것이요 '중용의 도리'를 실행하는 인격이라 할 수 있다. 이런 어려운 일은 제각기 제 소리밖에 못 내는 악기樂器를 들고 다니는 악사樂士들을 한자리에 모아서 아름다운 음률音律의 조화를 이루고 균형을 잘 잡아가는 탁월한 지휘자와 같다고 하겠다.

모든 악기를 조화시키려면 모든 악사들이 공감하는 가장 아름다운 음률을 찾아내어 제시해야 한다. 마찬가지로 제각기 생각과 욕심이 다른 대중들을 하나로 결합시켜 조화를 이루게 하려면, 모든 사람이 공감하는 공통의 이상理想을 제시하고 어느 쪽에도 기울어지지 않는 공평함으로 균형을 잡아서 모두가 믿고 따라올 수 있는 신뢰를 확보해야 한다. 이때 지휘자나 지도자가 한순간이라도 사사로운 생각이나 욕심을 일으키면 그 순간에 균형은 무너지고 조화도 산산이 깨어지고 말게 된다.

김홍도金弘道, 춤추는 아이(출처 : 국립중앙박물관)

휩쓸린다는 것은 우리 자신의 마음속에 항상 출렁거리고 파도치는 감정의 사사로움에 빠지는 상태이다. 개인적인 기호나 친분이나 이해관계에서 완전히 벗어나 가을하늘처럼 투명한 정신으로 중심을 세울 수 있는 인격이라야 '중심'의 균형점을 찾았다고 할 수 있다. '중용의 도리'를 실행하여 '중심'을 세우고 '조화'를 이루며 '균형'을 유지할 수 있다면, 작게는 자신을 조화로운 인격으로 세울 수 있고, 나아가 자기 집안을 화목한 가정으로 이끌거나 자기 직장과 자기 이웃, 자기 나라를 조화롭게 이끌어가는 일로 넓혀나갈 수 있게 된다.

'중용의 도리'를 실행하는 양상이 '조화로움'이라면 '조화로움'을 가능하게 하는 기반에는 언제나 '균형'이 자리 잡고 있다. 그렇다면 '균형'이 없이는 '조화로움'이 성립할 수가 없고 유지될 수도 없다. 또한 그 반대로 '조화로움'이 '균형'으로 드러나기도 한다. '조화로움'이 없다면 '균형'이 자리 잡을 곳이 없다는 사실을 확인할 수 있다. '중용의 도리'를 실행하기 위해서는 '조화로움'을 확보하고 동시에 '균형'을 유지해야 하는데, '균형'을 유지하려면 무엇보다 '중심'을 확고하게 세워서 온갖 유혹과 압력과 욕심에 휩쓸려 떠내려가지 않게 해야 한다. 또한 '균형'으로 그 '중심'을 잡아서 어떤 충격에도 적응하여 '중심'이 제자리를 잃지 않게 해야 한다는 조건이 요구된다. 특히 '균형'은 끊임없이 변화하고 있는 현실에 적응해야 하니, 항상 '중심'을 지켜주는 복원력復原力으로 작용하지 않으면 안 된다.

22. 학문學問에 힘써야 한다

널리 배우고, 자세히 묻고, 신중하게 생각하고, 분명하게 판별하고, 독실하게 행해야 한다.

博學之, 審問之, 愼思之, 明辨之, 篤行之. ≪중용≫ 20:19

'널리 배움〔博學〕', '자세히 물음〔審問〕', '신중하게 생각함〔愼思〕', '분명하게 판별함〔明辨〕', '독실하게 실행함〔篤行〕'의 다섯 가지 조목 가운데, 마지막의 '독실하게 실행함'은 실행의 문제이지만 첫 번째부터 네 번째까지 '널리 배움'·'자세히 물음'·'신중하게 생각함'·'분명하게 판별함'은 모두 학문하는 방법이요, 학문을 통해 '앎'을 얻고 심화시켜가는 단계적 절차라 할 수 있다. 배운다는 것은 '도리'를 배우는 것이니, '도리'를 올바르고 확실하게 알지 않으면 '실행'도 나아갈 방향을 찾지 못하게 되고 만다.

제3부 '중용의 길을 가는' 실천의 두 번째 주제인 (2) '중용의 도리'를 실천하는 '방법'에서는 ① 첫째 과제로 '학문에 힘써야 함〔勉學〕'과 ② 둘째 과제로 '쉬운 데서 출발함〔簡易〕'과 ③ 셋째 과제로 '쉼

없이 지속함〔持續〕'의 세 가지 과제를 들어볼 수 있다.

여기서는 먼저 그 첫째 과제인 ①'학문에 힘써야 함〔勉學〕'을 해명하고자 한다. 학문을 통해 바른 지식과 도리를 배워서 익히지 않으면 '중용의 도리'를 실천하는 기반을 닦을 수가 없으니, '학문'은 '중용의 도리'를 찾아가는 방법의 출발점으로 중요한 의미를 지니고 있다.

학문의 방법

자하子夏는 학문을 시작하는 과제로서 '널리 배움〔博學〕'에 대해, "널리 배우되 뜻을 독실하게 하며, 절실하게 묻되 비근한 현실에서 생각하면 어진 덕은 그 속에 들어 있다.〔博學而篤志, 切問而近思, 仁在其中矣.〕"(≪논어≫ 19-6)고 언급하여, 스승 공자와 매우 비슷한 말을 하고 있다. 다만 자하는 '배움〔學〕'과 '물음〔問〕'을 학문의 길에서 심화시켜가는 과정의 단계로 본 것이 아니라 학문을 하는 데 요구되는 두 가지 과제로 제시하면서 과제마다 각각에 보완되어야 할 조건을 달아놓고 있다.

곧 '널리 배움〔博學〕'에는 '뜻을 독실하게 함〔篤志〕'을 갖추어야 할 조건으로 들고, '절실하게 물음〔切問〕'에는 '비근한 현실에서 생각함〔近思〕'을 갖추어야 할 조건으로 들었다. 학문을 하는 데는 지식의 폭을 넓혀야 하니 '널리 배움'이 매우 중요하지만, 때로는 지식의 양적 확대에 빠져 통제력을 잃는다면 문제가 아닐 수 없다. 마찬가지로 '절실하게 물음'도 너무 깊이 천착하다가 관념 속에 빠지는 것을 보완하기 위해 '비근한 현실에서 생각함'을 요구하고 있음을 보여준다.

그래서 '배움'은 학문의 방법으로 필요하고 중요하지만 그것 자체로 충분한 것은 아니다. 이 점에서 공자는 '배움〔學〕'과 '생각함〔思〕'이 상호보완관계를 이루고 있다는 점을 강조하여, "배우기만 하고 생각하지 않으면 속임을 당하게 되고, 생각하기만 하고 배우지 않으면 위태롭다.〔學而不思則罔, 思而不學則殆.〕"(≪논어≫ 2-15)고 하였다. 곧 '학문'의 과정에는 '배움〔學〕'·'물음〔問〕'·'생각함〔思〕'·'판별함〔辨〕'이 모두 필요하지만, '배움'에만 머물고 '생각함'이 없으면 미숙하여 지식의 논리에 속임을 당하기 쉬움을 경계하고 있다.

이처럼 학문의 방법에는 어느 한쪽으로 너무 빠져들어 전체적 균형과 바른 방향을 잃지 않도록 경계하지 않으면 안 된다. 그래서 공자도, "군자는 글을 널리 배우고 예법으로 자신을 단속하면 또한 도리에 어긋나지 않을 것이다.〔君子博學於文, 約之以禮, 亦可以弗畔矣夫.〕"(≪논어≫ 6-27)라고 언급했던 일이 있다. 글을 '널리 배움'이 지식을 쌓는 데 빠지지 않도록 하기 위해 '예법으로 단속할 것'을 보완조건으로 제시하였다.

넓게 섭렵한 지식을 실지의 생활 속에서 단속하여 활용할 수 있다면 학문은 균형을 잃지 않으면서 '넓음〔博〕'과 '단속〔約〕'이 상승효과를 거둘 수 있게 된다. 이렇게 학문의 방법이 균형을 이룬다면 자하가 말한 것처럼 '어진 덕'은 "그 속에 들어 있다.〔在其中.〕"고 말할 수 있을 것이요, 공자가 말한 것처럼 "도리에 어긋나지 않을 것이다.〔弗畔矣.〕"라고 말하는 것이 적절하다.

또한 ≪논어≫의 첫머리에서 공자는, "배우고 때에 맞게 익히면 기쁘지 아니하랴.〔學而時習之, 不亦說乎.〕"라고 하였다. 배워서 새로운 지식을 얻는 것도 기쁜 일이지만, 그 배운 것을 때에 맞게 익혀서 응용할 수 있으면 그야말로 가슴 깊은 곳에서 기쁨이 솟아나지 않겠는가. 이처럼 '배움'은 그것으로 끝나는 것이 아니라 배움이 지식에 빠져 현실과 분리되지 않도록 균형을 잡아주어야 하고, 나아가 그 지식을 현실에서 때와 장소에 맞게 활용할 수 있도록 살아 있는 지식으로 끌어올리는 일도 '배움'의 과정에서 소홀히 할 수 없는 중요한 과제이다.

학문하는 자세

공자는 학문하는 자세에 대해서도 관심을 기울여 '묵묵하게 마음속으로 알아냄〔默而識之〕'과 '배우기를 싫어하지 않음〔學而不厭〕'과 '남을 가르치기를 게을리하지 않음〔誨人不倦〕'의 세 가지 사항을 학문하는 자세로 중시하고 있음을 보여주었다.(≪논어≫ 7-2) 그것은 안으로는 항상 묵묵하게 사색하여 깨달음을 얻고, 밖으로는 남에게서 배우기를 싫어하지 않으며, 남을 가르치기를 게을리하지 않는 것을 '학문'하는 기본과제로 제시한 말이다. 여기서 '배움〔學〕'과 '가르침〔教〕'은 학문을 향상시키는 데 서로 돕는 일〔教學相長〕이니, 배운 것을 독점하지 않고 후진을 가르쳐 함께 배움의 길로 이끌어가는 일을 '배움'의 바른 도리로 보고 있다.

스승이 이끌어주는 가르침과 제자가 배우려는 의지가 만남으로써 깨우침을 얻게 되는 계기를 열게 되는 사실에 대해, 원오圜悟 극근克勤의 ≪벽암록碧巖錄≫에는 달걀이 부화하려 할 때 병아리가 안에서 껍질을 쪼면 밖에서 어미닭이 껍질을 쪼아 깨뜨려주는 '줄탁동시啐啄同時'의 일로 비유하기도 하였다. 이런 의미에서 '배움'과 '가르침'은 서로 만나서 완성될 수 있는 것임을 잘 보여준다.

또한 공자는 '학문'의 자세란 위로 향상하는 것임을 강조하여, "군자는 향상하여 위로 도달하고, 소인은 퇴보하여 아래로 도달한다.〔君子上達, 小人下達.〕"(≪논어≫ 14-23)고 하였다. '학문'은 위로 더 높은 수준을 향해 향상하는 '상달上達'임을 강조하는 말이다. '위로' 향상하는 것만 요구되는 것이 아니다. 새로운 지식을 향해 앞으로 나아가는 '진보進步'가 없고, 시대에 적합하게 하는 '시의時宜'가 없어서 시대에 뒤떨어진 낡은 지식에 얽매여 있다면 역시 뒤로 물러서는 소인의 학문이라 해야 할 수밖에 없다.

이와 더불어 공자는 '위로 도달함〔上達〕'의 학문자세에 대해 '아래에서 배워 위로 통달한다.〔下學而上達.〕'(≪논어≫ 14-35)고 언급하여, 현실의 구체적인 문제에서 배워 근원의 보편적 진리를 인식하는 데까지 향상한다고 해석하였다. 이렇게 끝없이 향상을 추구하는 학문의 자세에서 잠시도 잊어서는 안 되는 근본과제는 오직 자신의 '중심'을 확립하여 잠시도 놓치지 말아야 한다는 것이 핵심원리임을 보여주고 있다.

그렇다면 '학문'은 자신을 돌아보며 자신의 '중심'을 세우고, 이 '중심'을 확고하게 지키는 일이 근본적 과제이다. 그래서 공자는 "옛날에 배우는 자는 자기를 실현하려 하고, 오늘에 배우는 자는 남에게 보이려고 한다.〔古之學者爲己, 今之學者爲人.〕"(≪논어≫ 14-24)라고 하였다. 남에게 자신의 지식을 자랑하고 과시하려 드는 통속의 학문태도를 깊이 경계하고 있음을 보여준다.

이 점에서 맹자도 같은 맥락으로 학문의 핵심이 자신의 '마음'을 확립하는 것임을 강조하고 있다. "어진 덕은 사람의 마음이요, 의로움은 사람의 길이다. 그 길을 버리고서 따라가지 않으며, 그 마음을 잃어버리고서도 찾을 줄을 모르니, 슬프다! 사람이 닭이나 개를 잃어버리면 찾을 줄을 알지만 마음을 잃어버리면 찾을 줄을 모른다. 학문의 도리는 다른 것이 없다. 그 잃어버린 마음을 찾는 것일 뿐이다.〔仁, 人心也, 義, 人路也. 舍其路而弗由, 放其心而不知求, 哀哉. 人有雞犬放, 則知求之, 有放心而不知求. 學問之道無他, 求其放心而已矣.〕"(≪맹자≫ 11-11:1)라고 하였다.

'어진 덕〔仁〕'은 안으로 사람이 간직해야 하는 마음이요, '의로움〔義〕'은 밖으로 사람이 가야 하는 길이다. 따라서 '학문'은 그 마음을 찾고 그 길을 따라가는 것임을 깨우쳐주고 있다. 그런데 '학문'을 한다고 하면서 흩어져 달아나는 마음을 찾아서 다잡지 않고 지식만 추구하고 있다면, 그것은 '학문'의 근본을 망각한 것이 아닐 수 없다. 자신의 '중심'으로 '마음'을 붙들어 세워야 하는데, 이 '마음'은 잠시만 소홀히 하여도 달아나버려 어디에 있는지조차 알기가 어려워진다. 그래서 맹자는 '학문'의 도리를 바로 우리 자신이 '잃어버리고 있는 그 마음을 찾는 것', 곧 '구방심求放心'이라 강조하고 있다.

'학문'을 하는 자세는 우선 '학문'을 좋아하는 '호학好學'의 태도를 요구한다. 따라서 음식을 배불리 먹거나 편안한 잠자리를 찾는 데 관심을 두는 것이 아니라 관심이 온통 '학문'에만 쏠려 있음을 말한다. 무슨 일에나 정성을 다하고 말 한마디도 삼간다면 그 인격에 학문이 배어들었음을 보여준다. 이렇게 학문에 대한 열정과 학문으로 닦은 인격이 갖추어지고서도 다시 도리를 아는 사람을 찾아가서 자신의 말과 행실을 바로잡아간다면 '배우기를 좋아한다〔好學〕'고 할 수 있겠다.

공자는 자신의 사람됨을 스스로 서술하면서, "그 사람됨이 분발하여 먹는 것도 잊었고, 즐거워하여 근심도 잊었으며, 늙음이 닥쳐오는 줄도 모른다.〔其爲人也, 發憤忘食, 樂以忘憂, 不知老之將至云爾.〕"(≪논어≫ 7-19)라고 언급했던 일이 있다. '분발하여 먹는 것도 잊었다'는 것은 학문을 좋아하다가 자신의 몸을 잊어버렸다는 말이요, '즐거워하여 근심도 잊었다'는 것은 학문을 즐거워하여 자신의 마음도 다 비워버렸다는 말이다. 또한 '늙음이 닥쳐오는 줄도 모른다'는 것은 학문에 도취되어 이미 생사生死도 달관하였다는 말이다. 공자는 스스로 '배우기를 좋아한다〔好學〕'고 자부하였지만, 이것은 '좋아함'의 수준을 훨씬 넘고 '즐거워함'의 수준도 지나서 '달관함'의 경지에 이른 것으로 볼 수 있다.

학문을 좋아하지 않는 데 따른 폐단

공자는 어떤 덕목을 실행함에서나 '학문'이 빠뜨릴 수 없이 중요함을 강조하여, '학문'의 효과를 말하면서 '여섯 가지 말과 여섯 가지 폐단〔六言六蔽〕'을 제시하였다.

> "'어진 덕'을 좋아하면서 배우기를 좋아하지 않으면 그 폐단은 어리석음이요, '지혜로움'을 좋아하면서 배우기를 좋아하지 않으면 그 폐단은 방자함이요, '믿기'를 좋아하면서 배우기를 좋아하지 않으면 그 폐단은 잔인함이요, '정직하기'를 좋아하면서 배우기를 좋아하지 않으면 그 폐단은 각박함이요, '용감함'을 좋아하면서 배우기를 좋아하지 않으면 그 폐단은 난폭함이요, '강경함'을 좋아하면서 배우기를 좋아하지 않으면 그 폐단은 조급함이다.〔好仁不好學, 其蔽也愚, 好知不好學, 其蔽也蕩, 好信不好學, 其蔽也賊, 好直不好學, 其蔽也絞, 好勇不好學, 其蔽也亂, 好剛不好學, 其蔽也狂.〕"(≪논어≫ 17-7)

'어진 덕〔仁〕'·'지혜로움〔知〕'·'믿음〔信〕'·'정직함〔直〕'·'용감함〔勇〕'·'강경함〔剛〕'이 모두 '중용의 도리'를 시행하는 데 중요한 덕목이지만, 그 어느 것도 '배움'을 좋아함으로 보완되지 않으면 폐단을 낳게 됨을 지적하여 경계하고 있다. '배움'은 '중용의 도리'를 실행하는 방법의 하나로서 그 기초가 된다. 따라서 '어진 덕〔仁〕'을 포함하여 어떤 덕목에서나 '배움'은 그 덕을 완성시켜주는 데 기초로서 중요한 역할을 하는 것임을 제시하였다.

23. 가까운 데서 출발한다

군자의 도리는, 비유하자면 먼 곳을 가려면 반드시 가까운 곳에서부터 시작하는 것과 같고, 비유하자면 높은 곳에 오르려면 반드시 낮은 곳에서부터 시작하는 것과 같다.

君子之道, 辟如行遠必自邇, 辟如登高必自卑. ≪중용≫ 15:1

'중용의 도리'를 온전하게 실현하는 데까지 도달하기란 매우 어렵고도 먼 길이요, 지극히 높은 경지이다. 그러나 '중용의 도리'를 실행하는 방법은 처음부터 '중용의 도리'가 알기도 어렵고 도달하기에는 너무 높은 경지라 이해해서는 안 된다는 점을 말하고 있다.

아무리 먼 길을 가는 사람도 반드시 가장 가까운 자기 집 대문 앞에서 걷기 시작해야 하는 법이요, 아무리 높은 산을 오르는 사람도 반드시 자기가 서 있는 가장 낮은 평지에서 첫발을 내디디기 시작해야 하는 법이다. 마찬가지로 '중용의 도리'를 실행하는 방법에서도 가장 주의를 해야 할 대목은 조급한 마음으로 순서나 계단을 뛰어넘으려 들지 말아야 한다는 점을 강조하고 있다.

그래서 언제나 가깝고 낮은 현실의 구체적 문제에서 차근차근 단계를 밟아나가기 시작한다면 아무리 높고 어려운 '중용의 도리'라도 마침내 도달할 수 있다고 격려하는 말이다.

'도리'는 사람에게서 멀리 떨어져 있지 않다

사람은 어디로 가려고 해도 길을 따라가야 한다. 길을 버리고 가려고 하면 목적한 곳에 제대로 갈 수가 없다. 여기서 사람이 따라가야 하는 길이란 바로 '중용의 도리'를 말한다. 이처럼 '중용의 도리'는 사람이 가야 하는 바른길이요, 바로 나 자신이 마땅히 가야 하는 길이다. 그런데 사람들은 일상적으로 마땅히 가야 하는 이 '길'을 너무 심오하여 알기도 어렵고, 너무 높아 가기도 어려운 길로만 여긴다. 그래서 자신의 능력으로는 도달할 수 없다고 여겨 쉽게 포기하고 마는 경우가 허다한 것이 사실이다.

≪중용≫(13:1)에서는, "'도리'는 사람에게서 멀리 떨어져 있지 않다.〔道不遠人.〕"고 하였는데, 그 말은 '중용의 도리'란 자기 안에서 찾아야 하는 '도리'요, 사람과 사람이 만나는 현실의 세상에 있는 '도리'임을 뜻한다. 그렇다면 '중용의 도리'는 더 이상 사람을 벗어나서 존재하는 어떤 신비하고 오묘한 '도리'나 초월적인 세계에 관한 '이치'가 아니라는 사실을 분명하게 밝히고 있다.

그렇지만 '중용의 도리'가 사람을 떠나 있지 않다고 하여 이 '도리'가 알기도 쉽고 행하기도 쉽다는 말은 결코 아니다. 다만 '중용의 도리'는 그 지극한 경지로 말한다면 지극히 미묘하여 알기가 어렵고, 지극히 높아서 가기도 어려운 것이 사실이다. 그렇다 하더라도 '중용의 도리'를 실행하는 방법으로 말하면 그 출발점은 언제나 바로 자신의 앞에 놓여 있는 가장 가깝고 쉬운 것에서 시작해야 한다는 것을 강조하고 있다.

'중용의 도리'를 따라 살아가는 모습

≪중용≫(14:4)에서는 군자가 '중용의 도리'를 따라 살아가는 모습을 보여주면서, "군자는 평탄한 데 살면서 천명天命을 기다리지만, 소인은 위태로운 일을 행하면서 요행을 바란다.〔君子, 居易以俟命, 小人, 行險以徼幸.〕"고 언급하였다. 이처럼 군자는 '중용의 도리'를 따름으로써 현실의 처지에 적응하여 쉽고 평탄한 길을 따라 살아가지만 그의 마음에는 언제나 '천명天命'을 각성하고 있기 때문에, 그 가는 길은 처음부터 끝까지 한순간도 '천명'을 벗어나지 않는다고 하였다.

이와는 달리 소인은 '중용의 도리'를 망각하였기에 공적을 빨리 이루려는 욕심과 조바심 때문에 위태로운 일을 저지르고 있으면서도 요행히 위기를 벗어나 성공하기를 바라고 있음을 대비시켜 보여주고 있다. 실제로 보통 사람들은 '도리'에서 벗어나는 줄을 알면서도 바라는 일의 성과를 거두기 위해 이른바 '편법'을 쓰기도 한다. 그러면서도 요행으로 작은 성과라도 거두면 기뻐하고 실패하면 실망하는 것은 흔히 볼 수 있는 일이다.

이처럼 '중용의 도리'는 가깝고 쉬운 일에서 출발하여 순서를 지키며 한걸음씩 '천명'을 따라 나아가는 향상의 길이라야 한다. 그런데 이 순서를 뛰어넘어 무리한 일을 저지르면서 요행이나 기적을 바란다면 이것은 '천명'에 어긋나는 짓이요, 추락하는 길이 아닐 수 없다. 순서를 따라 쉬운 데서 어려운 데로, 낮은 데서 높은 데로 나아가는 길이 이른바 '정도正道'이니, '중용의 도리'를 실천하는 것은 이 '정도'를 따라가야 하는 법이다.

'덕德'에 들어가기 위해 알아야 할 이치

≪중용≫(33:1)에서는 '덕'에 들어가기 위해서 꼭 알아야 할 이치를 세 가지 조목으로 제시해주고 있다. 곧 "먼 것은 가까운 데서부터 시작된다는 것을 알고, 바람은 불어오는 곳이 있음을 알며, 은미한 것은 뚜렷하게 드러난다는 것을 안다면, 함께 덕에 들어갈 수 있을 것이다.〔知遠之近, 知風之自, 知微之顯, 可與入德矣.〕"라고 하였다.

'먼 것은 가까운 데서부터 시작된다.〔遠之近.〕'라는 말은, 멀리 저쪽에서 드러나는 것은 가까이 이쪽에서 말미암는다는 말이다. '중용의 도리'가 아무리 멀어도 지금 내가 서 있는 이 자리에서 시작해야 하고, '천명'이 아무리 높아도 지금 내가 앉아 있는 내 자신 속에서 발견해야 한다는 말이기도 하다. 원래 '하늘〔天〕'은 초월자超越者이지만 그 내려준 천명이 내 안에 '성품〔性〕'으로 부여되어 있으니, 내재자內在者이기도 한 존재이다.

'바람은 불어오는 곳이 있다.〔風之自.〕'는 말은, 바깥으로 드러나는 것은 안에 뿌리를 두고 있다는 말이다. 지금 나에게 불어오고 있는 바람도 어디에선가 시작되는 곳이 있다. 그래서 "해마다 봄바람은 남에서 오네."라 노래하고 있지 않은가. 그런데 이 세상에서 불고 있는 바람, 이른바 '풍속風俗'이나 '풍화風化'는 어디서 오는지 알 수 없는 것이 아니다. 근원이 멀리 있는 것이 아니라 바로 인간 자신이 일으키는 바람이요, 내가 일으키는 바람이기도 하다.

'은미한 것은 뚜렷하게 드러난다.〔微之顯.〕'는 말은, 속에 들어 있어서 잘 보이지 않지마는 마치 주머니 속에 숨겨둔 송곳처럼 바깥으로 뚜렷하게 모습이 드러나기 마련이라는 말이다. 내 마음속에 숨겨두고 있는 선량한 마음이나 간악한 마음은 나도 모르게 얼굴에 드러나고 목소리에 들어나고 행동에 드러나니, 누구나 알 수 있게 되고 만다. '중용의 도리'를 실행하기 시작하는 것은 아무도 모르는 내 마음속의 움직임이겠지만 그 축적된 결과는 세상이 다 아는 뚜렷한 '도리'로 드러나는 것이라는 말이다.

이 세 가지는 모두 가까운 곳에서 먼 곳으로, 안에서 밖으로, 미미한 것에서 뚜렷한 것으로 향상해가는 방향을 보여주고 있다. '중용의 도리'를 실행한다는 것은 언제나 바깥에 멀리 있고 뚜렷한 것만 찾을 것이 아니라 바로 나 자신의 마음속에 뿌리를 두고 있는 작고 보잘것없는 일이지만, 끝내는 밖으로 뚜렷하게 펼쳐나가고 만다는 사실을 강조하고 있다.

곧 '중용의 도리'를 실행하는 출발은 일상생활 속의 미미한 것처럼 보이는 일에서 시작하지만, 끝내는 온 세상이 바라보는 뚜렷한 존재로 드러난다는 사실이다. 그만큼 자신의 마음에서부터 싹이 터져나와 자신의 주변에 있는 쉽고 가깝고 미미한 일들을 통해 실현해나가는 것이 바로 '중용의 도리'를 실행하는 방법임을 밝혀주고 있다.

큰 것은 작은 것에서 시작되고, 작은 것이 모여서 이루어진다

≪중용≫(26:8)에서는 '하늘과 땅의 도리〔天地之道〕'를 "넓고, 두텁고, 높고, 밝고, 멀고, 항구하다.〔博也, 厚也, 高也, 明也, 悠也, 久也.〕"고 하여, 여섯 가지 성격으로 제시하였다. 이렇게 아득히 넓고, 높고, 유구한 '도리'도 처음부터 있었던 것이 아니라 아주 작은 사물에서 시작된 것이요, 작은 것들이 모여서 마침내 한량없이 큰 것으로 이루어졌다는 말이다. 이처럼 '중용의 도리'는 그 도달점이 아무리 멀고 높다고 해도 그 출발은 가깝고 쉬운 데서 시작해야 하는 것임을 확인해주고 있다.

그래서 하늘의 무궁함과 땅의 넓고 두터움도 작은 데서 시작하는 것임을 지적하고 있다. 곧 "이제 저 하늘은 밝은 빛들이 많이 모인 것이지만, 하늘의 무궁함에 이르러서는 해와 달과 별들이 하늘에 매달려 있고, 만물이 하늘에 덮여 있다. 이제 저 땅은 한 줌의 흙들이 모인 것이지만, 그 넓고 두터움에 이르러서는 화악華嶽(섬서성陝西省의 화산華山)을 실어도 무거워하지 않고, 강과 바다를 받아들이고도 새지 않으며, 만물이 땅에 실려 있다.〔今夫天, 斯昭昭之多, 及其無窮也, 日月星辰繫焉, 萬物覆焉. 今夫地, 一撮土之多, 及其廣厚, 載華嶽而不重, 振河海而不洩, 萬物載焉.〕"(≪중용≫ 26:9)고 하였다.

하늘은 밝은 빛들이 많이 모여서 이루어진 것이라 하고, 땅은 한 줌의 흙들이 모여서 이루어진 것이라 말하고 있는 견해는 매우 흥미롭지만, 우리시대의 과학적 지식과는 맞지 않는 것이 사실이다. 그러나 이 견해의 과학적 사실 여부를 토론할 필요는 없다. 다만 세상에 처음부터 거대한 것은 없고, 작은 것들이 많이 모여 큰 것이 이루어졌다는 생각을 제시한 것으로 이해하면 충분할 것으로 보인다. 이렇게 모이고 쌓여서 거대한 것으로 이루어진 다음에 하늘은 만물을 덮어주고 땅은 만물을 실어줌으로써 만물을 다 품고 있음을 보여준다.

화산도華山圖(명明, 왕리王履)

이어서 산이 크고 물이 한량없이 많음도 작은 것이 모여서 이루어진 것임을 밝혀, "이제 저 산은 주먹만 한 돌들이 많이 모인 것이지만, 산이 넓고 큰 것에 이르러서는 풀과 나무가 자라고, 새와 짐승이 살고, 보화寶貨가 나온다. 이제 저 물은 한 잔의 물들이 많이 모인 것이지만, 물이 헤아릴 수 없음에 이르러서는 큰 자라와 악어, 뿔 없는 용과 뿔 있는 용, 물고기와 작은 자라가 살며, 재물이

물에서 불어난다.〔今夫山, 一卷石之多, 及其廣大, 草木生之, 禽獸居之, 寶藏興焉. 今夫水, 一勺之多, 及其不測, 黿鼉蛟龍魚鼈生焉, 貨財殖焉.〕"(≪중용≫ 26:9)고 하였다. 작은 것이 모여 큰 것이 되었지만, 양적量的 팽창으로 큰 것이 된 다음의 역량은 질적質的 변화를 일으켜 작은 것으로는 상상할 수 없는 새로운 세계를 열어주고 있다.

'중용의 도리'는 가깝고 쉬운 일에서 실행해야 한다

'중용의 도리'가 높고 멀다고 어렵게 여기지 말고 그 가깝고 쉬운 일에서 실행해 축적시켜 나가면, 마침내 천하의 모든 일을 관통하는 '도리'로 드러난다는 사실을 누누이 밝혀주고 있다. 같은 맥락에서 맹자도 "도리는 가까운 데 있는데도 먼 데서 찾으며, 할 일은 쉬운 데 있는데도 어려운 데서 찾는다. 사람마다 자기 어버이를 친애하며, 자기 어른을 공경하면 천하가 태평할 것이다.〔道在邇而求諸遠, 事在易而求諸難. 人人親其親, 長其長, 而天下平.〕"(≪맹자≫ 7-11:1)라고 하였다.

'중용의 도리'를 실행하려면 그 방법은 반드시 높고 먼 곳에서 먼저 찾지 말고, 집안에서 부모에게 효도하거나 밖에 나가 어른을 공경하는 일처럼 우리 주변의 일상생활 속에서 적용되는 규범처럼 가까운 일에서 시작하여 축적하고 확장시켜 나가는 것이 옳은 방법임을 밝히고 있다. 이렇게 가까운 일을 실행해나가면, 마침내 성인이 이루었던 '중용의 도리', 곧 천하에 통용되는 '도리'의 온전한 모습을 실현할 수 있을 것임을 강조하고 있다.

24. 변함없이 지속한다

덕을 한결같이 행하고 말을 한결같이 삼가며, 행동에 부족한 것이 있으면 감히 힘쓰지 않을 수 없고, 말에 넘치는 것이 있으면 감히 다하지 않아야 한다. 말은 행동을 돌아보고, 행동은 말을 돌아보아야 할 것이니, 군자가 어찌 독실하게 하지 않으랴.

庸德之行, 庸言之謹, 有所不足, 不敢不勉, 有餘, 不敢盡. 言顧行, 行顧言, 君子, 胡不慥慥爾. ≪중용≫ 13:4

'중용中庸'의 '용庸'은 주자朱子가 '평상平常'이라 해석하였지만, 다산茶山은 '항상恒常'이라 해석하였다. 두 가지 해석이 각각 의미와 특징이 있지만 다산의 해석이 보다 맛이 깊고 설득력이 있는 것으로 받아들일 수 있다. 그래서 '용덕지행庸德之行'의 구절은 주자의 견해를 따라 "평상한 덕을 행하다."라고 해석하지 않고, 다산의 견해를 따라 "덕을 한결같이(항상하게) 행하다."라고 해석하였다.

'덕'을 한결같이 지속적으로 실행해나가야 그 공적이 이루어지며, '말'을 한결같이 삼가야 그 '덕'을 이룰 수 있다. 실행은 변함없이 지속해야 하는 것이지, 하다가 말다가 하거나 중간에 그만두는 것은 크게 경계해야 할 일이다. 그래서 공자는 "군자가 도리를 따라서 행하다가 도중에 그만두는데, 나는 그만둘 수가 없다.〔君子, 遵道而行, 半途而廢, 吾弗能已矣.〕"(≪중용≫ 11:2)라고 하여, '도리'를 실행하다가 도중에 그만두는 일을 깊이 경계하였다.

'도리'를 행하다가 자신을 돌아보고 그 행동에 부족함이 있으면 실행하기를 끊임없이 노력하여 더욱 힘써야 하며, '말'을 하는 데 넘치는 일이 있으면 끊임없이 돌아보고 성찰하여 삼가야 할 것임을 강조하였다. '말'과 '행동'은 일치되어야 진실함을 확보할 수 있으니, '말'할 때는 항상 자신의 '행동'을 돌아보고 성찰하며, '행동'할 때도 항상 자신의 '말'을 돌아보고 분발해야 하는 것이 바로 군자가 '도리'를 행함에 '말'과 '행동'을 독실하게 하는 것임을 지적하고 있다.

'도리'는 변함없이 지속되어야 한다

실제로 도리란 한 번 행하기가 어려운 것이 아니라 변함없이 지속하기가 어려운 일이다. 따라서 '도리'를 행함은 변함없이 지속해야 할 것을 요구한다. 여기서 공자는 '중용의 도리'를 실행하면서 특히 지속적으로 실행하기가 어려움을 지적하여, "사람들은 모두 '내가 안다.'고 말하지만, '중용'을 가려내어 한 달도 지켜내지 못한다.〔人皆曰 '予知.' 擇乎中庸, 而不能期月守也.〕"(≪중용≫ 7:1)고 탄식하였다. 사실 한 달도 지켜내기가 어려운데, 평생을 항구적으로 변함없이 지켜간다는 것이 얼마나 어려운 일인지 쉽게 짐작이 간다.

공자도 '도리'를 한결같이 실행하는 사람을 만나기 어려움을 말하면서, "선한 사람을 내가 만나볼 수 없더라도, 변함없이 지키는 사람을 만나볼 수 있어도 좋겠다. 아무것도 없으면서 있는 척하고, 빈 그릇을 가지고서 가득 찬 척하고, 가진 것이 부족하면서 충실한 척하고서는 변함없이 지키기가 어려운 법이다.〔善人, 吾不得而見之矣, 得見有恒者, 斯可矣. 亡而爲有, 虛而爲盈, 約而爲泰, 難乎有恒矣.〕"(≪논어≫ 7-26)라고 하였다.

'중용의 도리'를 배우고서 실행하겠다고 나선 사람들도 아마 대부분은 인격의 바탕에 다져놓은 '덕'이 없으면서도 자신이 '덕'을 지니고 있는 척하거나, 쌓아놓은 '덕'의 공적은 빈 그릇인 상태이면서도 '덕'의 공적이 가득 찬 척하거나, '덕'을 실행하려는 역량은 터무니없이 부족하면서도 마치 역량이 충실한 척하는 사람들을 지적하였다. 이들은 모두 속은 부실하면서 겉만 그럴듯하게 꾸미는 위선적인 사람들이니, 이런 사람들은 '도리'를 변함없이 지키기란 어려운 일이라는 사실을 경계하고 있다.

이 점에서 공자는 제자 안회顔回(안연顔淵)가 '중용의 도리'를 지키고 있는 모습을 보여주면서, "안회는 사람됨이 중용을 가려내어 한 가지 선함을 얻으면 정성스럽게 가슴에 간직하여 잃지 않는다.〔回之爲人也, 擇乎中庸, 得一善, 則拳拳服膺, 而弗失之矣.〕"(≪중용≫ 8:1)라고 하였다. '중용을 가려내어 한 가지 선함을 얻는다.'는 말은 자신이 하고 있는 일에서 어떻게 하는 것이 '중용의 도리'에 맞는지 찾아가다가, '도리'를 실행하는 데 선한 일 한 가지를 확인하면 항상 가슴에 간직하여 잊지 않고 실행에 옮긴다는 사실을 지적한 말이다. '중용의 도리'에 맞는 모든 일을 동시에 행할 수는 없더라도, 한 가지 '도리'에 맞는 일이라도 한결같이 지켜가는 자세가 소중한 일임을 보여주고 있다.

길을 가다가 도중에 그만두면 '아니 감만 못하다'고 말한다. 길은 가다가 도중에 그만두면 다시 돌아와야 하니, 헛된 수고만 더 가중될 뿐이다. 그러나 '도리'를 실행하는 데는 중도에 그치더라도 처음부터 행하지 않는 것보다는 낫다고 해야 하겠다. 역량이 모자라 중도에 그만두었더라도 다시 시작하여 변함없이 지속할 수 있을 때까지 노력하는 자세가 필요한 것은 당연하다.

그러나 '도리'를 행하다가 도중에 그만두면 공적을 쌓을 수가 없으니, 한결같이 지속적으로 '도리'를 실행해야만 마침내 성공할 수 있다. 모든 일에서 '도리'에 맞게 행하기가 어렵다면 우선 '도리'에 맞는 선행善行을 한 가지라도 붙들어 지속하여 행하는 독실한 태도가 소중한 일이 아닐 수 없다. '도리'에 맞는 선행 한 가지를 행하고, 또 한 가지씩 선행을 늘려가면 역량이 쌓여서 언젠가는 모든 일에서 '중용의 도리'를 실행하는 데 성공을 거둘 수 있을 것임을 강조한 말이라 하겠다.

'도리'의 실행은 정밀하고 한결같아야 한다

순舜임금은 사람의 마음이 지닌 문제점을 경계하면서, "사람의 마음은 오직 위태롭고, 도리를 지키는 마음은 오직 미약하다.〔人心惟危, 道心惟微.〕"(≪서경≫ 〈대우모大禹謨〉)고 언급하였다. '사람의 마음〔人心〕'

은 욕심이 터져 나와 통제하기 어려우니 위태롭지 않을 수 없고, '도리를 지키는 마음〔道心〕'은 온갖 유혹의 거센 물결과 맞서야 하는데 미약하여 이겨내지 못하고 꺾이기 쉽다는 것이 현실이다.

그러니 '도리'를 행하기가 현실적으로 어려운 일이요, 더구나 변함없이 지속적으로 '도리'를 행하기란 여간 어려운 일이 아닐 수 없다. 이러한 실정을 인정하고서 '도리'를 실행하는 방법을 절실하게 제시해주고 있다. 곧 "오직 정밀하게 하고, 오직 한결같이 하여야 한다.〔惟精惟一.〕"는 말이 바로 온갖 어려움 속에서도 '도리'를 실행할 수 있는 방법이요 원칙임을 제시해주었다.

'오직 정밀하게 하라〔惟精〕'는 것은 자신의 마음을 성찰하는 데 정밀하게 하고, 현실의 문제점을 살피는 데 정밀하게 할 것을 강조한 말이다. 이처럼 정밀한 성찰이 있어야 '도리'에 맞는 길을 찾아내고 선택할 수 있으니, 이것은 '앎'의 과제를 제시한 것이라 하겠다. 또한 '오직 한결같이 하라〔惟一〕'는 말은 '도리'에 대한 '앎'이 확보되면 그 '앎'을 실행하는 데 변함없이 지속적으로 해야 할 것을 강조한 말이다. 이처럼 한결같이 지속해야 '도리'를 이룰 수 있으니, 여기서는 '실행'의 과제를 제시하고 있다. 이렇게 정밀하게 성찰하여 '앎'을 이루고 한결같이 지속하여 '실행'을 이룬다면 '중용의 도리'에 따라 '중심'을 잡고 모든 일에 대응함에서 균형과 조화를 이룰 수 있음을 밝혀주고 있다.

주자는 순임금의 말씀을 실행하는 방법을 구체적으로 제시하여, "두 가지 일을 두 갈래로 삼지 말고 세 가지 일을 세 갈래로 삼지 말아서, 오직 정밀하게 하고 오직 한결같이 하여 온갖 변화를 관장하라.〔弗貳以二, 弗參以三, 惟精惟一, 萬變是監.〕"(〈경재잠敬齋箴〉)고 하였다. '두 가지 일을 두 갈래로 삼지 말고, 세 가지 일을 세 갈래로 삼지 말아야 한다.'는 말은 두 가지나 세 가지나 수백 수천 가지의 온갖 일을 당하더라도 오직 '중용의 도리'를 따라 하나로 꿰뚫어야 하는 것〔一以貫之〕이지, 결코 일마다 다른 마음을 가져서는 안 된다는 것을 강조한 말이다.

이렇게 '중용의 도리'를 따라야 한다는 한 가지 마음으로 모든 일에 대응해야 하는데, 그 대응하는 방법은 오직 정밀하게 성찰하여 바른 도리를 찾아서 선택하고, 오직 '도리'를 따라 실행하기를 한결같이 지속해야 할 것을 요구하였다. 따라서 '중용의 도리'를 이렇게 정밀하게 인식하고 한결같이 실행함으로써, 자신에게 다가오는 모든 일을 관장할 수 있는 것이 바로 '중용의 도리'를 실행하는 온전한 방법임을 보여주고 있다.

한결같이 실행함에는 '변함없이 지속되는 마음〔恒心〕'이 있어야

한결같이 실행할 수 있는 것은 변함없이 지속되는 마음이 있어야 한다. 이 '변함없이 지속되는 마음'을 맹자는 '항심恒心'이라 하여, "일정한 생업生業이 없어도 변함없는 마음을 갖는 것은 오직 선비라야 할 수 있다. 백성의 경우는 일정한 생업이 없으면 그 때문에 변함없는 마음이 없게 된다. 진실로 변함없는 마음이 없으면 방탕하고 편벽되고 사치하는 등 못하는 짓이 없을 것이다. 죄에 빠지는 데 이른 다음에 따라가 처벌한다면 이것은 백성을 그물질하는 것이다.〔無恒產而有恒心者, 惟士爲能. 若民, 則無恒產, 因無恒心. 苟無恒心, 放辟邪侈, 無不爲已. 及陷於罪, 然後從而刑之, 是罔民也.〕"(≪맹자≫ 1-7:28)라고 하였다.

일정한 생업이 없어도 '항심'을 갖는다는 것은 오직 '중심'이 확고하게 정립되고 지조가 굳건한 선비라야 할 수 있는 일임을 지적하였다. 빈곤에 빠지거나 역경에 놓여서 혹독한 고통을 당하더라도 지조 있는 선비는 '항심'을 잃지 않으니, '도리'를 저버리지 않을 수 있다. 이것이 "죽음으로 지켜 도리를 닦는다.〔守死善道.〕"(≪논어≫ 8-13)고 말한 뜻이요, 여기서 선비의 지조와 '항심'을 보여준다.

그러나 일반 백성들은 일정한 생업이 없어 굶주리게 되면 '항심'을 지킬 수가 없으니, 남의 물건을 훔치거나 빼앗는 악행을 저지르게 되는 것이 현실임을 밝히고 있다. 인간이 '도리'를 지키겠다는 '항심'을 잃게 되면 부유한 사람도 방탕하고 편벽되고 사치하는 등 온갖 '도리'에 어긋나는 악행을 저지르게 되는 것이 현실이다. 하물며 생업을 잃고 빈곤에 허덕이는 백성들이야 악행을 저지르는 것을 막기도 어렵다.

백성은 생업을 잃고 곤궁에 빠져 허덕이다가 '항심'을 잃고 있는 현실에서 나라를 다스린다는 사람이 백성을 살려내기 위한 대책은 외면하고, 단지 백성이 죄를 저지른 다음에 그 죄를 밝혀 백성을 처벌하고서 '국법國法'을 지켰다고 변명을 하고 있다면 그것은 '백성을 그물질하는 것〔罔民〕'과 다를 바가 없음을 지적하였다. 맹자의 이러한 언급은 '도리'를 지키기 위해 '항심'을 확보하는 일이 중대하지만 이를 위해서는 현실에서 백성들의 생활기반을 확보해주는 것이 더 시급한 일임을 생생하게 보여주고 있다.

'도리'는 중단 없이 지속되어야 온전하게 실행된다

'중용의 도리'가 온전히 이루어진 상태로서 '지극히 진실함'이 지닌 기본 성격도 쉼이 없이 지속되는 것임을 강조하고 있다. 곧 "지극히 성실함은 쉬는 일이 없다.〔至誠, 無息.〕"(≪중용≫ 26:1)고 하였다. 아무리 온전한 '도리'라도 쉬는 일이 있다면 중단됨이 있는 것이요, 중단되면 '도리'는 허물어지거나 공백상태에 빠지고 말게 되니, '도리' 자체가 부정될 수밖에 없다. '도리'의 완전한 실현은 공간적으로 온 천하에 퍼져서 실현되어야 하는 것이며, 동시에 시간적으로 한순간도 단절됨이 없이 지속될 때 이루어질 수 있다.

그렇다면 '도리'는 최고 경지에 이르는 것으로 끝나는 것이 아니다. ≪대학≫의 첫머리에서 이른바 '세 강령三綱領'으로, "대학의 도리는 밝은 덕을 밝히는 데 있고, 백성을 사랑하는 데 있고, 지극한 선에 이르러 머무르는 데 있다.〔大學之道, 在明明德, 在親民, 在止於至善.〕"(≪대학≫ 1:1)고 하였는데, 여기서 '지극한 선에 이르러 머무른다〔止於至善〕'는 말의 '머무른다〔止〕'는 것은 머물러 그친다는 것이 아니다. '지극한 선'의 상태에 도달하면 여기서 후퇴하지 말고 지켜서 유지한다는 뜻이라 해야 하겠다.

이처럼 '중용의 도리'를 온전히 실행하기 위해서는 그 최고경지에 도달한 다음에도 지속적으로 유지하기 위한 노력이 계속되어야 한다는 사실을 확인할 필요가 있다. 이렇게 '도리'를 지속적으로 유지한다는 것은 물론 고정된 상태를 유지하는 것이 아니다. 시간이 흐르고 시대가 바뀜에 따라 '도리'가 기반하는 현실이 변하게 되니, '도리'는 변화하는 시대의 현실에 따라 끊임없이 새로워져서 적응하지 않으면 안 된다.

따라서 '중용의 도리'를 실행하는 방법으로서 '불변不變의 지속성持續性'이란, 항상 새로워져서 시대와 상황의 변화에 적응하여 실현될 수 있어야 한다는 뜻이다. 이것이 바로 '중용의 도리'를 시대의 변화에 알맞게 적응하는 '시중時中'의 도리임을 말해준다.

25. 자신을 닦는다

군자는 자신을 닦지 않아서는 안 된다. 자신을 닦으려고 생각한다면 어버이를 섬기지 않아서는 안 되고, 어버이를 섬기려고 생각한다면 사람을 알지 못해서는 안 되고, 사람을 알려고 생각한다면 하늘을 알지 못해서는 안 된다.

君子, 不可以不修身. 思修身, 不可以不事親, 思事親, 不可以不知人, 思知人, 不可以不知天.

≪중용≫ 20:7

군자로서 '중용의 도리'를 실행하려면 가장 중시해야 하는 근본과제가 '자신을 닦을 것〔修身〕'임을 확인하고 있다. 그런데 '자신을 닦아야 한다'는 과제를 수행하기 위해서는 선행조건으로 '어버이를 섬길 것〔事親〕'이 요구되고, 어버이를 섬기는 일의 전제조건으로 '사람을 알 것〔知人〕'이 요구되고, 사람을 아는 일의 전제조건으로 '하늘을 알 것〔知天〕'이 요구된다는 지적이다.

그것은 '중용의 도리'를 실행하는 핵심방법이 '수신修身'이요, 그 근거를 찾아 들어가면, '수신修身 → 사친事親 → 지인知人 → 지천知天'으로 점점 깊이 근원으로 파고들어가야 한다는 말이다. 이를 뒤집어서 근원으로부터 나오는 과정을 보면, '지천知天 → 지인知人 → 사친事親 → 수신修身'의 순서가 확인된다.

바로 이 점은 ≪대학≫에서 '수신修身 → 제가齊家 → 치국治國 → 평천하平天下'로 실천영역을 확장시키는 과정을 제시하는 것과는 상당한 차이를 보이지만 매우 유사한 구조로서 좋은 대조를 이루고 있다.

곧 ≪중용≫은 '수신'을 기준으로 삼고 속으로 근거를 찾아서, '수신修身 → 사친事親 → 지인 知人 → 지천知天'으로 더 높이 올라가며 동시에 더 깊이 찾아들어가는 심화과정을 제시하니, 최종의 근원은 '지천知天'이 된다. 그러나 ≪대학≫은 '수신'을 근본으로 삼고 바깥으로 확장되는 범위를 찾아나가니, '수신' → '제가' → '치국' → '평천하'로 넓혀가다가 최종의 가장 넓은 단계는 '평천하'가 된다.

곧 ≪중용≫에서는 '중용의 도리'가 자신의 '중심'을 세우는 것이니 '수신'을 기준으로 삼아 기준과 근거의 수직적垂直的 관계를 확인하는 것이라면, ≪대학≫에서는 '수신'을 기반으로 삼아 그 활용을 넓혀가니 근본과 말단의 수평적水平的 관계를 확인하는 것으로 대조되고 있음을 보여준다.

제3부 '중용의 길을 가는' 실천의 세 번째 주제인 (3) '중용의 도리'를 실천하는 '실행'에서는 ① 첫째 과제로 '자신을 닦아야 한다〔修身〕'와 ② 둘째 과제로 '가정을 다스려야 한다〔齊家〕'와 ③ 셋째 과제로 '나라를 다스려야 한다〔治國〕'의 세 가지 과제를 들어볼 수 있다.

여기서는 먼저 그 첫째 과제인 ① '자신을 닦아야 한다〔修身〕'를 해명하고자 한다. 이 세 가지 실행의 과제는 ≪대학≫의 '수신修身 – 제가齊家 - 치국治國 - 평천하平天下'에 대비되는 것으로서, '중용의 도리'를 실현하는 영역도 대체로 같은 것임을 보여준다.

수신修身의 소급과정과 확장과정

≪대학≫에서 실천영역의 확장과정으로 '수신修身 → 제가齊家 → 치국治國 → 평천하平天下'의 단계가 제시되고 있는 것처럼 ≪중용≫에서도 실천영역의 확장과정을 보여주는 체계를 찾아볼 수 있다. 곧 "오직 천하의 지극히 진실한 사람만이 자기의 성품을 다 발휘할 수 있고, 자기의 성품을 다 발휘할 수 있으면 남의 성품을 다 발휘시킬 수 있다. 남의 성품을 다 발휘시켜줄 수 있으면 만물의 성질도 다 발휘시켜줄 수 있고, 만물의 성질을 다 발휘시켜줄 수 있으면 하늘과 땅의 조화와 육성을 도울 수 있다. 하늘과 땅의 조화와 육성을 도울 수 있으면 하늘과 땅과 함께 대등하게 참여할 수 있을 것이다.〔唯天下至誠, 爲能盡其性, 能盡其性, 則能盡人之性. 能盡人之性, 則能盡物之性, 能盡物之性, 則可以贊天地之化育. 可以贊天地之化育, 則可以與天地參矣.〕"(≪중용≫ 22:1)라고 하였다.

그것은 '중용의 도리'를 온전히 체득한 인격인 '천하의 지극히 진실한 사람〔天下至誠〕'이 그 덕으로 실천영역을 확장시켜가는 과정을 보면, '자기의 성품을 다 발휘함〔盡其性〕 → 남의 성품을 다 발휘시킴〔盡人之性〕 → 만물의 성질을 다 발휘시킴〔盡物之性〕 → 하늘과 땅의 조화와 육성을 도움〔贊天地之化育〕 → 하늘과 땅과 함께 대등하게 참여함〔與天地參〕'의 순서로 확장되는 것을 보여준다.

그것은 형식에서 비교해보았을 때, 확장과정을 제시하고 있다는 점에서는 ≪대학≫의 경우와 유사하지만, 그 내용에서 보면 '자신 → 가족 → 국가 → 천하'의 사회적 범위로 확장되는 것이 아니라 '자신 → 인간 → 만물 → 천지'의 우주적 범위로 확장되는 양상을 제시한다는 점에서 그 시야에 상당한 차이가 드러나고 있는 것이 사실이다. 다만 ≪중용≫에서 말하는 '자기 성품을 다 발휘함〔盡其性〕'이란 '도리'를 닦아 향상하는 과정의 '수신修身'이 아니라 '도리'를 온전히 체득한 인격이 이루어놓은 '진성盡性'의 차원이라는 점에서, 인격의 차원부터 차이가 드러난다고 하겠다.

또 하나 ≪중용≫(20:17)에서도 사회적 범위의 확장체계로서 '도리'를 닦아 인격을 향상해가는 소급과정에서 '수신'이 어떤 위치에 있는지 보여주는 언급이 있다.

"아랫자리에 있으면서 윗사람의 신임을 얻지 못하면 백성을 다스릴 수 없다. 윗사람에게 신임을 얻는 데는 도리가 있으니, 벗들의 믿음을 얻지 못하면 윗사람의 신임을 얻지 못한다. 벗들의 믿음을 얻는 데는 도리가 있으니, 어버이에게 효성으로 순종하지 않으면 벗들의 믿음을 얻지 못한다. 어버이에게 효성으로 순종하는 데는 도리가 있으니, 자신을 돌아보아 성실하지 못하면 어버이에게 효성으로 순종하지 못한다. 자신을 돌아보아 성실하게 하는 데는 도리가 있으니, 선善에 밝지 않으면 자신을 성실하게 하지 못한다.〔在下位不獲乎上, 民不可得而治矣. 獲乎上有道, 不信乎朋友, 不獲乎上矣. 信乎朋友有道, 不順乎親, 不信乎朋友矣. 順乎親有道, 反諸身不誠, 不順乎親矣. 誠身有道, 不明乎善, 不誠乎身矣.〕"

이 구절을 간단하게 도식으로 정리한다면, '치민治民 → 획상獲上 → 신붕우信朋友 → 순친順親 → 성신誠身 → 명선明善'의 소급과정 6조목으로 제시될 수 있다. 그것은 ≪대학≫에서 제시한 '평천하平天下 → 치국治國 → 제가齊家 → 수신修身 → 정심正心 → 성의誠意'의 6조목과 유사성이 매우 큰 것으로 보인다. 이처럼 '수신'의 조목은 더욱 넓은 범위로 확장되어 나가거나 근거를 찾아 깊이 소급해 들어가는 여섯 단계의 체계 속에서, 어느 경우에서나 '중용의 도리'를 실행하는 방법의 핵심과제가 되고 있음을 보여준다.

여기서 지적할 한 가지 사항은 주자가 ≪대학≫을 해석하면서 8조목(격물格物·치지致知·성의誠意·정심正心·수신修身·제가齊家·치국治國·평천하平天下)으로 제시하였는데, 이에 대해 다산은 8조목 가운데 격물格物·치지致知 2조목을 나머지 조목의 공통요소로 분리시키고 있다.(≪대학공의大學公議≫) 곧 나머지 6조목(성의誠意·정심正心·수신修身·제가齊家·치국治國·평천하平天下)을 '격물·치지'에 소속시켜 이른바 '격치6조설格致六條說'을 제시하였다는 사실을 주목할 필요가 있다.

인간관계의 기본구조로서 수신修身과 치인治人

'중용의 도리'를 실행함에서 '수신'은 그 핵심이요 근본이라는 위치를 지니고 있다. ≪중용≫(29:3)에서는, "군자의 도리는 자신에 근본하고, 서민에서 징험된다.〔君子之道, 本諸身, 徵諸庶民.〕"고 하여, '중용의 도리'가 지닌 진실성을 확인하는 데서도 '수신'이 근본이요 출발점임을 강조하고 있다. 여기서 '중용의 도리'가 기반하는 근본이 '자신'에 있음을 밝혀 '자신에 근본한다〔本諸身〕'고 언급하였으며, '중용의 도리'가 드러나는 현장을 밝혀 '서민에게서 징험된다〔徵諸庶民〕'고 언급하였음을 보여준다. 곧 '자신'에 근본하여 '서민'에게서 실현되는 것이라면 '자신'과 '서민'은 '중용의 도리'가 성립되고 드러나는 두 축이라 할 수 있다.

'자신에 근본한다〔本諸身〕'는 조목과 '서민에게서 징험된다〔徵諸庶民〕'는 조목의 두 가지 사항은 '나'와 '남'이라는 인간관계의 기본구조를 이루는 것이며, ≪대학≫의 기본구조가 자신의 인격을 닦는 '수기修己'와 백성을 다스리는 '치인治人'을 두 축으로 하고 있는 것과 일치한다는 사실을 확인할 수 있다. 이처럼 '나'와 '남'의 인간관계는 '중용의 도리'가 성립하고 실현되는 시작과 끝〔始終〕이요, 뿌리와 가지〔本末〕의 기본구조를 보여주는 것이라 하겠다.

같은 문맥으로 ≪중용≫(20:11)에서는, "자신을 닦는 방법을 알면 사람을 다스리는 방법을 알 것이며, 사람을 다스리는 방법을 알면 천하와 국가를 다스리는 방법을 알 것이다.〔知所以修身, 則知所以治人, 知所以治人, 則知所以治天下國家矣.〕"라고 언급하고 있다. 여기서도 '수신修身'을 이룬 다음에 '치인治人'을 할 수 있다는 실현의 순서로서, '수신修身(수기修己) – 치인治人'의 구조를 확인할 수 있다.

이 '수신(수기) – 치인'의 구조는 바로 ≪대학≫에서 제시된 8조목이 '수기修己'(성의誠意 → 정심正心 → 수신修身)에서 '치인治人'(제가齊家 → 치국治國 → 평천하平天下)으로 나아가는 과정과 일치한다. '수신 – 치인'의 구조는 안과 밖의 관계라는 '내외內外'구조를 보여주는 동시에, 뿌리와 가지의 관계라는 '본말本末'구조를 보여주는 것이라 할 수 있다. 이와 더불어 '중용의 도리'는 먼저 할 것과 뒤에 할 것이라는 '선후先後'의 순서를 확인하는 실천구조를 제시하기도 한다. 이처럼 ≪대학≫과 ≪중용≫은 '수신(수기) - 치인'의 공통구조를 통해 유교적 사유의 핵심구조를 분명하게 드러내주고 있다.

'수신'은 '중용의 도리'를 실행하는 근본이다

≪중용≫에서는 '중용의 도리'의 실행이 '수신'에 근본을 두고 있음을 말하면서, 이와 더불어 '수신'은 정치의 원리에서도 근본이 되는 것임을 강조하였다. 곧 "정치를 하는 것은 사람에게 달려 있다. 인재를 가려 쓰는 것은 자신을 닦음으로써 하고, 자신을 닦는 것은 도리로써 하고, 도리를 닦는 것은 어진 덕으로써 해야 한다.〔爲政, 在人. 取人以身, 修身以道, 修道以仁.〕"(≪중용≫ 20:4)라고 하였다. 곧 '위정爲政 → 취인取人 → 수신修身 → 수도修道 → 인仁'으로 정치의 근거를 찾아 들어가는 과정에서도 '수신'이 중심에 있음을 보여준다.

김홍도金弘道, 활쏘기(부분)
(출처 : 국립중앙박물관)

'수신'의 모습을 활쏘기에 비유하여 설명한 경우도 있다. 곧 "활쏘기는 군자와 비슷한 것이 있다. 정곡을 맞히지 못하면 돌이켜 자기 자신에서 원인을 찾는다.〔射, 有似乎君子, 失諸正鵠, 反求諸其身.〕"(≪중용≫ 14:5)라고 하였다. 활쏘기에서 과녁에 맞지 않았을 때는 활을 탓하는 것이 아니라 자신의 마음가짐이나 자세를 돌아보고 반성하여 고치게 하는 점이 군자의 '수신'하는 모습과 같다고 지적하는 말이다.

이처럼 군자가 자신을 닦는 '수신'의 태도는 끊임없이 자신을 성찰하고, 허물이 있으면 고쳐야 하는 것임을 강조하였다. 이 점에서 공자도 군자의 덕을 말하면서, "허물이 있으면 꺼리지 말고 고쳐야 한다.〔過則勿憚改.〕"(≪논어≫ 1-8)고 강조하였던 사실을 볼 수 있다. 그만큼 자신을 닦는다는 것은 '도리'를 실천하기 위해 '예법'을 따라 절제하면서 앞으로 나가야 하고, 동시에 끊임없이 뒤를 돌아보며 자신을 성찰하고 허물을 고쳐가야 하는 것이 중요한 과제요 방법으로 강조된다.

26. 가정을 다스린다

≪시경≫에서 노래했다.
"아내와 자식들 잘 화합하니, 비파와 거문고 타듯 하네.
형제가 마음이 맞으니, 화락하고 또 즐거워라.
너의 집안을 화합하게 하고, 너의 아내와 자손들을 즐겁게 하라."

詩曰, "妻子好合, 如鼓瑟琴, 兄弟旣翕, 和樂且耽, 宜爾室家, 樂爾妻帑." ≪중용≫ 15:2

공자께서 말씀하셨다. "부모는 즐거워하시리라."

子曰, "父母其順矣乎." ≪중용≫ 15:3

≪시경≫ 〈소아小雅 상체常棣〉의 이 시는 가정의 화락함을 찬미하고, 가정을 화합하게 할 것을 당부하는 노래이다. 자손들의 가정이 이렇게 화락하다면 살아 있는 부모야 말할 것도 없고, 돌아가신 부모도 이를 굽어보시고는 자식들에 대한 걱정을 다 풀어버릴 것이요, 또 어찌 즐거워하지 않을 리가 있겠는가. 그래서 이 시에 대해

공자는 "부모님도 즐거워하시리라."고 언급하였다.

집안을 다스림은 사랑으로 화합和合을 이루는 것이다

'집안을 다스린다〔齊家〕'는 것은 가장家長의 명령대로 이끌어가는 것이 아니다. 가족들이 서로 화합하고 모두 즐거워하는 것이니, 마치 비파와 거문고 소리가 어울려 악곡을 아름답게 연주하고 있는 것과 같다. '중용의 도리'는 이렇게 서로 어울리고 즐거워하며 화합하는 길을 찾아가고 또 열어주는 도리임을 확인할 필요가 있다. 그러나 ≪중용≫에서는 가정의 질서와 규범을 주로 옛 성왕聖王의 집안에서 설명하고 있는 사실이 ≪대학≫과 비교되는 특징이라 할 수 있겠다.

'오륜五倫'(군신君臣·부자父子·부부夫婦·장유長幼·붕우朋友)의 다섯 가지 조목 가운데, '부모와 자식〔父子〕', '남편과 아내〔夫婦〕', '형과 아우〔昆弟〕'의 세 가지 조목은 가족의 구성원들 사이의 관계이니, 가족의 문제가 얼마나 큰 비중을 지니고 기본적 위치를 차지하고 있는 것인지를 잘 보여주고 있다. 집안에서 가족들 사이에 서로 원망함이 없고 화합을 이루는 것이 바로 가정을 다스리는 일이다.

'어버이를 사랑함〔親親〕'은 모든 일에 기초가 된다

가족 사이의 화합을 이루는 규범으로 부모를 사랑하는 '효孝'와 자식을 사랑하는 '자慈'의 덕목이 가장 강조되고 있다. 부모를 사랑하고〔孝〕 자식을 사랑하는〔慈〕 것은 인간의 타고난 '성품'에 근거한 것이므로, 한 가정이 사랑으로 결합되어 화합을 이루는 것은 가정의 화합에만 그치는 것이 아니라 이 가족 사이의 사랑이 확장되면 개인과 개인 사이에서나 한 나라 안에서나 천하에 나가서나 인간관계를 결합시켜주는 힘으로 역할하는 덕목으로 중시된다.

이와 더불어 옛 성왕들의 경우에서도 가정에서 화합을 이루는 일이 천하를 다스리는 데 얼마나 중요한 일인지를 보여주고 있다. 곧 공자는 "근심 없는 사람은 오직 문왕文王뿐이셨으리라. 왕계王季를 아버지로 모셨고, 무왕武王을 아들로 두셨으니, 아버지가 왕조를 세우는 기틀을 일으키고 아들은 그 대업大業을 이어갔도다.〔無憂者, 其惟文王乎. 以王季爲父, 以武王爲子, 父作之, 子述之.〕"(≪중용≫ 18:1)라고 언급하였다. 문왕의 가정에서는 아버지(왕계王季)가 왕조의 기틀을 잡아주고, 아들(무왕武王)이 혁명을 일으켜 왕조를 세웠으니, 아버지와 자신과 아들로 대를 이어가며 한마음이 되어 주周나라를 창업하였음을 말한다. 이처럼 주周왕조의 창업은 조부에서 손자까지 이어지는 가족의 화합이 이루어낸 것임을 보여주고 있다.

가장 큰 '효孝'는 부모의 큰 뜻과 사업을 계승·실현함이다

공자는 무왕武王과 주공周公이 세상에 알려진 효자라는 사실에 특별히 주의를 기울이면서, "효도라는 것은 조상의 뜻을 잘 계승하고, 조상의 사업을 잘 발전시키는 것이다.〔夫孝者, 善繼人之志, 善述人之事者也.〕"(≪중용≫ 19:2)라고 언급하였다. 이 구절은 효도의 진정한 의미를 확인하고 있다는 점에서 매우 중요한 의미를 지니는 것이라 하겠다.

여기서는 부모의 몸을 편안하도록 봉양하고 그 말씀을 잘 받들어 순종하는 것은 '효도'의 말단적인 작은 일이라 본다. 진정한 효도는 부모가 지향志向하던 큰 뜻을 받들어 돌아가신 다음에도 잘 계승하는 것이요, 부모가 이루고자 하던 사업을 잘 일으켜 돌아가신 뒤에도 잘 펼쳐 발전시키는 것임을 지적하였다. 이것은 옛 조상의 제사祭祀를 정성스럽게 받들거나 살아계신 부모를 잘 봉양하는 것으로 효도의 대상을 고정시키는 것이 아니다.

조상과 부모를 받드는 효도는 지나가는 세대만 바라보는 과거를 향한 도덕규범의 틀에 사로잡혀 있는 것이라 볼 수 있다. 이에 비해 부모의 큰 뜻과 큰 사업을 자손들이 실현해가는 것은 미래로 이어지며 발전하는 것이니, 미래를 내다보는 진취적 도덕규범으로서 중요한 의미가 있는 인식임을 보여준다.

조상의 큰 뜻을 미래로 이어가려면 물론 과거의 조상에 대한 관심과 이해도 중요하다. 따라서 "돌아가신 선왕先王의 지위에 올라 그 의례를 행하고, 그 음악을 연주하며, 그 존중하던 사람을 공경하고, 그 친애하던 사람을 사랑하며, 죽은 사람 섬기는 상례喪禮를 산 사람 섬기듯이 하며, 죽고 없는 이 섬기는 제사를 생존한 사람 섬기듯이 하는 것이 효도의 지극한 것이다.〔踐其位, 行其禮, 奏其樂, 敬其所尊, 愛其所親, 事死如事生, 事亡如事存, 孝之至也.〕"(≪중용≫ 19:5)라고 하였다. 곧 조상의 큰 뜻과 사업을 이어가고 발전시키면서 동시에 돌아가신 조상을 살아 있는 사람처럼 모시며 조상의 마음을 깊이 살핌으로써 조상과 자손이 서로 교감交感하며 계승하는 것이 효도의 지극한 모습으로 중시되고 있음을 보여준다.

이와 더불어 공자는 순舜임금이 크게 효성스러움을 말하면서, "순은 큰 효자이시다. 덕은 성인이시고, 존귀하기는 천자이시며, 부유하기는 천하를 차지하시고, 종묘宗廟에서 그를 제향祭享하였으며, 자손이 이를 보존하였다.〔舜, 其大孝也與, 德爲聖人, 尊爲天子, 富有四海之內, 宗廟饗之, 子孫保之.〕"(≪중용≫ 17:1)고 하였다. 여기서도 순舜이 성인의 덕을 이루고 천자의 지위에 오른 사실은 조상의 뜻과 사업을 가장 크게 이루어준 일임을 지적한 것이다. 또한 순임금의 자손들도 순임금을 받들어 이어가고 있는 사실은 순임금의 큰 효도가 온전하게 이루어지는 모습으로 제시하였다.

그만큼 부모와 조상을 받드는 일과 부모와 조상의 뜻과 사업을 잘 이어가는 일이 조상과 자손이 화합을 이루고 가정의 성장을 이루는 중대한 규범임을 확인하는 것이라 하겠다. 따라서 진정한 효도는 단지 부모를 잘 봉양하는 일에 머무르는 것이 아니라 자식이 훌륭하게 되어 부모를 빛나게 해주는 것이 큰 효도임을 밝혀주며, 또한 진정한 효도란 자손으로 이어가며 크게 성취되어 감으로써 미래를 바라보는 것임을 보여준다.

'어진 덕〔仁〕'과 '서〔恕〕'는 가정에서 배양된다

'중용의 도리'는 사람과 사람의 관계를 소통시키며 화합하게 하는 길이다. 이렇게 사람과 사람이 소통하고 화합하기 위해서는 서로의 마음이 일치하는 것을 찾아내어 확립시켜야 한다. 이것이 '어진 덕〔仁〕'이다. '인仁'이란 글자는 두 사람(人+二)을 뜻한다. 따라서 '어진 덕'은 사람과 사람의 결합을 확보하는 규범이라 할 수 있다. 또한 '어진 덕'은 '자기로 남을 미루어 봄〔恕〕'이다. '서恕'란 글자는 나와 네가 서로 마음이 같다(如+心)는 뜻이니, 사람과 사람의 마음이 일치되어 한마음이 됨을 말한다.

≪중용≫(13:3)에서는 자기로 남을 미루어 보는 '서恕'의 뜻을 "자기에게 베풀기를 원하지 않는 것은 역시 남에게도 베풀지 말아야 한다.〔施諸己而不願, 亦勿施於人.〕"고 해석하면서 공자는 그 구체적인 적용사례로 네 가지를 들고 있는데, 그 첫머리에서 가족관계의 경우로 '자식에게 요구하는 것으로 부모를 섬기는 일〔所求乎子, 以事父.〕'과 '아우에게 요구하는 것으로 형을 섬기는 일〔所求乎弟, 以事兄.〕'을 들었다.(≪중용≫ 13:4)

여기서 제시한 가족 사이의 행동규범에서 보면, 자식은 부모를 섬길 의무만 있고, 부모는 자식의 봉양을 받을 권리가 당연히 있다는 '권리-의무'의 관계가 아니라 자식이 내게 해주기를 바라는 마음으로 내가 부모에게 하면 그것이 '효도孝道'요, 부모가 내게 해주기를 바라는 마음으로 내가 자식에게 하면 그것이 '자애慈愛'임을 보여준다. 형과 아우의 사이에도 형이 위에 있어야 한다는 서열순서의 문제가 아니라 서로 마음이 일치되는 '우애友愛'의 마음을 찾아내어 살려내자는 뜻이다. 곧 '자기로 남을 미루어 보는' '서恕'의 정신으로 가정의 화합을 이루어야 하는 것임을 제시하고 있다.

'중용의 도리'를 가정에서 실행하는 데 가장 중요한 일은 서로 어울려 화합하는 일이다. 화합하지 못하는 경우라면 도덕이나 질서나 예법 어느 것이나 이미 '중용의 도리'에 어긋나게 되고 마는 것임을 확인해준다. 따라서 부모를 섬기는 '효도'를 말하더라도 부모와 자식이 한마음으로 화합하고 있음을 전제로 확인해야 하고, 그 마음이 어울려 화합을 이루는 과정에서 바람직한 가족관계가 실현될 수 있음을 말하고 있다.

무엇보다 가정의 질서는 가족간의 화합을 바탕으로 이루어져야 하고, 여기서 나아가 자식과 후손을 통해 미래로 뻗어가며 더욱 크게 성취시켜가는 데서 이루어져야 한다는 사실을 확인할 필요가 있다. 그렇다면 '중용의 도리'에서 '효도'는 결코 일방적으로 권리-의무관계의 수직적 질서의 도덕규범이거나, 이른바 복종만 요구하는 '노예도덕'과는 전혀 상반된 것임을 분명하게 확인해야 한다.

27. 나라를 다스린다

무릇 천하와 국가를 다스리는 데는 아홉 가지 준칙이 있다. 자신을 닦는 것, 현명한 인재를 존중하는 것, 친족親族을 친애하는 것, 대신大臣을 공경하는 것, 여러 신하들을 보살피는 것, 서민庶民을 자식같이 아끼는 것, 온갖 장인匠人들을 찾아오게 하는 것, 멀리 장사 다니는 사람들을 다독거려주는 것, 제후들을 편안하게 하는 것을 말한다.

凡爲天下國家, 有九經. 曰, 修身也, 尊賢也, 親親也, 敬大臣也, 體群臣也, 子庶民也, 來百工也, 柔遠人也, 懷諸侯也.

≪중용≫ 20:12

천하와 국가를 다스리는 아홉 가지 준칙〔九經〕은 정치의 기본과제로 제시된 사항들이다. 그 가운데 처음 두 조목인 ①'자신을 닦는 것〔修身〕'과 ②'현명한 인재를 존중하는 것〔尊賢〕'은 '덕'을 닦아 나라를 다스리는 기초를 다지는 일이다. 먼저 통치자가 안으로 ① 자신의 덕을 닦아서, 밖으로 ② 현명한 인재를 존중한다는 것은 안과 밖으로 덕을 닦는 과제라 할 수 있다. 이렇게 자신의 덕을 안

팎으로 닦는 일은 밖으로 나가 정치를 실행하기 전에 갖추도록 요구되는 기초적 과제임을 보여준다.

또한 ③'친족을 친애하는 것〔親親〕'으로 안으로 집안을 다스림으로써, 밖으로 나가서 정치를 행하는 ④'대신을 공경하는 것〔敬大臣〕'과 ⑤'여러 신하들을 보살피는 것〔體群臣〕'이라는 두 가지 조목의 기초를 다진다. 곧 집안을 다스림을 기초로 그 위에 정부를 운영하는 핵심 과제가 인재를 잘 선택하여 신임하고 일을 맡기는 데 있음을 제시하고 있다. 이처럼 정부를 운영함에서 대신大臣이나 군신群臣 및 앞으로 관직에 나올 수 있는 집단인 선비〔士〕까지 인사관리를 가장 중요한 과제로 삼고 있음을 보여준다.

여섯 번째 조목인 ⑥'서민을 자식같이 아끼는 것〔子庶民〕'은 나라의 근본이요 정치의 중심과제인 백성을 보살피는 일이니, 근본배양의 과제로서 중요한 비중을 지니고 있다. 이를 실현하기 위한 구체적 과제로서 두 조목이 제시되고 있다. 곧 ⑦'온갖 장인들을 찾아오게 하는 것〔來百工〕'은 온갖 물건을 생산하는 장인을 우대하여 모여들게 하는 일이요, ⑧'멀리 장사 다니는 사람들을 다독거려주는 것〔柔遠人〕'은 화물의 유통을 활발하게 해줌으로써 상인商人이 모여들게 하는 일이다. 이 두 가지는 나라를 부강하게 하기 위한 경제정책의 과제라 할 수 있다.

마지막 한 조목으로서 ⑨'제후들을 편안하게 하는 것〔懷諸侯〕'은 천하를 다스리는 천자에게만 해당되는 일이다. 이를 도시圖示해 보면 다음과 같다.

內 → ① '수신修身'
外 → ② '존현尊賢'

家 → ③ '친친親親'
國 → ④ '경대신敬大臣', ⑤ '체군신體群臣'

本 → ⑥ '자서민子庶民'
末 → ⑦ '내백공來百工', ⑧ '유원인柔遠人'

天下 → ⑨ '회제후懷諸侯'

'아홉 가지 준칙〔九經〕'의 효과

≪중용≫에서 천하와 국가를 다스리는 아홉 가지 준칙〔九經〕을 제시한 것은 나라를 다스리는 과제를 항목별로 나누어 체계적으로 설명하려고 시도한 것으로, 경세론經世論의 한 형태를 보여주는 것으로서 그만큼 중요한 의미가 있다. 따라서 ≪중용≫에서는 이 아홉 가지 준칙을 좀 더 체계적으로 해명하기 위해서 각 조목을 실행함에 따라 나타나는 효과와 그 실행을 위한 방법까지 자세하게 설명하고 있는 사실이 주목된다.

먼저 ≪중용≫(20:13)에서는 나라를 다스리는 아홉 가지 준칙〔九經〕에 대해, 각 조목이 실현되면 이루게 되는 정치적 효과들을 제시하고 있다. 그 처음 두 가지 조목(①·②)은 '덕'으로 정치의 기초를 다지는 일이라 하겠다. 그 다음의 세 가지 조목(③·④·⑤)은 가정의 화합을 기초로 하는 국가의 행정을 안정하게 확보하기 위한 중요한 과제이다. 그 다음 세 가지 조목(⑥·⑦·⑧) 가운데 먼저 과제 ⑥은 정치의 근본인 백성을 보살피는 과제요, 이어서 과제 ⑦·⑧은 과제 ⑥을 실현하는 구체적 방법으로서 산업과 유통을 활성화하는 경제적 과제라 할 수 있다. 마지막으로 과제 ⑨는 천자가 제후를 통제하여 천하를 다스리는 과제이다. 이 9가지 과제가 추구하는 각각의 효과는 다음의 도표처럼 제시되고 있다.

과 제	효 과
수신修身	'도리'가 확립됨〔道立〕
존현尊賢	의심이 풀어짐〔不惑〕
친친親親	백부·숙부·형제들이 원망하지 않게 됨〔諸父昆弟不怨〕
경대신敬大臣	일에 혼미함이 없게 됨〔不眩〕
체군신體群臣	선비들의 보답하는 의례가 무거워짐〔士之報禮重〕
자서민子庶民	백성들이 따름〔百姓勸〕
내백공來百工	재물의 쓰임이 넉넉해짐〔財用足〕
유원인柔遠人	사방에서 사람과 재물이 모여듦〔四方歸之〕
회제후懷諸侯	천하가 두려워하게 됨〔天下畏之〕

여기서 ①'자신을 닦음〔修身〕'으로 '도리'의 중심을 세우고, ②'현명한 인재를 존중함〔尊賢〕'으로 사람들의 의혹을 풀어서 안팎으로 튼튼한 인격의 기초를 확보한다. 이를 기초로 삼아 안으로 집안을 다스려 ③'친족을 친애함〔親親〕'으로 집안에 원망함이 없게 하며, 밖으로 나가 정치를 행함에 ④'대신을 공경함〔敬大臣〕'으로 행정에

기준이 정립되어 일을 처리함에 어지러움이 없게 되고, ⑤'여러 신하들을 보살핌〔體群臣〕'으로 행정의 실무를 담당한 선비들이 충직하고 법도에 맞게 일을 처리하게 되는 것이라 한다. 여기서 행정의 체제는 안정을 확보할 수 있게 되었음을 보여준다.

⑥'서민을 자식같이 아낌〔子庶民〕'의 효과로 백성들이 군왕과 관리의 지도에 잘 따라준다는 것은 정치의 안정이 확보되었다는 사실뿐만 아니라 나라의 근본이 튼튼하게 확립되었음을 말해준다. 그 구체적 실행과제로서 ⑦'온갖 장인들을 찾아오게 함〔來百工〕'의 효과로 재물의 생산이 풍부해지고 백성들의 쓰임도 넉넉해지게 될 수 있으며, ⑧'멀리 장사 다니는 사람들을 다독거려줌〔柔遠人〕'의 효과로 사방에서 사람과 물화物貨가 모여들게 된다면, 나라의 안정을 토대로 이제 나라의 경제가 활발해지면서 국력이 부강하게 되어가는 발전을 이루고 있음을 말해준다. 마지막에 ⑨'제후들을 편안하게 함〔懷諸侯〕'으로 천하가 두려워하게 되어 아무런 동요함이나 도전이 없다면, 이것은 천하가 화평하게 되어 태평의 시대를 이루게 된 것을 말한다.

아홉 가지 준칙(구경九經)의 실행방법

≪중용≫(20:14)에서 이 준칙의 아홉 가지 조목을 실행하기 위해서 그 조목마다 각각 요구되는 실행방법을 제시하고 있다. 곧 구체적 실행과제를 제시함으로써 그 조목의 실행방법을 확인해준다. 따라서 이 방법은 나라를 다스리는 아홉 가지 준칙의 각각의 실행

과제를 밝힘으로써, 나라를 다스리는 정치의 구체적 지침을 보여 주고 있다. 이를 도표로 표시하면 다음과 같다.

조 목	실행 방법
수신修身	정결하게 재계하고 예복을 성대하게 차려 입으며, 예법이 아니면 움직이지 않을 것.〔齊明盛服, 非禮不動.〕
권현勸賢	참소하는 자를 버리고, 어여쁜 여인을 멀리하며, 재물을 천시하고 덕을 귀하게 여길 것.〔去讒遠色, 賤貨而貴德.〕
권친친勸親親	지위를 높여주고, 녹봉을 후하게 주며, 좋아하고 싫어하는 것을 같이할 것.〔尊其位, 重其祿, 同其好惡.〕
권대신勸大臣	하급관리를 많이 두어 일을 맡겨 부리도록 할 것.〔官盛任使.〕
권사勸士	충직하고 신의 있는 자에게 녹봉을 후하게 줄 것.〔忠信重祿.〕
권백성勸百姓	시기에 맞게 부리고, 세금을 적게 거둘 것.〔時使薄斂.〕
권백공勸百工	날마다 살피고 달마다 시험하여 급료를 성과에 맞게 줄 것.〔日省月試, 旣稟稱事.〕
유원인柔遠人	가는 자를 전송하고, 오는 자를 맞아주며, 잘한 것을 칭찬하고, 무능한 자를 불쌍히 여길 것.〔送往迎來, 嘉善而矜不能.〕
회제후懷諸侯	끊어진 후손을 이어주고, 무너진 나라를 일으켜주며, 혼란에 빠진 나라를 다스려주고, 위기에 빠진 나라를 붙들어주며, 때에 맞게 천자를 찾아뵙게 하고, 가져가는 것을 후하게 하고 가져오는 것을 적게 할 것.〔繼絶世, 擧廢國, 治亂持危, 朝聘以時, 厚往而薄來.〕

몇 가지 흥미로운 지적은 ②'현명한 인재를 격려함〔勸賢〕'의 방법으로서 '참소하는 자를 버릴 것'은 지극히 당연하지만, '어여쁜 여인을 멀리할 것'을 요구하고 있는 것은 어여쁜 여인을 좋아하는 것이 바로 참소하는 길을 열어주는 길이라는 인식을 보여준다. '재물을 천시하고 덕을 귀하게 여길 것'을 요구하면서도 아홉 가지 준칙의 곳곳에서 재물로 다스림을 원활하게 할 수 있음을 제시하고 있다. 이처럼 ≪중용≫에서 제시하는 경세經世의 방법에서는 결코 '도덕'만 강조하고 재물을 거부하는 것이 아니라 '도덕'과 '경제'가 균형을 이루고 있음을 알 수 있다.

또한 ⑥'백성을 따르도록 격려하는〔勸百姓〕' 항목의 실행 방법으로 '시기에 맞게 부릴 것〔時使〕'과 '세금을 적게 거둘 것〔薄斂〕'의 두 가지만을 제시하고 있다. 여기서 '시기에 맞게 부릴 것'은 농업사회에서 백성들의 삶에 가장 고통스러운 점이 농사의 때를 고려하지 않고 백성을 동원하는 일이었음을 보여준다. 세금을 과도하게 거두지 않는 일은 백성을 보살피는 정치로서 어느 시대에나 요구되는 일이라 하겠다.

이 아홉 가지 준칙 가운데 특별히 눈에 띄는 점은 ⑨'제후를 편안하게 해주는〔懷諸侯〕' 조목에 대한 설명이다. ≪대학≫에서는 주자가 말하는 8조목에서 마지막 조목으로 '평천하平天下'를 제시하였지만, ≪대학≫의 본문에서는 '평천하'를 위한 구체적 내용을 한마디도 언급하고 있지 않았던 것이 사실이다. 그러나 이에 비해 ≪중용≫에서는 아홉 가지 준칙 가운데 마지막 준칙에서 천자가 천하를 다스리는 방법에 대해 가장 자세하게 실천과제들을 제시하고 있다는 점이 두드러진다. 그만큼 '중용의 도리'는 그 범위가 극진하게 넓고 커서 우주 전체에 관통하는 '도리'이므로 천하를 다스리는 일에도 구체적 관심을 보여주고 있는 것이라 할 수 있을 것 같다.

'아홉 가지 준칙'을 관통하는 한 가지 원리

결론적으로 "무릇 천하와 국가를 다스리는 데 아홉 가지 준칙이 있는데, 그것을 행하는 방법은 하나이다.〔凡爲天下國家, 有九經, 所以行之者一也.〕"(≪중용≫ 20:15)라고 언급한 사실이 주목된다. 아홉 가지 준칙이 제시되면 그 각각에 다시 여러 가지 실행방법이 따라올 것은 당연하다. 그러나 온갖 다양한 과제와 방법을 관통하는 하나의 원리를 확인함으로써 어느 한쪽에 빠져드는 것은 예방해주고 있음을 엿볼 수 있다.

여기서 천하와 나라를 다스리는 모든 준칙을 실행하는 한 가지 원리가 무엇인지에 대해 ≪중용≫은 구체적 언급이 없다. 그러나 주자는 그 한 가지 원리를 '진실함〔誠〕'이라 하였다.(≪중용장구中庸章句≫) 그런데 이 '진실함'은 '어진 덕〔仁〕'과 통하며, 자기로 남을 미루어 보는 '서恕'의 방법과 통한다. 따라서 사람과 사람 사이에 마음이 일치하는 것을 기본으로 하고 있으니, 그 하나의 원리가 바로 '중용의 도리'를 말하는 것이라 확인할 수 있다.

제4부
중용이 이루어진 모습

中庸

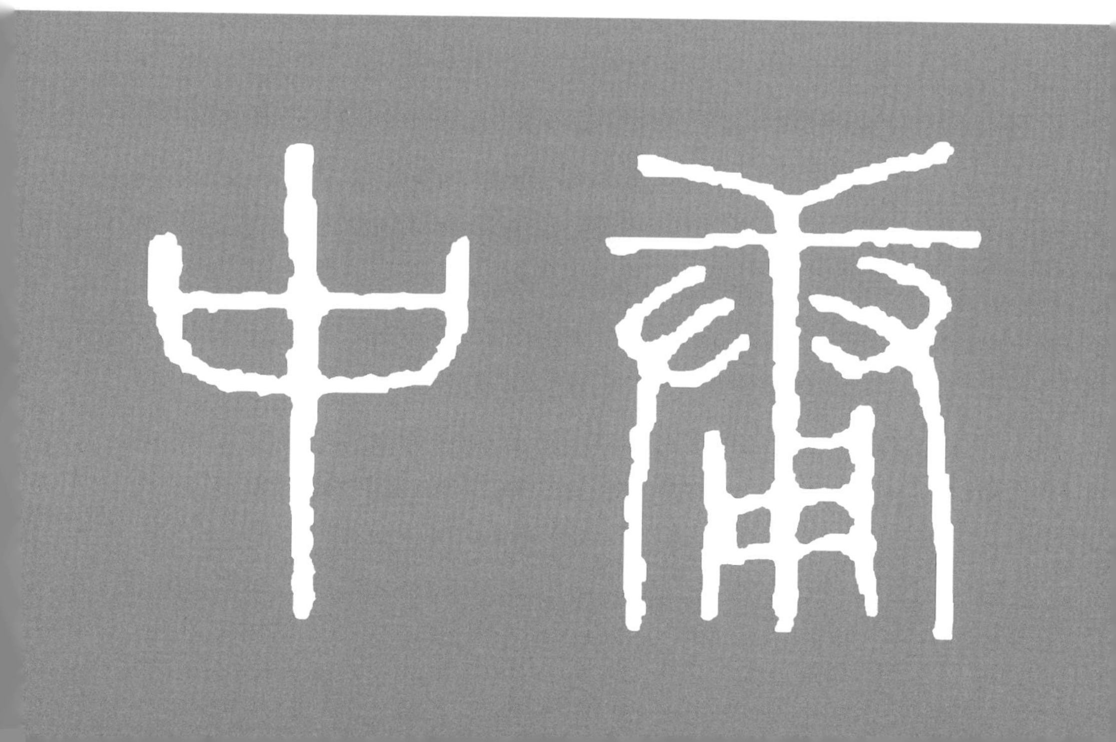

28. 천명天命을 따른다

하늘이 내려주신 것을 '성품性品'이라 하고, 성품을 따르는 것을 '도리道理'라 하고, 도리를 닦는 것을 '가르침'이라 한다.

天命之謂性, 率性之謂道, 修道之謂教. ≪중용≫ 1:1

'성품'이란 우리 자신의 마음속 깊은 곳에 간직하고 있는 인간다움의 본질을 일컫는다. 우리가 이 '성품'에 대해 관심을 갖게 된다면 이 '성품'이 어디서 온 것인지를 묻지 않을 수 없다. 바로 나 자신의 본질을 이루는 '성품'은 태어나면서 하늘에서 부여받은 것이라 한다. 그래서 인간이 지닌 '성품' 곧 '인성人性'은 하늘이 준 '성품' 곧 '천성天性'이라고도 일컬어지고 있다.

또한 인간이 살아가면서 지켜야 할 '도리'란 결국 이 '성품'을 따라감으로써 인간다운 품성을 잃지 않는 길이다. 하늘이 내려준 '성품'에서 벗어나면 그 길은 인간이 가야 하는 '도리'에서 벗어나는 잘못된 길이 되고 만다. 한 번이라도 '성품'을 저버리고 '도리'에서 벗어나면 모든 행실이 비뚤어져 잘못된 길로 가게 된다. 곧 '성품'을 잃게 되면 인간다운 가치를 모두 잃어 '실성失性'의 상태가 되어 자신을 무너뜨리는 길이 되고 만다.

인간은 이렇게 '성품'을 따라가는 '도리'를 알아야 바르게 갈 수 있다. 그렇다면 그 바른 '도리'를 찾아가고 알아가고 실행해가기 위해서는 배우고 가르치지 않을 수 없다. 그러니 '가르침'은 '도리'를 가르치고 배우는 것이요, '도리'는 '성품'을 따르는 것이며, '성품'은 하늘에서 부여받은 것임을 확인하고 '하늘'을 따라야 한다. 따라서 '중용의 도리'는 바로 이 하늘에서 부여받은 '성품'을 따르는 길이다.

제4부에서는 '중용이 이루어진 모습'으로 '중용의 도리'가 실현된 양상들을 해명하기 위해 (1) 그 '근거'를 점검하고, (2) 그 '상태'를 확인하며, 나아가 (3) 그 '실현'의 모습을 살펴보는 세 가지 주제를 다루고 있다.

먼저 첫 번째 주제인 (1) 중용의 도리가 이루어지는 '근거'에서는, 세 가지 과제를 나누어 살펴본다면, ① 첫째 과제는 '천명을 따른다〔順天〕'는 것이요, ② 둘째 과제는 '사람을 사랑한다〔愛人〕'는 것이며, ③ 셋째 과제는 '만물을 사랑한다〔愛物〕'는 것이다.

여기서는 먼저 '중용의 도리'를 실현함에서 그 '근거'로서 ①'하늘을 따른다〔順天〕'는 과제를 해명하고자 한다. 하늘을 알고 하늘의 명령을 알아야 인간다운 인격을 이룰 수 있다면 '하늘'을 알고 두려워하고 섬기는 것은 '중용의 도리'를 실현하기 위해 반드시 따라가야 할 전제요 근거가 아닐 수 없다.

'성품'의 근원인 '하늘'을 받들어야 한다

인간의 본질로서 '성품性品'이나 자연의 본질로서 '성질性質'은 인간의 지성으로 그 생성의 근원을 완전하게 알 수 없다. 그래서 '성품'이나 '성질'을 모두 하늘로부터 부여받았다는 것을 대전제로 삼고 있다. 따라서 인간이 이 '성품'을 폭넓게 잘 따르고자 한다면 무엇보다 먼저 그 자신이 부여받은 '성품'이 무엇인지 인식하고, 그 '성품'이 어디에서 근원하는지를 아는 것이 중요하다.

문제는 이 '성품'이나 '성질'들을 순순히 따라가야 하는 것인지, 그렇지 않으면 내 의지에 맞게 변화시킬 수 있는 것인지, 이 두 가지 가운데 어느 하나를 선택하는 문제에서부터 출발하지 않을 수 없다. 인간의 의지는 순응하고 받아들이기보다는 자기 뜻대로 조종하고 변화시키기를 원하기 때문이다. 조종하고 변화시키는 것도 사람이 살아가는 '길'의 하나임에는 분명하다. 그러나 어디까지 조종하고 변화시킬 수 있는지를 판단하는 것은 매우 어려운 문제이다.

사실 우리 시대에서는 자연도 조종하고 변화시키는 방법을 계발하는 데 엄청난 성공을 거두었다. 그러나 따지고 보면 그 조종하고 변화시킨다는 것도 자연의 성질을 거스르는 것이 아니라 성질의 깊은 이치를 찾아내어 외형을 조금 바꾸어 가공함으로써 조종하는 것일 뿐이다. 그렇다면 근본적으로 자연의 성질과 인간의 성품은 표면적인 것이 아니라 그 깊은 내면의 실상이라면 따르고 순응해야 한다는 것은 당연하다. 이렇게 받아들이고 따라가야 하는 '성품'

이나 '성질'을 가리켜, "하늘이 내려주신 것을 '성품'이라 한다.〔天命之謂性〕"고 말하는 것이라 이해할 수 있다.

'하늘'이란 이처럼 인간이 알 수 없지만 거부할 수 없는 존재라면 그 이름을 어떻게 부르거나 실체가 어떻게 설명되거나 상관없이 분명하게 인정하지 않을 수 없는 것은 이 현실 세계의 근거요, 결정자라는 사실이다. 이 점에서 '하늘〔天〕'이 내려주시거나 명령하신 것이 이 현실 세계의 근본으로서 '성품–성질〔性〕'이라 일컫는다. 그렇다면 현실 세계의 여러 조건에는 인간의 의지와 역량을 넘어선 차원이 있음을 인정하고, 이것을 인간의 '성품'이나 자연의 '성질'이라 부르는 것일 뿐이다.

인간의 '성품'을 따르면 거기에서 도덕적 규범인 '도리道理'가 드러나고, 자연의 '성질'을 따르면 거기에서 자연적 법칙인 '원리原理'가 드러난다. '도리'나 '원리'를 우리는 '진리眞理'라 일컫는데, '진리'는 인간이 거부할 수 없으며, 받아들이고 따라야 하는 근원의 진실성을 말한다. 따라서 '도리〔道〕'라는 말은 바로 '진리'라는 말과 같은 의미로 이해할 수 있다.

그렇다면 진리는 현실에서 가르치고 배워야 하는 것이고, 근원으로 올라가면 자연의 성질이나 인간의 성품을 따라서 실현되어야 하는 것을 말한다. 더 근원으로 올라가면 인간의 생각과 의지를 넘어선 근원으로서 '하늘'을 만나는데, 이 '하늘'이 자연의 성질이나 인간의 성품을 부여했다면 하늘의 뜻을 받들 수 있는 자세를 가져야 진리가 드러날 수 있다는 말이다.

하늘은 여러 가지 호칭으로 일컬어진다

'하늘이 내려주셨다.'는 말은 인간에 의해 조종될 수 있는 한계를 넘어서 인간의 힘이 미치지 못하는 근원에서 본래부터 주어진 실재를 가리킨다. 이 대목에서 하늘이 인격신적人格神的 주재자인지 자연적 근원인지는 이해하는 사람의 입장에 따라 달리 받아들여질 수 있다.

'하늘'은 '상제上帝'·'신神'·'귀신鬼神' 등 여러 호칭으로 일컬어진다. 정이천程伊川은 "형체로 말하면 '하늘〔天〕'이라 하고, 주재함으로 말하면 '상제〔帝〕'라 하고, 이루어진 작용으로 말하면 '귀신'이라 하고, 오묘한 작용으로 말하면 '신神'이라 한다.〔以形體言之謂之天, 以主宰言之謂之帝, 以功用言之謂之鬼神, 以妙用言之謂之神.〕"(≪이정유서二程遺書≫ 22상-53)고 하였다.

이처럼 여러 가지 호칭은 모두 같은 존재의 다른 측면을 가리키는 말로 쓰이고 있을 뿐이다. 비록 여러 측면으로 구별하여 명칭이 달라지기도 하지만, 다만 인간의 사유가 인식하고 의지가 판단할 수 있는 한계를 벗어나는 근원적 세계가 있다는 것을 인정할 수 있으면, 그 명칭을 어떻게 붙이든 그것은 '하늘〔天〕'이라는 호칭과 같은 대상을 가리키는 명칭이라 할 수 있다.

'하늘'이라는 호칭은 인간이 볼 수 없고 들을 수 없고 규정할 수 없지만 거부할 수 없는 존재를 가리킨다. 그래서 이 세계의 근원으로서 '하늘'을 초월적超越的 존재라 한다. 이러한 초월적 근원으로서 '하늘'은 인간이 인정하여 받들거나 부정하여 무시하거나 아무 상관없이, 우리의 현실 세계를 뒷받침하고 결정하는 마지막 근원을 가리키고 있다.

이 궁극적 근원을 '신(귀신)'이라 부르기도 하고, '깨달음'이라 말하거나 '진리'라 일컫기도 한다. 또한 '하늘'이라 부르기도 하고 '자연'이라 일컫기도 하는데, 무엇이라 부르든지 상관없다. 인간이 어떻게 인식하고 어떻게 묘사해내든지 아무 상관이 없다. 나의 위에 있는지, 내 안에 있는지, 어디에나 있는지, 아무 데도 없는지조차도 상관없이 거부할 수 없는 실재로 인간에게 다가오는 것을 말한다.

인간은 '하늘'을 이해하고 설명하면서 너무 다양하고 상반된 견해를 제시해왔다. '하늘'을 높이면 '하느님'이라 일컬을 수 있겠지만, 이 '하늘'이 인간의 감각으로 보이거나 들리는 존재가 아닌데도 인간의 모습으로 그려내기도 하고, 의지를 지닌 인격적人格的 존재로 묘사되기도 한다.

'하늘'이 인격신인지 자연적 근원인지 입장에 따라 다르게 서술되겠지만, 어떻든 '하늘〔天〕'은 인간존재의 근원인 만큼 '하늘'을 알아야 인간이 살아가는 조건으로서 인간의 성품과 자연의 '성질〔性〕'도 알게 되고, 그 성품을 따라 행동해가는 '도리〔道〕'도 인식될 수 있고, 그 도리를 닦아가는 '가르침〔敎〕'도 규정될 수 있다.

그러니 근원에서 현실로 내려오는 길에서는 그 근원인 '하늘'의 인식이 중요하고, 현실에서 근원을 찾아올라가는 길에서는 길을 찾아가는 방법으로서 '가르침'이 출발점이 되지 않을 수 없다.

인간은 '하늘'을 두려워하고 자신을 삼가야 한다

≪중용≫(1:3)에서는, "은밀함보다 더 잘 보이는 것이 없고, 미묘함보다 더 잘 드러나는 것이 없다. 그러므로 군자는 그 홀로 있음을 삼간다.〔莫見乎隱, 莫顯乎微, 故君子愼其獨也.〕"고 언급하였다. 이처럼 '하늘'은 '신' 내지 '귀신'으로 인식되며, 눈으로 그 형체가 보이지 않고 귀로 그 소리가 들리지 않는 은밀하고 미묘한 존재이지만, 마음에는 뚜렷이 드러난다는 사실을 확인할 수 있다. 따라서 인격을 닦는 군자는 홀로 있을 때도 '하늘'이 내려다보고 있음을 각성하여 삼가지 않을 수 없음을 강조하였다.

같은 맥락에서 "군자는 그 못 보는 것에서 경계하고 삼가며, 못 듣는 것에서 두려워한다.〔君子, 戒愼乎其所不睹, 恐懼乎其所不聞.〕"(≪중용≫ 1:2)고 말한 것도, 눈으로는 보이지 않으나 '하늘'이 내려다보고 감시하는 것을 각성한다면 경계하고 두려워하지 않을 수 없고, 귀로 들리지 않는 자리에서도 '하늘'이 듣고 보면서 감시하는 것을 의식한다면 두려워하지 않을 수 없음을 말하고 있다. 그렇다면 인간은 어느 순간 어느 장소에서나 하늘의 감시를 받고 있으니, 하늘을 '두려워하고〔畏天〕', 하늘의 명령에 '순종하지〔順天〕' 않을 수 없음을 강조한다.

하늘을 두려워하고〔畏天〕, 하늘의 명령에 순종하는 것〔順天〕은 바로 인간이 하늘로부터 부여받은 '성품'을 따르는 길이요, '성품'을 따르는 길이 바로 '중용의 도리'라고 할 수 있다.

따라서 공자는 "군자는 두려워할 것이 세 가지가 있다. 천명을 두려워하고, 큰 인물을 두려워하고, 성인의 말씀을 두려워한다. 소인은 천명을 알지 못하여 두려워하지 않고, 큰 인물을 함부로 대하며, 성인의 말씀을 모독한다.〔君子有三畏. 畏天命, 畏大人, 畏聖人之言. 小人不知天命而不畏也, 狎大人, 侮聖人之言.〕"(≪논어≫ 16-8)고 하였다. 곧 군자는 천명이 '성품'에 부여되어 있음을 알기 때문에 '천명'을 두려워하고, 또한 '천명'을 받드는 '큰 인물〔大人〕'의 행적을 두려워하고, 나아가 '천명'을 받들어 '도리'를 밝혀주는 성인의 말씀을 두려워해야 한다는 말이다. 그러나 소인은 천명을 모르기 때문이 함부로 외람된 행동을 한다는 사실을 지적하였다.

맹자도 천명을 알고 받드는 길을 제시하면서, "자기 마음을 다하는 자는 자기 성품을 알고, 자기 성품을 알면 하늘을 안다. 자기 마음을 간직하고 자기 성품을 배양하는 것이 하늘을 섬기는 방법이다. 일찍 죽거나 오래 사는 것에 대해 의심하지 않고, 자신을 닦아서 천명을 기다리는 것이 천명을 실현하는 방법이다.〔盡其心者, 知其性也, 知其性, 則知天矣. 存其心, 養其性, 所以事天也. 殀壽不貳, 修身以俟之, 所以立命也.〕"(≪맹자≫ 13-1:1)라고 하였다. '마음'과 '성품'을 통해 '천명'을 알고, 또 그 '천명'을 '마음'에 간직하고 '성품'에서 배양함으로써 '천명'을 실현하는 것이 바로 '하늘'을 섬기는 도리임을 지적하였다. 여기에서 '천명'을 받들고 '성품'을 따르는 '도리'로서 '중용의 도리'가 실현되는 모습이 드러남을 보여주고 있다.

29. 사람을 사랑한다

간절하구나, 그 어진 덕이여. 깊고 깊구나, 그 근본의 깊음이여. 넓고 넓구나, 하늘 같음이여.

肫肫其仁, 淵淵其淵, 浩浩其天. 《중용》 32:2

'어진 덕[仁]'은 사람을 사랑하는 덕이다. 사람을 사랑하는 마음이 간절하고 간절함은 바로 성인이 세상을 경륜經綸하는 마음의 근본원리가 '어진 덕'에 있음을 확인하고 있다. 한마디로 성인의 인격은 사람을 사랑하는 마음이 간절함에 있다고 하겠다. 사람을 사랑하는 마음이 간절하다면 그 마음은 속에 갇혀 있지 않고 밖으로 분수처럼 터져 나오지 않을 수 없을 것은 당연하다.

이렇게 사람을 사랑하는 간절한 마음은 그 근본을 찾아보면 바로 사람이 하늘로부터 부여받은 '성품[性]'에서 찾을 수 있다. 더구나 간절하게 사람을 사랑하는 마음의 근본이 바로 '성품'이라면, 분명 간절하게 사람을 사랑하는 마음은 '성품'에 깊고 깊이 뿌리를 내리고 배양되어 왔음을 알 수 있겠다. 사람이면 누구나 하늘로부터 부여받은 '성품'을 지니고 있지만, 간절하고 간절하게 사랑하는 마음을 지닌 성인의 '성품'은 그 깊이를 측량할 수 없어 깊은 못처럼 깊고 깊음을 찬탄하고 있다.

사람을 사랑하는 마음이 간절한 '어진 덕'은, 그 사람을 사랑하는 마음의 근원으로 말하면 성품에 깊이 뿌리내리고 있는 것이요, 그 사람을 사랑하는 마음의 실현으로 말하면 세상에 널리 퍼지고 있음을 보여준다. 가까이 가족을 사랑하고 이웃을 사랑하고 한 나라 사람을 사랑하고, 온 천하의 사람을 사랑하는 마음으로 아득히 넓게 퍼져 나간다. 이처럼 아득히 넓게 퍼져 나가는 사람을 사랑하는 마음은 하늘 아래 미치지 않는 곳이 없으니, 하늘처럼 넓고 넓다고 말하였다.

'어진 덕〔仁〕'은 바로 사람을 사랑하는 마음이다

무엇보다 '천하의 큰 도리'로서 '어진 덕〔仁〕'은 바로 사람을 사랑하는 마음이다. 공자는 제자 번지樊遲가 '어진 덕'에 대해 묻자, "사람을 사랑하는 것이다.〔愛人.〕"(≪논어≫ 12-2)라고 대답했던 일이 있다. 맹자도 "어진 사람은 남을 사랑하고, 예법을 지닌 사람은 남을 공경한다.〔仁者愛人, 有禮者敬人.〕"(≪맹자≫ 8-28:1)고 말했었다.

그렇다면 '어진 덕을 실행함이 간절하다.'는 것은 사람을 사랑하는 마음이 정성스럽고 간절하다는 말이다. 이처럼 사람을 간절하게 사랑할 수 있으면 그 덕은 바로 '천하의 큰 도리'를 다스리는 중추中樞가 되고, 또한 '중용의 도리'를 실현하는 근거가 된다.

'어진 덕'은 공자가 가장 강조했던 덕목이다. 공자는 제자 중궁仲

弓이 '어진 덕'에 대해 물었을 때, "대문을 나서서 만나는 사람은 누구라도 큰 손님을 뵙듯이 하고, 백성을 부리는 일은 큰 제사를 받들듯이 해야 한다. 자기가 하고자 하지 않는 것은 남에게 베풀지 말아라. 그러면 나라에 나가 벼슬을 해도 원망이 없고, 가정 안에 머물러도 원망이 없을 것이다.〔出門如見大賓, 使民如承大祭, 己所不欲, 勿施於人. 在邦無怨, 在家無怨.〕"(≪논어≫ 12-2)라고 대답했다.

중궁仲弓(≪성현상찬≫)

대문을 열고 나가 거리에서 만나게 되는 사람은 대부분 서로 모르는 낯선 사람들이다. 그런데 이렇게 거리에서 만나게 되는 알지도 못하는 온갖 사람들을 누구나 '큰 손님 뵙듯이 하라.'는 말은 모든 사람에 대해 극진히 공경하는 마음을 갖도록 요구하고 있음을 보여준다. 또한 관리가 되어 백성을 부리게 되었을 때는 결코 함부로 대해서는 안 될 뿐만 아니라 큰 제사 받들듯이 경건한 마음으로 백성들을 대하라는 말이다.

공자의 시대에도 신분계급이 분명하게 있었으니, 여기서 공경해야 하는 낯선 사람들 가운데는 대부大夫나 사士 계급이 아니라 서민庶民이거나 천인賤人인 경우가 훨씬 더 많을 터인데, 신분의 차이를 구별하지 말고 모든 사람을 공경해야 한다는 '도리'를 강조하고 있다. 사람이 사람을 대하는 태도에서 사랑하는 마음이 더욱 깊어지면 공경하는 마음으로 나타나게 된다. 또한 관리의 높은 신분으로도 낮은 신분의 백성들을 부리면서 백성들을 경건敬虔한 마음으로 대하도록 요구하는 것은 사람을 사랑할 뿐 아니라, 또한 사람을 사랑하는 마음을 공경하는 마음으로 높이고, 나아가 경건한 마음으로 더욱 극진하고 깊어지게 해야 함을 보여준다.

'어진 덕'의 실행방법

공자는 '어진 덕'을 실행하는 방법을 "자기가 하고자 하지 않는 것은 남에게 베풀지 말라.〔己所不欲, 勿施於人.〕"(≪논어≫ 12-2)는 실천원리로 제시하고 있다. 곧 자기로 남을 미루어 보는 '서恕'를 '어진 덕'의 실천방법으로 삼아서 '서'와 '어진 덕'을 일치시키고 있음을 보여준다. '서'는 나의 마음과 너의 마음이 같은 마음임을 확인하는 데 기반한다. 두 사람이 만나서 서로 마음의 일치를 이루니, 사람과 사람의 만남에서 서로 사랑하는 마음이 극진하게 실현된 모습이라 할 수 있다.

제자 자공子貢이 '백성들에게 널리 베풀고, 대중을 구제할 수 있는〔博施於民, 而能濟衆.〕' 사람이라면 어질다고 할 수 있는지 물었을 때, 공자는 "어찌 어진 덕에 한정된 일이겠는가. 반드시 성스러운 덕일 것이다. 요임금과 순임금도 못 미칠까 염려하였던 일이다. 무릇 어진 사람은 자기를 수립하고자 하면 남을 수립하게 해주며, 자신을 통달하게 하고자 하면 남을 통달하게 해준다. 가까이 자신에게서 비유를 취하여 남에게 미루어갈 수 있으면 어진 덕을 실행하는 방법이라 할 수 있다.〔何事於仁. 必也聖乎. 堯舜其猶病諸. 夫仁者, 己欲立而立人, 己欲達而達人. 能近取譬, 可謂仁之方也已.〕"(≪논어≫ 6-30)라고 대답했다.

자공子貢(≪성현상찬≫)

'백성들에게 널리 베풀고, 대중을 구제할 수 있다.〔博施於民, 而能濟衆.〕'는 것은 백성을 사랑하는 어진 덕이 현실에서 실질적으로 넓게 실현되었음을 보여준다. 그렇다면 '어진 덕'이 큰 공적을 이룬 단계에 도달했으니, 옛 성왕들도 이루고자 애를 태웠던 일이요, '어진 덕'의 범위를 넘어서 '성스러운 덕'의 경지에 도달하였다고 높일 수 있음을 지적하였다.

여기서 공자는 '어진 덕'을 실행하는 방법으로 '자기를 수립하고자 하면 남을 수립하게 해준다.'는 과제와 '자신을 통달하게 하고자 하면 남을 통달하게 해준다.'는 과제, 그리고 '가까이 자신에게서 비유를 취하여 남에게 미루어가야 한다.'는 과제라는 세 가지를 제시하였다. '자기를 수립하고자 하면 남을 수립하게 해준다.'는 것이나 '자신을 통달하게 하고자 하면 남을 통달하게 해준다.'는 것이란, 나와 남을 동일시하는 태도를 넘어서 남을 자기보다 앞세우는 태도를 보여준다. '사람을 사랑한다.'는 것은 '남을 나보다 앞세워 실현하게 한다.'는 것이니, 사람을 사랑하는 마음의 극진한 실천방법이다.

또한 '가까이 자신에게서 비유를 취하여 남에게 미루어간다.'는 방법은 바로 자기로 남을 미루어 보는 '서恕'이다. 이처럼 공자는 '서'를 '어진 덕'의 실천방법으로 중시하고 있음을 보여준다. 공자가 "나의 도리는 하나로 꿰뚫었다.〔吾道, 一以貫之.〕"(≪논어≫ 4-15)고 언급한 말에 대해, 제자인 증자曾子(증삼曾參)는 그 하나로 꿰뚫은 도리를 '진심으로 나를 미루어 남에 이르는 것〔忠恕〕'이라 해석했던 일이 있다. 그러나 공자의 '하나로 꿰뚫은 도리'는 '서恕'만이 아니라 '어진 덕〔仁〕'으로 꿰뚫었다고 하거나 '중용의 도리'로 꿰뚫었다고 하여도, 공자의 뜻에 어긋나지 않을 것은 분명하다.

'어진 덕'에 대한 맹자의 인식

맹자는 '어진 덕'에 대해, "어진 덕이란 사람다움이다. 어진 덕과 사람다움을 결합시켜 말하면 '도리'이다.〔仁也者, 人也. 合而言之, 道也.〕"(≪맹자≫ 14-16:1)라고 하였다. 이 말은 사람을 사랑하는 '어진 덕'이 '사람다움'의 근본이요, '어진 덕'을 실행함으로써 '사람다움'을 이루는 것이 바로 '중용의 도리'임을 밝혀주는 말이라 하겠다.

그래서 공자도 "사람으로 어질지 못하다면 예법은 어디에 쓰겠는가? 사람으로 어질지 못하다면 음악은 어디에 쓰겠는가?〔人而不仁,

如禮何. 人而不仁, 如樂何.〕"(≪논어≫ 3-3)라고 언급하였다. 이처럼 공자는 '어진 덕'을 닦지 못하여 '사람다움'을 이루지 못한다면 예법을 따지거나 음악을 즐긴다 한들 아무 의미가 없음을 강조하고 있다.

사람을 사랑하는 '어진 덕'은 삶의 기준이 되고 있다. 그래서 공자는 "도리에 뜻을 두고, 덕행에 근거하며, 어진 마음에 따르고, 육예六藝에서 노닌다.〔志於道, 據於德, 依於仁, 遊於藝.〕"(≪논어≫ 7-6)라고 하였다. '도리'를 지향하면서 덕행을 실천해야 하는데, '덕'을 실행한다는 것은 바로 사람을 사랑하는 '어진 덕〔仁〕'에 따르는 것임을 강조한 말이다. 또한 '육예'는 여섯 가지 교육(예禮 · 악樂 · 사射 · 어御 · 서書 · 수數)의 과정이니, 공부는 이 여섯 가지 과목을 통해 배우고 익힘으로써 '덕'을 닦는 것임을 제시하고 있다.

또한 공자는 "마을은 어진 풍속이 아름다운 것인데, 마을을 가려 살려고 하면서 어질게 살지 않는다면 어찌 지혜롭다 하겠는가?〔里仁爲美, 擇不處仁, 焉得知.〕"(≪논어≫ 4-1)라고 언급하였던 일이 있다. 맹자는 공자의 이 말씀을 끌어들여, "어진 덕은 하늘이 내려준 가장 높은 벼슬이요, 사람이 살 수 있는 가장 편안한 집이다. 그러나 아무도 막는 이가 없는데도 어질게 하지 못하니, 이것은 지혜롭지 못한 것이다.〔夫仁, 天之尊爵也, 人之安宅也. 莫之禦而不仁, 是不智也.〕"(≪맹자≫ 3-7:1)라고 해석하였다.

하늘이 내려준 '성품'을 따른다는 것은 사람이 사람답게 살아가는 '도리'인데, 이 '도리'를 다른 말로 하면 사람이 사람을 사랑하는 '어진 덕'이다. 그래서 '어진 덕'을 '하늘이 내려준 벼슬〔天爵〕'이라 할 수 있다. 사람과 사람이 서로 사랑하는 인간관계 속에서 가장 화평하게 살 수 있는 세상이 열릴 수 있다. 그래서 '어진 덕'을 '편안한 집〔安宅〕'이라 할 수 있다. 그런데 현실에서는 '어진 덕'을 실행하는 사람이 너무나 드물다는 사실은 사람이 지혜롭지 못함을 드러내주는 것이라 지적하였다.

또한 맹자는 '어진 덕'이 행해지는 효과에 대해 말하면서, "어진 사람은 남을 사랑하고, 예법을 지닌 사람은 남을 공경한다. 남을 사랑하는 사람은 남들이 항상 그를 사랑하고, 남을 공경하는 사람은 남들이 항상 그를 공경한다.〔仁者愛人, 有禮者敬人. 愛人者, 人恒愛之, 敬人者, 人恒敬之.〕"(≪맹자≫ 8-28:1)고 하였다. 이처럼 남을 사랑하고 공경하는 사람은 남들로부터 사랑과 공경을 받게 된다. 그래서 '어진 덕'이 실행된다면 사람과 사람이 서로 사랑하고 공경하게 되니, 세상은 사랑으로 넘치는 화평한 세상이 될 수 있음을 보여주고 있다.

나아가 맹자는 '어진 덕'을 실행하는 방법으로서 급하게 할 것과 천천히 할 것의 우선순서가 있음을 강조하여, "지혜로운 사람은 알지 못할 것이 없겠지만 마땅히 힘써야 할 것을 급한 것으로 삼아야 한다. 어진 사람은 사랑하지 못할 것이 없겠지만 서둘러 현명한 인재와 친하기를 힘써야 한다. 요임금과 순임금의 지혜로도 만물을 두루 포괄하지 못한 것은 먼저 힘쓸 것을 급하게 했기 때문이다. 요임금과 순임금의 어진 덕으로도 사람을 두루 사랑하지 못한 것은 현명한 인재와 친하기를 급하게 했기 때문이다.〔知者無不知也, 當務之爲急. 仁者無不愛也, 急親賢之爲務. 堯舜之知而不偏物, 急先務也. 堯舜之仁不偏愛人, 急親賢也.〕"(≪맹자≫ 13-46:1)라고 하였다.

급한 일을 뒤로 미뤄두고 급하지 않은 일부터 한다면 지혜로움이 아니요, 우선 사랑해야 할 현명한 인재를 뒤로 미루고 천천히 돌아보아도 될 사람을 사랑하는 것은 '어진 덕'이 제대로 실행되고 있지 못함을 말한다. 그래서 사람을 사랑하는 데는 가장 먼저 가장 가까운 부모를 사랑함〔親親〕에서 시작해야 하고, 통치자로서는 현명한 인재를 사랑하는 것부터 시급하게 해야 한다는 말이다.

모든 사람을 사랑해야 한다는 과제는 한꺼번에 실행할 수 있는 일이 아니라 순서의 차이도 있고 정도의 차이도 있음을 강조하였다. 이른바 양계초梁啓超가 말하는 '방법적方法的 차별애差別愛'라 할 수 있다. 그러나 실행의 선후先後와 완급緩急에 차이가 있다는 지적이지 인간에 대한 사랑은 물이 스며들듯이 속속들이 젖어들어야 함은 '중용의 도리'를 실행하는 목표요 이상으로서 흔들림이 없다고 하겠다.

30. 만물萬物을 사랑한다

진실함이란 만물의 시작과 끝이다. 진실하지 않으면 만물이 존재하지 않는다. 그러므로 군자는 진실하고자 하는 것을 귀하게 여긴다.

誠者, 物之終始. 不誠, 無物. 是故君子誠之爲貴.

≪중용≫ 25:2

진실함이란 스스로 자기를 이룰 뿐만 아니라 만물을 이루게 해주는 것이다. 자기를 이루는 것은 어진 덕이요, 만물을 이루게 해주는 것은 지혜이니, 성품의 덕이요 안과 밖을 결합시켜주는 도리이다. 그러므로 어느 때나 시행해야 하는 마땅한 것이다.

誠者, 非自成己而已也, 所以成物也. 成己仁也, 成物知也, 性之德也, 合內外之道也. 故時措之宜也. ≪중용≫ 25:3

세상의 모든 존재는 시작부터 끝까지 '진실함'으로 관통하고 있음을 말하고 있다. '거짓됨'은 세상의 어떤 사물 속에도 없고, 다만 인간의 욕심이나 어리석음이 만들어내는 허상虛像일 뿐이다. 그러니 한마디로 만물의 실상實像은 '진실함'이라 하겠다. 인간이 만들어낸 '거짓됨'은 만물의 모습을 파괴하거나 변형시키고 그 질서를 어지럽힌다. 그러니 '진실함'으로 만물을 드러낸다면 만물이 제 모습을 찾을 수 있게 될 것임을 말한다.

'진실한' 사람은 자기 자신의 진실함을 온전하게 이루어줄 뿐만 아니라 사물이 지니고 있는 진실함도 드러내어 온전하게 이루어준다. 자신의 속에나 사물의 속에 진실함이 감추어져 있지만, 이 감추어진 진실함을 온전하게 드러내주면 그때에는 자신도 그 가치를 완성할 수 있고 사물도 그 가치가 완성될 수 있다.

자신 속에 감추어져 있는 '성품'의 진실함을 온전하게 이루는 것이 바로 '어진 덕'이다. '어진 덕'은 자신의 내면에 간직된 '성품'이면서 그 '성품'의 진실함을 드러내어 자신을 완성시켜주는 힘이기도 하다. 사물이 그 속에 감추고 있는 '성질'의 진실함을 드러내어 사물을 완성시켜주는 것은 인간의 지혜가 할 수 있는 일이다. 지혜가 없으면 사물의 진실한 '성질'이 올바르게 인식되지 않을 뿐만 아니라 그 '성질'을 왜곡시키거나 파괴할 위험이 매우 높은 것이 사실이다.

그렇다면 인간이나 사물의 진실함을 온전하게 드러내준다는 것은 바로 그 '성품-성질〔性〕'의 '덕'을 드러내주는 일이다. 속에 감추어져 있던 '성품-성질'의 진실함을 밖으로 드러내주었을 때, 그 안과 밖이 일치하여 결합할 수 있으면 사람과 사물의 '진실함'이 온전하게 드러난다는 말이다. 곧 사람과 사물이 완성된다는 것을 말한다. 여기서 '어느 때나 시행해야 하는 마땅한 것〔時措之宜〕'이라는 말은 항상 안과 밖이 일치하도록 사람과 사물의 진실함을 실행해야 한다는 말이요, 동시에 사람과 사물의 진실함을 드러내어 완성시킨다는 것은 '때〔時〕'에 맞게 하는 것이 마땅하다는 말이기도 하다.

자기를 이루고 만물을 이루어준다

'진실함'에는 세상의 모든 존재를 온전하게 이루어주는 공덕이 있다는 것은 '중용의 도리'로서 '진실함'이 안으로 자기 자신을 완성해주고 밖으로 천지와 만물을 완성하게 해주는 것임을 말한다. 따라서 '진실함'을 통해 우주와 그 속에 있는 모든 존재가 완성되는 것임을 강조하는 말이기도 하다. 여기서 '진실함'의 실현에서 '자신을 이룸〔成己〕'과 '만물을 이룸〔成物〕'은 전체에서 보면 '안과 밖〔內外〕'의 관계를 이루는 것이면서 동시에 '자신을 이룸〔成己〕'에서 '만물을 이룸〔成物〕'으로 나아가는 '먼저하고 뒤에 함〔先後〕'의 단계적 실천과정을 확인할 수도 있다.

≪중용≫(17:3)에서는 하늘이 만물을 사랑하는 방법으로 만물을 살게 하기도 하고 죽게 하기도 하는 이치를 말하면서, "하늘이 만물을 내심에는 반드시 그 재질에 따라서 두터이 해주신다. 그러므로 심은 것을 북돋아주시고, 기울어지는 것을 엎어버리신다.〔天之生物, 必因其材而篤焉. 故栽者培之, 傾者覆之.〕"라고 하였다.

하늘은 만물에 대해 아무런 차별을 두지 않고, 어느 것에도 편애偏愛함이 없다. 다만 사물의 '성질'에 맞게 대처하는 것이 하늘이 만물을 사랑하는 법이다. 예를 들어, 봄에 씨가 뿌려졌을 때는 자라게 하고, 가을에 수확하는 철이 되면 시들게 하여, 자연 질서에 따라 사물의 성질을 실현시켜주는 것이 바로 하늘이 만물을 사랑하는 방법임을 보여준다. 또한 생명의 씨가 싹이 트면 자라나도록 도와주지만, 그 생명이 바른 도리를 잃어버리면 단호하게 징벌하여 그 생명을 빼앗는 것도 하늘이 만물을 사랑하는 방법이다.

맹자는 인격의 수준에 따라 대처하는 양상을 구별하면서 ① 군주를 기쁘게 하는 것을 자신의 일로 삼는 '군주를 섬기는 사람〔事君人者〕'과 그 위에 ② 나라를 안정시키는 것을 자신의 임무로 삼는 '나라를 안정시키는 신하〔安社稷臣者〕'와 그 위에 ③ 때를 만나면 높은 지위에 올라 천하에 자기 뜻을 행하는 인물로, '천민天民' 곧 '천명'을 온전하게 따르는 현명한 사람을 들고 나서, 가장 높은 단계로 ④ '대인大人'을 들면서 "'대인大人'이 있으니, 자기를 바로잡아서 만물이 바로잡히도록 하는 자이다.〔有大人者, 正己而物正者也.〕"(≪맹자≫ 13-19:1) 라고 하였다.

'대인大人'이 '자기를 바로잡는다〔正己〕'는 것은 바로 '자기를 이루는 것〔成己〕'이요, '만물이 바로잡히게 한다〔物正〕'는 것은 바로 '만물을 이루어주는 것〔成物〕'이다. 이렇게 자기를 바로잡아 그 성품을 이루고 만물을 바로잡아 그 성질을 이루게 하는 인격으로서 '대인大人'은 성인聖人을 가리키는 말이다. 자신을 온전하게 이룸으로써 나아가 만물을 온전하게 이루어주는 인격이란 '천하에 지극히 진실한 사람〔天下至誠〕'이요, '중용의 도리'를 온전하게 실현하는 인격을 의미하며, 하늘을 대신하여 만물을 사랑하는 사람이라 할 수 있다.

인간에 대한 사랑과 사물에 대한 사랑은 같은가

사람이 사람을 사랑하는 마음과 만물을 사랑하는 마음이 같은 것인지 다른 것인지는 깊이 음미해보아야 할 문제이다. 맹자는 인간에 대한 사랑과 사물에 대한 사랑에 단계적 차이가 있음을 분명하게 구별하였으며, 이러한 차별의 견해가 유교儒教의 전통적 입장이다.

맹자는 "군자는 사물에 대해 아껴주지만 어질게 대하지 않고, 백성에 대해서는 어질게 대하지만 친밀하게 하지는 못한다. 어버이를 섬겨 친밀하게 하고서 나아가 백성을 어질게 대하며, 백성을 어질게 대하고서 나아가 사물을 아껴준다.〔君子之於物也, 愛之而弗仁, 於民也, 仁之而弗親. 親親而仁民, 仁民而愛物.〕"(≪맹자≫ 13-45:1)라고 하였다.

이렇게 맹자는 인간이 사랑을 베푸는 방법에서 모든 존재에 동일하게 실행하는 것이 아니라 보았다. 가까운 사람으로부터 먼 사물에 이르기까지 단계적 차별이 있음을 보여주고 있다. 곧 가장 가까이 부모에 대한 사랑은 친밀한 사랑인 '친親(친애親愛)'이요, 그 다음 백성에 대한 사랑은 어질게 대하는 사랑인 '인仁(인애仁愛)'이요, 사물에 대한 사랑은 아끼고 소중히 여기는 사랑인 '애愛(석애惜愛)'라고 구별하였다.

마치 잔잔한 호수 물위에 돌을 던졌을 때, 파문이 원을 그리며 일어나서 점점 멀리 퍼져나가 마침내 호수 끝까지 퍼져나가겠지만 점점 파문이 약해지는 것처럼, 인간이 베푸는 사랑은 사물에까지 미치지만 대상이 자신과 관계가 멀고 가까움에 따라 사랑의 농도濃

度에 차등이 있다는 말이다.

엄격히 말하면 맹자의 경우 각 단계의 사랑에는 양적量的 차이를 넘어서 질적質的 차이가 있음을 분명하게 제시하여 지적하고 있다. 맹자는 그 차이를 좀 더 분명하게 강조하여, “먹이지만 사랑하지 않으면 돼지로 대하는 것이고, 사랑하지만 공경하지 않으면 짐승으로 기르는 것이다. 공경하는 마음은 예물禮物을 보내기 이전에 갖추어져야 하는 것이다.〔食而弗愛, 豕交之也, 愛而不敬, 獸畜之也. 恭敬者, 幣之未將者也.〕”(≪맹자≫ 13-37:1)라고 하였다. 곧 먹여주는〔食〕 단계, 사랑하는〔愛〕 단계, 공경하는〔敬〕 단계로 구별하고 있다.

차별애差別愛와 평등애平等愛의 쟁점

춘추시대 말기에서 전국시대 초기에 활동하던 묵자墨子(묵적墨翟)는 사랑에 차별을 두지 않는다는 입장의 겸애설兼愛說을 제기하였다. 여기서 묵자는 “만약 온 천하로 하여금 모두가 아울러 서로 사랑하게 하여 남을 사랑하기를 그의 몸을 사랑하듯 한다면 그래도 불효不孝한 자가 있겠는가?〔若使天下兼相愛, 愛人若愛其身, 猶有不孝者乎.〕”(≪묵자墨子≫ 〈겸애편兼愛篇 상上〉)라고 하여, 평등한 사랑을 강조하였다. 물론 평등한 사랑을 강조하는 묵자는 인간에 대한 사랑에 차별이 없어야 한다는 것이지 인간과 사물을 똑같이 사랑해야 한다는 말을 하고 있는 것은 아니다.

그러나 맹자는 묵자의 ‘겸애설’을 비판함으로써 사랑의 단계적 차별성을 강조하는 자신의 입장을 더욱 선명하게 드러내고 있다.

곧 맹자는, "양주楊朱는 자신만을 위하니 이는 임금을 무시하는 것이요, 묵적墨翟은 똑같이 사랑하니 이는 아비를 무시하는 것이다. 아비를 무시하고 임금을 무시하면 이는 새나 짐승이다.〔楊氏爲我, 是無君也, 墨氏兼愛, 是無父也. 無父無君, 是禽獸也.〕"(≪맹자≫ 6-9:2)라고 격렬하게 비판하였다. 이처럼 맹자는 사랑에 차등이 있음을 주장하는 '차별애差別愛'의 입장을 제시함으로써, 가까이 내 부모와 내 임금에 대한 사랑에 두터움을 확보하고자 하였던 것을 알 수 있다.

따라서 맹자가 '차별애'를 주장하는 논리에 상당한 설득력이 있으며, 부정하기 어렵다는 사실은 인정되어야 한다. 그렇다고 '차별애'에 사로잡혀버리면 '어진 덕'이 펼쳐지는 범위가 너무 한정되고 말게 될 위험이 있다는 사실도 결코 가볍게 넘길 문제가 아니다. 가족에 대한 사랑을 강조하여 '가족주의家族主義'에 빠져서 폐단을 낳고 있다는 현실도 부정할 수는 없다. 또한 지역에 대한 사랑이나 민족에 대한 사랑을 강조하다가 '지역주의地域主義'나 '민족주의民族主義'에 빠져버리기도 하는 문제점을 외면할 수는 없다.

물론 배우는 사람이 공부하는 과정에서는 가정에서 부모와 형제에 대한 사랑을 익히고 확립하여 점차 이웃과 세상으로 넓혀가는 단계적 성장을 하여야 하니, '차별애'의 타당성을 인정할 필요가 있다. 그러나 인격이 성숙한 단계에 이르렀을 때, 곧 '중용의 도리'를 세상에 실현하고자 하는 성숙한 인격의 단계에 이르면 '차별애'가 걸림돌이 될 위험이 적지 않은 것이 사실이다. 따라서 '어진 덕'이 천하 만물에까지 평등하게 실현되어야 한다는 주장이 ≪중용≫에서 적극적으로 제기되고 있는 사실을 볼 수 있다.

이런 의미에서 '차별애'와 '평등애平等愛(겸애兼愛・박애博愛)'는 서로 보완적 역할을 할 필요가 있다. '차별애'가 좁은 범위에 사로잡히는 것을 '평등애'로 풀어주어야 하고, '평등애'가 비현실적 이상론에 빠지는 것은 '차별애'가 보완해주어야 한다는 말이다. 다시 말하면 '차별애'는 '평등애'로 나갈 수 있도록 열려 있어야 하고, '평등애'는 '차별애'의 현실적 기반을 잃지 말고 활용할 수 있어야 한다는 상호보완의 논리가 요구된다.

첫머리에서 '진실함'의 덕을 말하면서 인용한 구절에서, "자신을 이룰 뿐만 아니라 만물을 이루게 해준다."고 말한 것은 '어진 덕'의 사랑이 만물에까지 차별 없이 확장되고 충실화되어가는 모습을 보여주고 있다. ≪중용≫에서 '평등애'를 주장하는 입장은 ≪맹자≫에서 말하는 '차별애'와 다른 것은 분명하지만, 오히려 '차별애'를 끌어올려 '평등애'로 나오는 길을 열어준 것이라 하겠다.

이런 맥락에서 중국 남북조南北朝시대 남제南齊의 종측宗測은 "성품이 물속에서 노는 물고기나 하늘을 날아다니는 새가 모두 같으니, 내 사랑이 저 멀리 산골짜기에까지 머무른다.〔性同鱗羽, 愛止山壑.〕"고 하였다. 저 깊은 물속에서 저 높은 하늘 위까지 생명이 있거나 생명이 없거나 세상에 존재하는 모든 사물은 하늘로부터 모두 같은 '성품－성질'(성性)을 부여받았다는 인식을 대전제大前提로 확인함으로써, 자신은 이 세상에 있는 모든 존재를 다 함께 사랑한다는 말이다. 바로 이 사랑은 '차등애'를 넘어서는 '평등애'의 모습을 분명하게 보여주고 있는 것이라 하겠다.

31. 신의信義가 있다

윗시대의 것은 비록 훌륭하지마는 증거가 없다. 증거가 없으면 믿어지지 않으며, 믿어지지 않으면 백성들이 따르지 않는다. <덕은 있어도> 아랫자리에 있는 자는 비록 훌륭하더라도 존귀尊貴하지 못하다. 존귀하지 못하면 믿어지지 않으며, 믿어지지 않으면 백성들이 따르지 않는다.

上焉者, 雖善, 無徵. 無徵, 不信, 不信, 民弗從. 下焉者, 雖善, 不尊. 不尊, 不信, 不信, 民弗從. ≪중용≫ 29:2

하夏나라와 은殷나라의 예법禮法처럼 옛 시대의 제도가 아무리 훌륭했다 하더라도 구체적 내용을 확인할 수 있는 증거가 없으면 전설이나 신화의 수준에 머물게 된다. 이렇게 증거가 없으면 백성들이 믿고 따르지 않을 것은 당연하다. 또한 당시의 공자처럼 아랫자리에 있으면 그 덕이 아무리 훌륭하다 하더라도 존귀함의 권위가 없으니, 백성들이 믿고 따르지 않을 것이라는 말이다. 따라서 제도는 실지로 행해진 구체적 증거가 있어야 하고, 사람은 그 일을 행할 수 있는 지위의 권위가 있어야 한다.

그런데 제도가 실지로 행해진 증거가 있다 하더라도 사람에게 일을 행할 수 있는 권위가 없으면 백성들의 '믿음'을 확보할 수가 없게 된다. 이에 따라 백성들이 믿고 따르지 않으면 '도리'를 실행하는 데 큰 공적을 이룰 수가 없음을 지적하고 있다. 그만큼 '믿음'은 백성의 마음을 모을 수 있고, '중용의 도리'를 실현하는 데 결정적 조건이 된다. 그렇다면 믿음을 잃은 '불신不信'은 아무 일도 이루지 못하고 사회를 혼란과 분열에 빠뜨리는 가장 큰 원인이 된다는 사실을 분명하게 드러내준다.

제4부에서 '중용이 이루어진 모습'을 해명하는 두 번째 주제인 (2) 중용의 도리가 이루어진 '상태'를 확인하기 위해 세 가지 과제를 나누어 살펴본다면, ① 첫째 과제는 '신의가 있다〔信義〕'는 것이요, ② 둘째 과제는 '질서를 이룬다〔秩序〕'는 것이며, ③ 셋째 과제는 '공정하다〔公正〕'는 것이다.

여기서는 먼저 '중용의 도리'가 실현된 '상태'를 확인하는 첫째 과제로서 ① '신의信義가 있다'는 과제를 해명하고자 한다. '신의'가 있으면 작은 모임이거나 큰 나라거나 쉽게 화합하여 안정된 기반 위에 일어설 것이요, '신의'가 없으면 나라와 나라 사이에서는 물론이요 두 사람 사이에서도 결속이 무너지고 분열과 대립으로 혼란에 빠질 것이 분명하다. 그만큼 '신의'는 '중용의 도리'가 그 사회에 실현되고 있는지 실현되지 못하는지를 판가름하는 중요한 기준이 되고 있다.

백성의 믿음을 얻을 수 있는 성인의 덕

어떻게 해야 백성들의 믿음을 얻을 수 있는지가 가장 큰 숙제이다. ≪중용≫(31:3)에서는 '중용의 도리'를 두루 넓게 실현하고〔溥博〕 생각이 깊은〔淵泉〕 덕을 지닌 성인에 대해, "〈성인이〉 나타나면 백성들은 공경하지 않음이 없고, 말씀하면 백성들은 믿지 않음이 없으며, 시행하면 백성들은 기뻐하지 않음이 없다.〔見而民莫不敬, 言而民莫不信, 行而民莫不說.〕"고 하였다.

여기서 성인의 말씀을 백성들이 믿는다는 것은 그 가르치는 '도리'에 대한 믿음을 말한다. '중용의 도리'가 넓고 깊게 실현되어야 백성들의 믿음을 얻게 되고, 또 백성들의 믿음이 있으면 그 가르침의 '도리'를 이 시대에 실현할 수 있을 뿐만 아니라 그 가르침의 '도리'를 다음 시대에도 이어가며 실행할 수 있으니, '믿음'은 '중용의 도리'를 실현하는 힘이기도 하다.

이렇게 백성들의 마음속에 공경심과 믿음과 기쁨을 일으키려면 그 인격이 성인의 경지에 이르러야 한다는 말이다. 또한 백성들의 공경과 믿음을 받는다는 사실은 이미 '중용의 도리'가 현실에서 이루어지고 있음을 보여준다.

과연 백성들이 그 모습을 바라보기만 해도 모두가 공경하고, 그 말씀을 듣기만 해도 모두가 믿으며, 그 이루어놓은 업적에는 모두가 기뻐하는 성인이 나타난다면 좋겠는데, 현실에서 가능한 일인가? 사막에서 목마른 자가 물을 찾듯이 성인이 나오기를 간절히 바라는 '성인대망론聖人大望論'이란 말인가? 이런 성인이 이 세상에 나타나지 않는다면 실망만 클 수밖에 없다. 그러나 이런 비현실적인 희망을 말하자는 것이 아니다.

믿음은 진실함과 경건함에서 자란다

믿음은 진실함에서 싹트고 자랄 수 있으니, 믿음은 진실함을 전제로 하고 있다. ≪시경≫ 〈대아大雅 억抑〉에서는, "네가 방 안에 있는 것을 살펴볼 때, 행여 방구석에 부끄럽지 않아야 하네.〔相在爾室, 尙不愧于屋漏.〕"라는 구절이 있다. 방구석이란 방 안에서도 가장 어두운 곳으로 바로 하늘이 내려다보고 있는 곳이라 한다. 그렇다면 방 안에 혼자 있을 때에도 하늘 앞에 서서 부끄럼이 없어야 한다는 말이다.

이처럼 어느 순간에나 '하늘'(천天 : 상제上帝 · 신神) 앞에 서 있음을 각성하는 경건하고 진실한 인격이라면 사람들의 믿음을 얻을 수 있다. 따라서 ≪중용≫(33:3)에서는 이 대목에서 군자의 덕이 어떻게 갖추어져야 하는지를 말하면서, "군자는 거동하지 않을 때에도 공경하고, 말하지 않을 때에도 믿음이 있다.〔君子, 不動而敬, 不言而信.〕"고 하였다.

자신이 어느 순간이나 하늘 앞에 서 있다는 것을 각성한 인격이라면 그는 움직일 때는 물론이요 고요하게 혼자 있을 때도 경건하고 진실함을 지닐 것이요, 그렇다면 말을 할 때는 물론 말없이 조용히 있을 때에도 믿음을 간직할 것은 당연하다.

이렇게 공경하는 모습과 믿음을 간직한 마음은 사람이 하늘과 마주하고 하늘과 소통하는 자리이다. '공경함'과 '믿음'으로 사람과 하늘이 소통할 수 있게 한다면 사람과 사람이 서로 소통하고 일체一體를 이룰 수 있을 것임은 더 말할 필요도 없다. 바로 '공경함'과 '믿음'은 '중용의 도리'가 실현되는 상태를 확인할 수 있는 중요한 징후의 하나라 할 수 있다.

'믿음'은 '중용의 도리'를 실현하는 동력이다

≪대학≫(3:3)에서는, "임금이 되어서는 어진 덕에 머물고, 신하가 되어서는 공경함에 머물며, 자식이 되어서는 효성스러움에 머물고, 부모가 되어서는 자애함에 머물며, 나라 사람들과 더불어 사귐에는 미더움에 머물러야 한다.〔爲人君, 止於仁, 爲人臣, 止於敬, 爲人子, 止於孝, 爲人父, 止於慈, 與國人交, 止於信.〕"고 하였다. 누구나 자신이 놓여 있는 처지와 입장에 따라 인간관계에서 지켜야 할 가장 중요한 덕목으로 '어진 덕', '공경함', '효성', '자애', '미더움'을 제시하였다.

그 가운데 '임금과 신하'나 '부모와 자식'의 관계는 개인과 개인 사이에 요구되는 덕목이지만, 가장 넓은 범위로 온 나라 사람과 더불어 사귐에 요구되는 가장 폭넓게 적용되는 덕목을 '미더움〔信〕'이라 하였다. '미더움'이 없이는 모든 인간과 더불어 사귀고 함께 일하며 살아가는 기반을 확보할 수 없다는 말이다. 그것은 '미더움'이 있다면 그 사회는 아무리 넓은 범위라도 하나의 공동체를 이루어 '중용의 도리'를 실현할 수 있는 기반이 확보되었음을 말해주는 것이기도 하다.

그래서 "군자에게는 큰 도리가 있으니, 반드시 충성스럽고 미더움으로써 얻게 되고, 교만하고 방자함으로써 잃게 된다.〔君子有大道, 必忠信以得之, 驕泰以失之.〕"(≪대학≫ 10:18)고 하였다. '충성스럽고 미더움'이 있어야 '큰 도리'를 얻을 수 있고, 그 '미더움'을 잃으면 '큰 도리'도 잃게 되는 것임을 지적하였다. '중용의 도리'도 '미더움'으로 실현될 수 있고, '미더움'을 잃으면 무너지고 말게 된다. 따라서 '미더움'이 온 사회에 확보된다면 그것은 바로 '중용의 도리'가 실현되고 있음을 보여준다고 하겠다.

'믿음'은 인간관계에서 '중용의 도리'를 실행하기 위한 전제이다

'믿음(미더움)'은 개인과 개인의 사이나 세상의 어떤 공동체에서나 모든 인간관계를 성립시키고 실현시켜주는 핵심적 조건이다. 공자는 인간관계를 결합시켜 주는데 '믿음'이 얼마나 중요한지를 강조하면서, "사람으로서 신의信義가 없으면 무엇을 할 수 있을지 모르겠다. 큰 수레에 끌채 끝 가로대가 없고 작은 수레에 끌채 끝 멍에가 없다면 그 수레가 어떻게 갈 수 있겠는가?〔人而無信, 不知其可也. 大車無輗, 小車無軏, 其何以行之哉.〕"(≪논어≫ 2-22)라고 하였다. 마치 수레와 말을 연결시켜주지 않으면 수레가 움직일 수 없고 소나 말이 짐을 나를 수 없는 것과 같이, 사람과 사람 사이에 '믿음'이 없다면 함께 모여서 할 수 있는 일이 아무것도 없음을 강조한 말이다.

인간이 살아가는 세상에서 크고 작은 공동체는 어느 것이나 사람들이 모여서 이루어지는 것인데, 그 모여 있는 사람들이 서로에 대해 아무런 유대관계를 의식할 수 없다면, 그 공동체는 구성원들이 모래알처럼 뿔뿔이 흩어져 한순간에 무너져 흩어져버리고 말게 된다. 그만큼 '믿음'은 인간과 인간 사이를 결합시켜주는 연결고리와 같은 작용을 하고 있다.

한 사회가 믿음이 확고하게 정립된 튼튼한 신용사회라면 그 사회는 바로 '중용의 도리'가 이미 실현되고 있음을 보여준다. 신용사회라고 모두 '중용의 도리'가 실현되는 것은 아니겠지만 '중용의 도리'가 실현된 사회는 신용사회일 것은 분명하다.

정치는 백성의 '믿음'을 근본으로 한다

공자는 제자 자공子貢이 정치에 대해 묻자, '식량을 넉넉히 할 것〔足食〕', '군사를 넉넉히 할 것〔足兵〕', '백성을 믿게 할 것〔民信之〕'의 세 가지 일을 제시하였다. 이에 대해 '부득이하여 이 세 가지에서 무엇을 먼저 제거해야 할지'를 다시 묻자, 공자는 가장 먼저 '군사'를 제거하고, 두 번째로 '식량'을 제거할 것이라 대답하면서, "예로부터 모든 사람에게는 죽음이 있지만, 백성이 믿지 않으면 나라가 존립할 수 없는 법이다.〔自古皆有死, 民無信不立.〕"(≪논어≫ 12-7)라고 하였다.

나라를 유지하는 데는 외적의 침입을 막기 위해 '군사'는 필수적 조건이지만, 내부에서 백성이 굶주려 동요가 일어나면 외적의 침입을 기다릴 틈도 없이 스스로 무너질 수밖에 없다. 그러니 '군사'보다 '식량'이 더 소중하다는 말이다. 그런데 '식량'이 없다는 것은 백성이 굶주려 죽음을 당할 수 있는 위급한 처지인데, 그보다 더 소중한 것은 백성의 마음을 지켜줄 수 있는 '믿음'이라고 지적하였다. 백성이 굶주려 죽는 일은 흉년凶年을 당하면 자주 있는 일이지만, 백성의 '믿음'을 잃어버리면 그 나라는 이미 나라로 존립할 수가 없다는 사실이다.

'믿음'은 사회를 결속시키고 지탱해주는 힘이다. '믿음'이 없으면 '중용의 도리'도 펼 곳이 없지만, '믿음'이 확보되었다면 그 사회에 '중용의 도리'는 이미 상당한 수준에서 실현되었다는 사실을 인정할 수 있다고 하겠다.

자하子夏(공자의 제자)는 "군자는 그 백성을 믿게 한 다음에 수고롭게 해야 하니, 믿지 못하면 자기를 괴롭힌다고 여긴다. 믿게 한 다음에 간언諫言해야 하니, 믿지 못하면 자기를 헐뜯는다고 여긴다.〔君子信而後勞其民, 未信則以爲厲己也. 信而後諫, 未信則以爲謗己也.〕"(≪논어≫ 19-10)고 말했다.

백성이 통치자를 믿지 않으면 백성을 동원하여 수고롭게 하는 일이 모두 백성을 괴롭히는 일이라 여겨 불만이 팽배해질 것이요, 윗사람이 믿지 않는데 아랫사람이 간언을 하면 윗사람은 자기를 비난한다고 여겨 분노를 폭발하게 된다는 사실을 지적한 말이다.

백성의 불만이 팽배해지면 통치자는 존립이 위태롭게 되고, 윗사람의 분노가 폭발하면 아랫사람은 그 자리가 위태로워질 것은 당연하다. 이처럼 믿음이 없이는 백성을 부릴 수도 없고, 윗사람에게 간언하여 바른길로 이끌어갈 수 없으니, 이미 정치는 무너지고 나라는 혼란에 빠지고 말았는데, '중용의 도리'를 어디에다 실현할 수 있겠는가.

'믿음〔信〕'은 '의로움〔義〕'과 함께 간다

'믿음〔信〕'은 '중용의 도리'를 실행하는 핵심적 기반이지만, 때로는 '믿음'이 대상을 잘못 판단하여 미혹에 빠지면 '미신迷信'이나 '혹신惑信'이 될 수도 있고, '믿음'의 방법이 맹목적이거나 과격하면 '맹신盲信'이나 '광신狂信'이 될 수도 있다.

그래서 '믿음'을 절제해주는 가장 좋은 짝으로 '의로움〔義〕'이 요구된다. '믿음'과 '의로움'이 함께 가는 신의信義라야 어리석음과 탐욕에 빠지지 않는 바른 '믿음'이 될 수 있다. 그래서 공자는 "충직함과 믿음을 주장으로 삼되, 의로움으로 옮겨가면 덕을 높이는 것이다.〔主忠信, 徙義, 崇德也.〕"(≪논어≫ 12-10)라고 하였다.

'충직함과 믿음〔忠信〕'도 때로는 어리석음으로 속임을 당하고 탐욕으로 눈이 멀기도 하여 타락하는 것을 경계하지 않을 수 없다. 그래서 '믿음'이 '의로움'과 짝이 되어 정당한 믿음인 '신의信義'로 확립하기를 요구하게 된다. 믿음이 사람과 사람을 결합시켜준다면 의로움은 그 믿음의 결합을 정당화시켜주니, 믿음의 힘이 더욱 크게 발휘될 수 있고, '중용의 도리'도 더욱 안정된 실현을 할 수 있음은 당연한 일이다.

32. 질서秩序를 이룬다

종묘宗廟의 예법은 왼쪽에 '소昭'와 오른쪽에 '목穆'으로 차례를 정하는 것이다. 벼슬의 차례를 정하는 것은 귀하고 천함을 분별하는 것이요, 제사에서 맡는 일의 차례를 정하는 것은 현명함을 판별하는 것이다. 종묘에서 여럿이 술잔을 주고받는 의례에 아랫사람이 윗사람에게 잔을 올리는 것은 낮은 사람에게까지 미치는 것이요, 제사를 마친 뒤의 잔치에서 머리털이 흰 사람부터 차례를 정하는 것은 나이에 따라 차례를 정하는 것이다.

宗廟之禮, 所以序昭穆也. 序爵, 所以辨貴賤也, 序事, 所以辨賢也. 旅酬, 下爲上, 所以逮賤也, 燕毛, 所以序齒也.

≪중용≫ 19:4

다스리는 나라가 있는 천자나 제후는 봄과 가을에 조상의 사당인 '종묘宗廟'를 단장하고, 제기를 진열하며, 제철의 음식을 제물祭物로 올려 제사를 드리는데, 이 제사의례에서 차례가 질서정연하게 이루어지고 있는 사실을 보여준다. 여기서는 '종묘'제사의 의례에서 질서 있게 이루어지고 있는 점 다섯 가지를 들어 제시하고 있다.

첫째, '종묘'에 모시는 신주는 조상에서 후손으로 내려오는 세대의 순서에 따라 왼쪽에 '소昭'와 오른쪽에 '목穆'으로 정연하게 배열되어, 신위神位의 차례가 질서를 이루고 있음을 말한다.

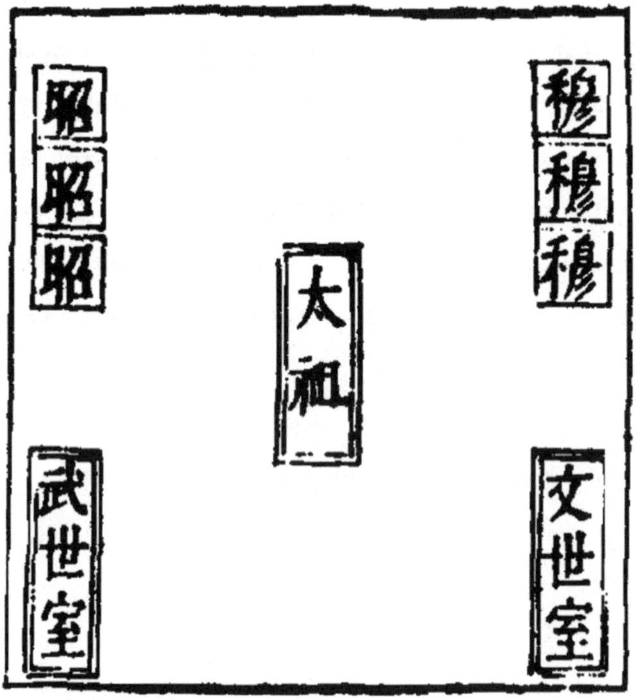

주구묘도周九廟圖(≪삼재도회三才圖會≫)

둘째, 벼슬의 차례를 귀하고 천함에 따라 분별한다는 것은 제사에 참례參禮하는 모든 사람은 벼슬이 높고 낮음에 따라 높은 사람이 앞줄에 서고 낮은 사람은 뒷줄에 서서, 귀천貴賤의 질서가 이루어지고 있음을 말한다.

셋째, 제사에서 제관祭官이 맡는 일은 현명한 사람이 중요한 일을 맡음으로써, 현명함의 정도를 분별하는 질서가 이루어지고 있음을 말한다.

넷째, 종묘에서 여럿이 술잔을 주고받는 여수旅酬의 의례에서 아랫사람이 윗사람에게 차례대로 술잔을 올려 낮은 사람에게까지 미치는 것은, 역할의 기회가 위에서 아래까지 미치는 질서가 이루어지는 것을 말한다.

다섯째, 제사를 마친 뒤 음복飮福잔치에서 머리털이 흰 사람부터 차례대로 자리를 정하는 것은 나이의 순서로 질서를 이루고 있음을 말한다.

이렇게 제사의례에서 조상과 후손의 위계질서, 벼슬의 높고 낮음에 따른 위계질서, 현명한 덕의 높고 낮음에 따른 위계질서, 윗사람에서 아랫사람까지 관통하는 위계질서, 나이의 많고 적음에 따른 위계질서가 실행되고 있다. 그렇다면 제사의 절차와 참석하는 사람이 질서를 이루는 것은 바로 모든 사회질서의 기준이요, 모범이 되는 것임을 보여주고 있다.

제사의례만이 아니라 다양한 예법의 체계는 사회 전체가 질서를 이루도록 이끌어준다. 곧 가정이나 국가를 비롯한 사회 전반이 예법에 따라 질서를 이루고 있는 것이 바로 '중용의 도리'가 실현된 상태라고 할 수 있다.

예법의 질서는 '도리'를 실현하는 중요한 조건이다

예법은 사회질서를 이루는 기준이며, 제사는 그 예법의 전형典型이요 모범을 이루는 것이라 할 수 있다. 그러나 제사가 드려지고 제사를 통해 예법이 제시되고 있다고 하더라도 그 사회에 질서가 이루어지는 것은 아니다. 한 사회에 질서를 이루기 위해서는 그 예법이 도리에 맞는 예법임을 밝혀주는 지혜로운 인격이 요구되고, '도리'에 맞는 예법을 실천하는 주체로서 인간의 역할이 중요하다.

한 사회에 질서를 제시하는 예법이 주어졌다 하더라도 그 예법이 시대에 맞지 않고 도리에 맞지 않는다면 그 예법이 제시하는 사회질서도 여러 가지 불합리함과 모순을 내포하게 될 것이다. 오늘의 시대는 상하의 위계질서가 상대적으로 완화되어 있다. 그러나 전통사회는 위계질서가 매우 엄격할 뿐만 아니라 사회조직이 신분제도를 기반으로 질서를 이루고 있는 것이 사실이다.

그렇다면 질서는 어느 사회나 어느 시대에나 같은 규범체계로 유지되는 것은 아니다. 사회가 달라지고 시대가 달라지면 질서를 이루는 규범체계 자체가 변하지 않을 수 없다. '중용의 도리'는 예법으로 제시되고 예법은 질서를 이루는 기준이 되는데, '중용의 도리'가 시대에 따라 새롭게 해석되는 '시중時中'의 도리이니, 시대와 사회의 변화에 따라 '중용의 도리'가 달라지고, 이에 따라 예법도 달라지고, 또한 질서의 체계도 달라진다는 사실을 확인해둘 필요가 있다.

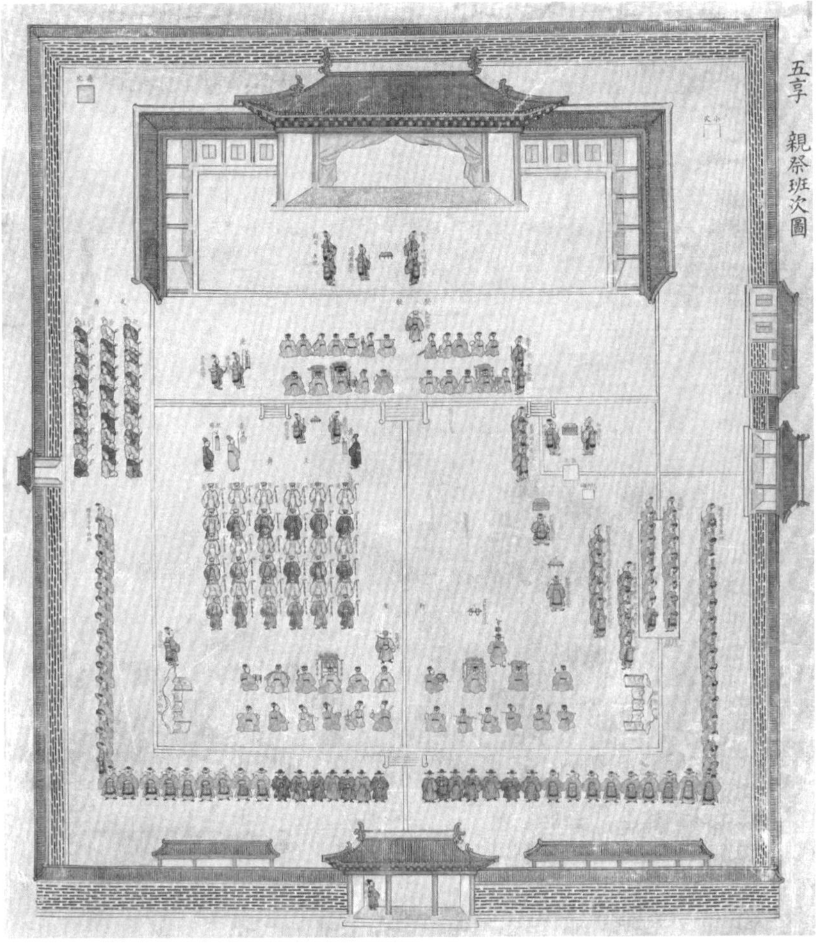

종묘에서 제사 지내는 모습(종묘친제규제도설병풍宗廟親祭規制圖說屛風)
(출처 : 국립고궁박물관)

신분제도에 기반하는 전통사회의 질서나 평등을 기초로 하는 오늘의 사회질서가 달라지는 것은 시대와 사회에 따라 '중용의 도리'에 대한 해석이 달라지고 따라서 예법이 달라지기 때문이다. 그러나 신분제도에 기반하는 전통사회가 안정된 질서를 이루었다는 사실은 그 시대에 맞게 '중용의 도리'가 실현되고 있다는 것을 말해준다.

문제는 시대와 사회가 바뀌더라도 예법의 질서는 구성원의 차등적 분별을 부정할 수는 없다. 이를테면 전통사회에서 신분적 차등이 중시되었다면 오늘의 시대에는 능력의 차등을 비롯한 또 다른 차등이 여전히 중시되고 있는 것이 사실이다. 그렇다면 우리시대의 질서에 맞는 예법을 찾아서 제시해야 하고, 그 예법을 정당화하는 기준이 '중용의 도리'라는 말이다.

'도리'가 실행되고 있는지 없는지에 따라 드러나는 세상의 질서

비록 '중용의 도리'와 예법과 질서가 완전하게 실현된 상태는 아니라 하더라도 상당한 수준으로 실현되고 있는 상태를 가리켜, '천하에 도리가 실행되고 있다〔天下有道〕'고 하였다. 그러나 한 사람이 비록 불완전한 수준이라 하더라도 '도리가 이루어진 세상'을 만나기는 어려운 것이 현실이다. 훨씬 더 많은 사람들이 '천하에 도리가 없는 세상〔天下無道〕'에 살기 마련이다.

그렇다면 '도리가 실행되고 있는 세상'과 '도리가 실행되지 않는 세상'에 어떻게 대처할 것인지도 '도리'를 닦는 사람이 깊이 숙고하여 판단해야 할 사항이 아닐 수 없다. 그런데 맹자는 '도리가 실행되고 있는 세상'과 '도리가 실행되지 않고 있는 세상'에서 개인이 어떻게 처신할 것이냐의 문제가 아니라, 한 걸음 더 나아가 그 세상에 따라 어떤 질서가 이루어지고 있느냐에 관심을 보이고 있다.

곧 "천하에 도리가 행해지면 덕이 작은 사람은 덕이 큰 사람에게 부림을 받고, 현명함이 낮은 사람은 현명함이 높은 사람에게 부림을 받는다. 천하에 도리가 행해지지 않으면 규모가 작은 자가 큰 자에게 부림을 받고, 힘이 약한 자가 강한 자에게 부림을 받는다. 이 두 가지는 하늘의 이치이니, 하늘의 이치를 따르는 자는 살아남고, 하늘의 이치를 거스르는 자는 멸망한다.〔天下有道, 小德役大德, 小賢役大賢. 天下無道, 小役大, 弱役强. 斯二者, 天也, 順天者存, 逆天者亡.〕"(≪맹자≫ 7-7:1)고 하였다.

그것은 어떤 기준으로 세상이 운영되고 있는가의 문제이다. '도리가 실행되고 있는 세상'에서는 '덕'이 기준이 되어 질서를 이루니 덕이 큰 사람이 높은 지위에 있지만, '도리가 실행되지 않는 세상'에서는 '크기'나 '힘'이 기준이 되어 질서를 이루니 힘이 센 쪽이 지배하고 있음을 말한다. 우리 시대에도 천하에 '덕이 높은 나라〔高德國〕'는 찾아볼 수가 없고 '힘이 강하고 세력이 큰 나라〔强大國〕'만 꼽고 있으니, 맹자가 보면 우리 시대는 '도리가 실행되지 않는 세상'이라 할 것 같다.

'덕'을 행하는 왕도王道와 힘으로 지배하는 패도覇道

여기서 맹자가 "힘으로써 어진 덕을 가장假裝하는 것은 패권이니 패권은 반드시 큰 나라를 차지해야 한다. 도덕으로써 어진 덕을 실행하는 것은 임금 노릇이니 임금 노릇은 큰 나라를 필요로 하지 않는다.〔以力假仁者覇, 覇必有大國. 以德行仁者王, 王不待大.〕"(≪맹자≫ 3-3:1)라고 하여, '도덕으로써 어진 덕을 실행하는〔以德行仁〕' '왕도王道'정치와 '힘으로써 어진 덕을 가장하는〔以力假仁〕' '패도覇道'정치를 대비시키는 구조에 일치한다.

'도리가 실행되고 있는 세상'은 '덕'을 기준으로 삼아 '왕도'정치를 행하는 세상이요, '도리가 실행되지 않고 있는 세상'은 '힘'을 기준으로 삼아 '패도'정치를 행하는 세상이다. 나라 안에서도 세력을 가진 자가 힘으로 백성을 지배하고, 나라 사이에서도 강대국이 힘으로 세상을 지배하려 드는 '패도'의 세상은 '도리가 실행되지 않고 있는 세상'이다. 오늘날 우리가 살고 있는 세상을 포함하여 세상은 항상 '패도'가 행해졌던 것으로 보인다.

그러나 '덕'을 기준으로 사회의 질서가 확보되는 '왕도'의 세상이 바로 '중용의 도리'가 실행되고 있는 세상이다. 여기서 맹자는 '힘'이 지배하는 세상에서는 현실의 '힘'에 순응하는 것이 '하늘의 이치를 따르는(순천順天)' 길이라 하여, '힘'에 맞서려 들다가 '덕'까지 파괴당하지 않도록 주의를 주고 있다.

'도리'가 실행되는지 않는지에 따라 처신하는 방법

공자는 '도리가 실행되고 있는 세상'과 '도리가 실행되지 않는 세상'에 대처하는 처신의 도리에 깊은 관심을 보이고 있다. 그 자신은 '도리가 실행되지 않는 세상'에 살고 있으면서도 '도리가 실행되고 있는 세상'에서 처신하는 모습과 대비시켜 처세處世의 바른 도리를 밝히고자 한 것으로 보인다.

공자는 먼저 나라에 도리가 없을 때 '우직함〔愚〕'의 태도를 중시하였다. 곧 "영무자甯武子(위衛 대부大夫)는 나라에 법도가 있으면 처신이 지혜로웠고 나라에 법도가 없으면 처신이 우직하였으니, 그 지혜로움은 미칠 수 있겠는데 그 우직함은 미칠 수가 없구나.〔甯武子, 邦有道則知, 邦無道則愚, 其知可及也, 其愚不可及也.〕"(≪논어≫ 5-21)라고 하였다. 곧 영무자의 처세법을 칭찬하면서 지혜로움〔知〕과 우직함〔愚〕으로 나라에 도리가 행해지는지 않는지에 따라 대처하는 처세의 방법이 다른 점을 지적하고 있다.

또한 나라에 도리가 있는지 없는지에 따라 말하고 행동하는 태도가 달라져야 함을 지적하고 있다. 공자는, "나라에 법도가 있으면 강직하게 말하고 강직하게 행동할 것이지만, 나라에 법도가 없으면 강직하게 행동하되 말은 온순하게 해야 한다.〔邦有道, 危言危行, 邦無道, 危行言孫.〕"(≪논어≫ 14-3)고 하였다. 행동의 강직함은 자신의 지조로 지키되, 그 나라에 '도리'가 실행되는지 않는지 상황을 판단하여 그에 따라 말을 강직하게 할 것인지 온순하게 할 것인지 처신하는 법을 지키도록 요구하고 있다.

이와 더불어 공자는, "위태로운 나라에는 들어가지 않고, 혼란한 나라에는 살지 않으며, 천하에 도리가 있으면 드러내고 천하에 도리가 없으면 숨어야 한다. 나라에 도리가 있는데 가난하고 비천한 것은 부끄러운 일이요, 나라에 도리가 없는데 부유하고 고귀한 것은 부끄러운 일이다.〔危邦不入, 亂邦不居, 天下有道則見, 無道則隱. 邦有道, 貧且賤焉, 恥也, 邦無道, 富且貴焉, 恥也.〕"(≪논어≫ 8-13)라고 하였다.

"위태로운 나라에는 들어가지 않고, 혼란한 나라에는 살지 않는다."는 것은 세상이 '도리'에 맞지 않으면 나서지 말고 떠나서 은둔하라는 말이다. 위태롭고 혼란한 세상에 뛰어들어 세상을 바로잡겠다는 것이 잘못된 생각일 수는 없다. 그러나 자신의 역량이 세상을 바꾸고 바로잡을 수 없는데도 뛰어드는 행동은 자신을 모르거나 세상을 모르거나 양쪽 모두 모르는 경우로서 '중용의 도리'에 어긋나며, 어리석고 무모한 짓임을 경계한 말이다.

'도리'를 어떻게 세상에 펼칠지는 시대와 상황에 따라 달라져야 한다는 것이 바로 '때에 맞는 중용의 도리〔時中〕'를 행하는 방법이다. 그래서 상당히 높은 수준의 덕을 쌓은 사람에게도, "천하에 도리가 있으면 드러내고 천하에 도리가 없으면 숨어야 한다."고 당부하였다. '도리가 실행되고 있는 나라'에 살면서 자신의 뜻을 펼치지 못하여 가난하고 비천하게 사는 것은 자신의 역량이 아직도 부족하니 부끄러워할 일이요, '도리가 실행되지 않는 나라'에서 출세하여 부유하고 높은 벼슬에 올랐다는 것은 자신의 지조를 잃은 일이니 부끄러워해야 할 일임을 강조하고 있다.

33. 공정公正하다

위로는 하늘의 시기時期를 법도로 삼았고, 아래로는 물과 흙의 적합함을 따르셨다.

上律天時, 下襲水土. ≪중용≫ 30:1

비유하면 땅이 붙들어 실어주지 않는 것이 없고, 하늘이 덮고 감싸주지 않는 것이 없는 것과 같다. 비유하면 네 계절이 차례대로 운행하는 것과 같고, 해와 달이 교대로 밝혀주는 것과 같다.

辟如天地之無不持載, 無不覆幬. 辟如四時之錯行, 如日月之代明. ≪중용≫ 30:2

≪중용≫에서는 공자가 추구하고 있는 '중용의 도리'가 어디에 근원하는지를 확인하는 데 관심을 기울이고 있다. 곧 시대변화를 결정하는 '천시天時'를 그 법도로 삼고, 현실의 자연조건인 '수토水土'의 적합성을 살펴서 '중용의 도리'를 찾아내고 있는 것임을 보여준다. '중용의 도리'는 넓게 말하면 우주에 실현되어야 하는 것이니, '하

늘'과 '땅'을 그 근원으로 삼는다고 말할 수 있다.

여기서 비유로 들고 있는 것처럼 '하늘'은 만물을 덮어주고 감싸주며, '땅'은 만물을 붙들어주고 실어준다는 사실이나, 네 계절이 차례대로 바뀌어 운행하며, 해와 달이 교대로 대지를 밝게 비쳐준다는 사실은 모두 인간과 만물에 어떤 차별도 두지 않고 꼭 같이 공평하게 베풀어주는 것임을 알 수 있다. 이처럼 '공평함'이란 하늘과 땅의 '덕'에 근원하니, '공평함'은 큰 덕이 아닐 수 없다.

'공평함'은 '중용의 도리'를 실현하는 마음의 '공정함'에서 나온다. 세상에는 꼭 같은 것이 없으니, 온갖 차이가 있음을 인정하지 않을 수 없다. 그러나 '공평함'은 아무런 차별을 두지 않는다는 점에서 그 기본성격을 확인할 수 있다. 이처럼 '중용의 도리'가 실현된 양상은 해와 달이 인간과 만물에 아무런 차별을 둠이 없이 비쳐주듯이 공평하게 실현되는 것임을 말한다.

'공평함'은 백성을 안정시킬 수 있다

공자는 "관대하면 많은 사람을 얻게 되며, 신뢰가 있으면 백성이 믿고 따를 것이요, 민첩하면 공적이 있을 것이고, 공평하면 기뻐할 것이다.〔寬則得衆, 信則民任焉, 敏則有功, 公則說.〕"(≪논어≫ 20-1)라는 말을 하고 있다. 이 말은 그 당시 전해오는 격언을 공자가 인용하였던 것으로 보기도 한다. 여기서 '관대함'이 대중의 마음을 얻고, '믿음'이 백성의 신임을 받고, '민첩함'이 일에 공적을 이룰 것이라는 세 가지는 백성들의 믿음 속에 일을 잘 해결한다는 사실이니, 다스림의 기초와 실행을 말한다.

그런데 마지막으로 제시된 '공평함'은 백성들이 마음으로 기뻐하는 단계이니, 다스림의 극치요 완성이라 할 수 있다. '공평함'이 실현되면 어디에서나 무슨 일에서나 모든 사람이 기뻐하며 아무런 불평이 생길 수 없다. 그러나 '공평함'을 잃으면 불만이 터져 나오고 원망이 쏟아져 나와 그동안 이루어놓은 모든 성과가 다 허사虛事로 돌아갈 수 있음을 지적하였다.

또한 공자는 "내가 듣기로, '나라를 다스리거나 가문家門을 다스리는 자는 백성이 적은 것을 걱정하지 않고 분배分配가 고르지 못한 것을 걱정하며, 가난한 것을 걱정하지 않고 안정되지 못한 것을 걱정한다.'고 하였다. 무릇 분배가 고르면 가난하지 않을 것이요, 화평하면 백성이 적지 않을 것이며, 안정되면 나라가 기울어지는 일이 없을 것이다.〔丘也聞有國有家者, 不患寡而患不均, 不患貧而患不安. 蓋均無貧, 和無寡, 安無傾.〕"(≪논어≫ 16-1)라고 하였다.

백성이 적으면 작은 나라이지만, 분배가 고르지 못하면 빈부의 격차가 생기고 심하면 불평과 불만이 일어나서 큰 나라의 경우도 혼란에 빠질 수가 있다. 그러나 분배가 고르다면 누구도 빈곤하다는 생각이 일어나지 않을 것이요, 화합을 이루면 백성도 한마음이 되어 더욱 강한 나라가 될 수 있음을 보여준다. 한 나라가 전체적으로 가난해도 분배가 균평하면 안정을 이룰 것이고, 백성이 안정하면 나라도 견고해져서 안으로 동요가 일어나지 않고 밖으로 외적에 무너지는 일도 없을 것임을 말한다. 그렇다면 분배의 균평이 백성을 화합하게 하고 나라를 안정시키며 견고하게 만들 수 있음을 알 수 있다.

'공평함'이 지극하게 이루어진 '대동大同'의 정신

≪예기≫의 〈예운禮運〉편에 대해 의문을 제기하는 사람들이 많았다. 어떤 사람이 〈예운〉편은 노자老子의 견해와 같은 것으로 보인다는 의문점을 제시하자, 주자는 "성인(공자)의 글이 아니다. 호명중胡明仲은 '〈예운〉편은 자유子游가 지었다.'고 말했다.〔不是聖人書, 胡明仲云, '禮運是子游作'.〕"(≪주자어류≫ 87:79)라고 대답했었다. 이러한 지적의 진실성을 따지는 문헌고증적인 문제는 잠시 접어두는 것이 좋겠다.

〈예운〉편에서는 공자의 말로 인용되고 있는 다음의 구절에서 '대동大同'의 정신을 밝히는 핵심내용을 보여주고 있다.

"큰 도리가 시행되면 천하를 공공公共한 것으로 삼는다. 어질고 유능한 인재를 가려 쓰고, 신의信義를 강구하며 화목和睦함을 닦는다. 그러므로 사람들은 자기 부모만 친애하지 않고 자기 자식만 사랑하지 않는다. 노인은 마칠 수 있고, 장년은 쓰일 수 있고, 어린아이는 자랄 수 있으며, 홀아비·과부·고아·자식 없는 늙은이와 불구자가 모두 양육될 수 있게 한다.……그러므로 모략이 막혀서 일어나지 않고, 도적과 나라를 어지럽히는 자가 일어나지 않아서 대문을 닫아두지 않는다. 이것을 '대동大同'이라 한다.〔大道之行也, 天下爲公. 選賢與能, 講信修睦. 故人不獨親其親, 不獨子其子. 使老有所終, 壯有所用, 幼有所長, 矜寡孤獨廢疾者皆有所養.……是故謀閉而不興, 盜竊亂賊而不作, 故外戶而不閉. 是謂大同.〕"(≪예기≫ 〈예운禮運〉)고 하였다.

"큰 도리가 시행되면 천하를 공공公共한 것으로 삼는다."는 말은 '중용의 도리'가 실행되는 세상에서는 온 천하에 사사롭게 자기 몫을 차지하거나 처지가 다른 사람을 차별함이 없어지고, 모든 일이 공공한 것으로 실행된다는 것을 말한다. 이러한 관점은 ≪대학≫에서 '수신修身 → 제가齊家 → 치국治國 → 평천하平天下'로 나아가는 단계적 확장의 논리와는 어긋나는 것은 사실이다.

천하에 '큰 도리〔大道〕'를 시행하는 인격이라면 아무런 사사로운 편애나 파당적 의식이 없어야 하며, 무슨 일에서나 공정해야 한다. 그렇다면 자기와 친하거나 좋아하는 사람이 아니라 '어질고 유능한 인재를 가려 쓰는 일'도 비로소 가능할 수 있다. 또한 천하의 '큰 근본〔大本〕'을 세우려는 사람은 '신의〔信〕를 강구하며 화목함〔睦〕을 닦는 데' 가장 큰 힘을 기울여야 한다.

'큰 도리'(대도大道)가 시행되었는데 '자기 부모만 사랑하고 자기 자식만 사랑할' 이치가 없다. 그래서 공자도 "무릇 어진 사람은 자기를 수립하고자 하면 남을 수립하게 해주며, 자신을 통달하게 하고자 하면 남을 통달하게 해준다.〔夫仁者, 己欲立而立人, 己欲達而達人.〕"(≪논어≫ 6-30)고 말했던 사실을 주의 깊게 음미할 필요가 있다. 따라서 나와 남의 경계에 사로잡혀 있는 것은 비록 '도리'라 하더라도 '작은 도리〔小道〕'에 불과할 뿐이다.

'중용의 도리'가 실행되면 모든 사람은 자기 역량과 처지에 맞는 자기 자리를 공평하게 얻을 수 있게 된다. 곧 노인은 품위 있게 인생을 마칠 수 있고, 장년은 그 능력에 따라 이 세상에서 쓰일 자리를 찾을 수 있고, 어린아이는 건강하게 자랄 수 있는 세상이 바로

'중용의 도리'가 실현된 세상이다. 무엇보다 중요한 것은 '중용의 도리'가 실행된 상태는 이 세상에 소외되고 버림받는 사람이 없어야 한다는 점이다.

또한 '중용의 도리'가 실행된다면 늙어서 아내가 없는 '홀아비〔矜〕', 늙어서 남편이 없는 '과부〔寡〕', 어린데 부모가 없는 '고아〔孤〕', 늙어서 자식 없는 '고독한 사람〔獨〕'은 이 세상에 의지할 데가 없는 곤궁한 사람들이라, 이른바 네 가지 '궁민窮民'이라고 하는데, 무엇보다 먼저 이렇게 곤궁한 사람들이 잘 살아갈 수 있도록 시급하게 보호되어야 한다. 더구나 '과부'는 '두 지아비를 섬길 수 없다.〔不事二夫.〕'는 규범을 내세워 개가改嫁할 길도 막고 있으니, 그것은 '천하의 큰 도리'라 할 수가 없다. 또한 불치병에 걸리거나 불구가 된 사람이 남들의 무관심과 냉대를 받지 않고 잘 살 수 있도록 보호되어야 하는 것도 당연하다.

'중용의 도리'가 실행되는 공정한 사회에서는 모두가 제자리를 잡고 서로 사양하며 예의를 지킬 것이니, 이런 사회에서는 '모략'하는 일이 없고, 도적도 없고, 나라를 어지럽히는 자도 없는 안전한 세상이라서 아무도 대문을 닫아거는 사람이 없을 것은 당연하다. 이처럼 '중용의 도리'가 실행된 세상은 모든 사람이 아무 차별을 받지 않고 한 집안처럼 서로 친애하는 화평한 '대동大同'의 세상이라 할 수 있다.

'큰 도리'는 얽매임이 없이 공정해야 한다

'큰 도리'를 천하에 실행함에는 '작은 도리'에 얽매여서는 안 된다. '작은 도리'가 사람과 사회를 바로잡아주는 방법이지만, 진실로 정당함을 지닌 '큰 도리'라면 어디에도 얽매임이 없어야 한다. 그래서 공자는 "군자가 천하의 온갖 일에 대응함에, 그렇게 해야만 한다는 것도 없고, 그렇게 해서는 안 된다는 것도 없으며, 의로움에 견주어 행해야 한다.〔君子之於天下也, 無適也, 無莫也, 義之與比.〕"(≪논어≫ 4-10)고 하였다.

자잘한 법규에 얽매어 '큰 도리'를 저버리는 것은 어리석은 짓이거나 고루한 짓일 뿐이다. '중용의 도리'는 비록 구체적인 문제에 세심한 관심을 기울이더라도 언제나 그 시야는 천하를 범위로 삼아야 하니, 그 실행함에서 공정함을 이루어야 한다는 사실을 잊어서는 안 된다는 점을 강조하고 있다.

'중용의 도리'가 실행된 '공정한' 세상에서는 분배나 기회가 공평하게 주어진다는 사실과 더불어, '도리'에 어긋나는 모든 일들이 바로잡아지는 '공정함'이 이루어져야 한다. 공자는 '사람을 안다〔知人〕'는 것에 대해, "곧은 사람을 들어 올려 비뚤어진 사람 위에 두면 비뚤어진 사람도 곧게 될 수 있다.〔擧直錯諸枉, 能使枉者直.〕"(≪논어≫ 12-22)고 하였다. 공정함의 실현은 마치 순舜임금이 고요皐陶를 발탁하고, 탕湯임금이 이윤伊尹을 발탁하듯이, 곧은 사람을 선발하여 비뚤어진 사람의 위에 높이 올려놓으면 비뚤어진 사람도 바로잡아져서 온 나라가 바로잡혀지는 것처럼, 공정한 마음으로 사람을 평가하고 일을 맡기는 것이 중요함을 강조하였다.

'공정함'의 도리는 작은 것을 바로잡는 데 일일이 관여하는 것이 아니라 크게 전체를 보고 균형을 올바르게 잡는 것이니, 활 쏘는

법에 견줄만하다. 그래서 맹자는 “훌륭한 장인은 서툰 장인을 위해 먹줄을 고치거나 없애지 않으며, 예羿(하夏의 제후로 천하의 명궁名弓)는 서툰 활잡이를 위해 활 당기는 법도를 바꾸지 않는다. 군자는 활시위를 당기고서 쏘지 아니하나 화살이 튀어 나갈 듯한 자세를 보여주니, 법도에 맞게 서 있다면 능력 있는 자는 따라갈 수 있다. 〔大匠不爲拙工改廢繩墨, 羿不爲拙射變其彀率. 君子引而不發, 躍如也. 中道而立, 能者從之.〕”(≪맹자≫ 13-41:2)라고 말했다.

활을 쏘기 전에 활시위를 팽팽하게 당긴 올바른 자세를 보여주면 이를 법도로 누구나 배울 수 있는 것처럼, ‘공정함’이 올바른 모범으로 앞에서 제시되면 그 법도의 아름다움과 힘을 느끼면서 누구나 따라갈 수 있다는 말이다. ‘중용의 도리’도 작은 일에서 일일이 해결하여 쌓아가는 초기단계도 있지만, 어느 단계에서는 큰 안목으로 전체를 내다보고 시행되어야 하는 것임을 보여준다.

34. 화평和平하다

≪시경≫에서는, "덕보다 더 드러날 것이 없으매, 모든 제후들이 본받도다."라고 하였다. 그러므로 군자가 독실하고 공경하면 천하가 화평和平해진다.

詩曰, "不顯惟德, 百辟其刑之." 是故君子, 篤恭而天下平.

≪중용≫ 33:5

주나라 성왕成王(≪만고제회도상≫)

≪시경≫ 〈주송周頌 열문烈文〉의 이 시는 주周나라 성왕成王이 종묘宗廟에 제사를 드리고 나서, 제사를 도왔던 제후들을 위해 올린 노래〔樂歌〕인데, "덕보다 더 드러날 것이 없으매, 모든 제후들이 본받도다."라는 구절은 선왕先王(문왕文王·무왕武王)의 덕이 뚜렷하게 드러났으니, 모든 제후들이 선왕의 우뚝한 덕을 우러러보고 본받았다는 말이다.

이 시에 대해 붙인 해설에서, "군자가 독실하고 공경하면 천하가 화평해진다.〔君子篤恭, 而天下平.〕"는 언급은 주나라의 덕이 높은 선왕들이 '중용의 도리'를 독실하고 공경한 덕으로 실행하니, 제후들이 그 덕을 본받음으로써 '천하의 화평함'이 이루어졌음을 밝히고 있다.

제4부에서 '중용이 이루어진 모습'을 해명하는 세 번째 마지막 주제인 (3) 중용의 도리가 이루어진 '실현'을 확인하기 위해서는, 세 가지 과제를 나누어 살펴본다면, ① 첫째 과제는 '화평하다〔和平〕'는 것이요, ② 둘째 과제는 '활력이 넘친다〔位育〕'는 것이며, ③ 셋째 과제는 '밝게 빛난다〔光明〕'는 것이다.

여기서는 먼저 '중용의 도리'가 이루어진 '실현'을 확인하는 첫 과제로서 ①'화평하다〔和平〕'는 과제를 해명하고자 한다. '화평함'이 이루어지면 온갖 갈등과 분열이 사라지고, 이 세상은 전체가 화합과 평화를 이룰 수 있게 된다. '중용의 도리'가 이루어지면서 마침내 세상은 고통과 갈등에서 해방되는 것이요, 구원을 받는 것이라 할 수 있다.

과제로서의 '평천하平天下'와 성취로서의 '천하평天下平'

≪대학≫에서 말하는 '천하평天下平' 즉 '천하가 화평하게 되었다.'는 것은 성취의 결과를 가리키는 말이요, '평천하平天下' 즉 '천하를 화평하게 한다.'는 것은 지향의 과제를 가리키는 말이다. 곧

'평천하'를 통해 노력하여 성취한 결과가 '천하평'이라 할 수 있다. ≪대학≫에서는 "옛날에 밝은 덕을 천하에 밝히고자 하는 사람은 먼저 그 나라를 다스렸다.……〔古之欲明明德於天下者, 先治其國.……〕"라고 하여, '평천하'를 하고자 하면 '치국治國 → 제가齊家 → 수신修身 →…… 격물格物'로 선행해야 할 일들을 찾아들어가는 길을 제시하였고, 또 '물격物格 → ……신수身修 → 가제家齊 → 국치國治'의 단계로 성취를 이루어가서 마지막에 이룰 수 있는 단계가 '천하평'이라 제시하였다.

그러나 ≪대학≫에서는 덕을 쌓아가서 이루는 마지막 조목으로 '평천하'를 제시하였지만 '평천하'에 관한 구체적 내용을 한마디도 언급하지 않았다. 이에 비해 ≪중용≫에서 비로소 '천하평'의 내용이 구체적으로 분명하게 언급되고 있음을 보여준다. 그것이 바로 ≪시경≫ 〈주송周頌 열문烈文〉의 시에서 선왕이 이루어낸 우뚝한 덕을 제후들이 본받고 있음을 노래한 구절을 끌어들이고, 그 구절에 대해 "군자가 독실하고 공경하면 천하가 화평해진다."고 언급하였다.

다만 ≪대학≫에서 '평천하'의 뜻으로 '밝은 덕을 천하에 밝히고자 하는 사람〔欲明明德於天下者〕'을 언급하여 '밝은 덕〔明德〕을 밝힌다'고 말한 것은 바로 ≪중용≫(33:5)에서 군자의 덕으로 '독실하고 공경하다〔篤恭〕'고 언급한 말과 뜻이 상통하는 점을 유의할 필요가 있다.

'화평함'은 '한마음〔同心〕'에서 이루어진다

'천하가 화평하다〔天下平〕'는 것은 분쟁과 갈등이 사라지고 예법과 질서를 이룰 때에 가능한 일이다. 공자의 제자인 유자有子(유약有若)

는 "예법의 시행은 조화로움을 귀하게 여긴다. 옛 임금의 도리는 이 점이 아름다워 크고 작은 일이 조화로움에서 말미암았다.〔禮之用, 和爲貴. 先王之道, 斯爲美, 小大由之.〕"(≪논어≫ 1-13)고 하였다. 예법의 기능은 질서를 이루는 것이요, 질서는 순서를 중시하여 위와 아래를 나누고 앞과 뒤를 나누어 혼란을 막아주는 것이 사실이다.

실지로 예법에 따른 질서가 엄격해지면 서로 구별되고 심하면 차별이 이루어지게 되니, 화합을 잃게 되고 만다. 그러나 성왕聖王인 옛 임금들은 크고 작은 일이 모두 조화로움을 이루게 함으로써 천하를 화평하게 하였음을 강조한다. 그렇다면 예법을 통해 추구하는 질서도 조화로움을 잃지 않도록 하는 것이 소중한 일이요, 조화로움을 잃으면 '예법'도 '도리'에서 벗어나 그 가치를 상실하고 만다는 것을 깨우쳐주고 있다.

'화평'은 '조화로움'이 이루어진 결실이다. '천하'가 화평하거나 개인들 사이가 화평함은 모두 조화로움이 이루어내는 성과를 말하는 것인데, 조화로움은 서로 어울려 한마음이 되는 데서 이루어진다. 공자는 "군자의 도리가 혹은 나아가고 혹은 물러나 있으며, 혹은 침묵하고 혹은 발언하지만, 두 사람이 같은 마음이면 그 날카로움이 쇠를 끊을 수 있고, 같은 마음에서 하는 말은 그 향기로움이 난초와 같다.〔君子之道, 或出或處, 或默或語, 二人同心, 其利斷金, 同心之言, 其臭如蘭.〕"(≪주역≫ 〈계사전繫辭傳 상上〉 8)라고 하였다.

군자가 '도리'를 행함에 항상 순조로운 것은 아니다. 높은 자리에 오르기도 하고, 물러나 집에 머물기도 하며, 때로는 감옥에 갇히거나 유배를 당하기도 한다. 어떤 자리에서는 말이 받아들여지기도 하고, 어떤 자리에서는 말이 받아들여지지 않아 침묵할 수밖에 없는 일도 있다.

그렇지만 어떤 경우에서도 군자의 '도리'는 대결과 투쟁의 논리로 제시되는 것이 아니라 일치와 화합의 논리로 제시된다. 대결과 투쟁으로 얻는 성과는 작은 이익에 그치는 반면에, 상대편에게는 큰 상처를 남길 위험이 있다. 그러나 일치와 화합은 서로 결합하게 되어 큰 힘으로 발휘되고, 상대방도 함께 충족을 누릴 수 있는 강점이 있다.

"뭉치면 살고 헤어지면 죽는다."라는 격언은 생존을 위한 투쟁의 방법으로 받아들여질 수도 있다. 더구나 개인은 겨우 살아남기만 했는데, 전체만 표면에 우뚝하게 올라서는 모습을 보여주는 것이 사실이다. 그래서 자칫 '전체주의'의 구호처럼 들릴 수도 있다. 그러나 "두 사람이 같은 마음이면 그 날카로움이 쇠를 끊을 수 있다.〔二人同心, 其利斷金.〕"라는 말은 두 사람이 각각 자신의 자발적인 생각으로 한마음이 되는 것이니, 아무리 많은 사람들이 한마음이 된다고 해도 어느 누구도 전체에 속박되는 일은 없다. 더구나 이렇게 한마음이 되면 그 날카로움이 쇠를 끊을 만큼 강인하여 아무리 완강한 장벽이나 난관도 헤쳐나갈 수 있다는 말이다.

더구나 "같은 마음에서 하는 말은 그 향기로움이 난초와 같다.〔同心之言, 其臭如蘭.〕"고 말한 것은 한마음이 되어도 결코 투쟁으로 이익을 쟁취하겠다는 이기적 욕심의 결합이 아니기 때문이다. 우리 주변에서는 자신의 이익을 더 많이 얻어내겠다고 머리에 띠를 두르고 주먹을 휘두르며, 목청이 찢어지고 눈에 핏발이 선 사람들의 집단을 자주 보게 된다.

그러나 '도리'를 따르는 양심良心에서 결합하여 두 사람이 한마음이 되면 이런 돈 냄새나 피 냄새의 악취를 풍기는 투쟁이 아니다. 양심에서 결합하여 한마음이 된 사람들의 말은 목청을 높일 필요도 없고 구호를 외칠 필요도 없다. 부드럽게 낮은 목소리로 말하더라도 그 말에는 난초처럼 그윽한 향기가 나고, 그 말을 듣는 사람의 가슴에는 기쁨이 샘솟는다는 말이다.

사람과 사람을 결합시켜 '한마음〔同心〕'이 되면 세상의 모든 사람은 남이 아니라 형제라 할 수 있다. 공자의 제자들 사이의 이야기로 사마우司馬牛가 남들은 모두 형제가 있는데 자기만 홀로 형제가 없다고 근심하자, 자하子夏가 위로하면서, "군자가 공경하여 실수하지 않고, 남들에 대해 공손하여 예법이 있다면 온 세상이 모두 형제라, 군자가 어찌 형제가 없다고 근심하겠는가.〔君子敬而無失, 與人恭而有禮, 四海之內, 皆兄弟也, 君子何患乎無兄弟也.〕"(≪논어≫ 12-5)라고 하였다.

'사해동포四海同胞'라는 말이 가슴으로 절실하게 느껴진다는 것은 서로 공경하고 남들에 대해 공손하여 예법이 지켜질 때에 가능한 말이다. 길에서 어려운 처지에 놓인 사람을 만나면 돕고 싶은 마음이 일어나고, 그 마음으로 서로 돕고, 또 누구에게나 친절하게 대한다면 내가 아니고 내 가족이 아닌 남이라 하여 무관심하게 대하지는 않게 된다.

우리말에는 '나의 집', '나의 부모'라고 소속을 나에게 한정시켜 말하지 않고, '우리 집', '우리 부모'라 일컬어 상대방에게 마음을 열어주는 언어사용법이 있다. 길에서 만나는 사람도 '아저씨', '아주머니', '할아버지', '할머니'라는 가족의 호칭으로 상대방을 부르기도 한다. 이렇게 서로 열려 있고 서로 어울려 화합을 이루면 천하가 화평하게 되는 것도 가능한 일이라 보인다.

'화평함'을 이루는 인격의 '덕'

북송의 신종神宗 황제가 지은 글에는 "대중을 사랑함에는 겸손함과 온화함을 으뜸으로 삼아야 한다.〔愛衆以謙和爲首.〕"(≪명심보감明心寶鑑≫ 〈성심편省心篇〉)는 구절이 있다. 사람을 널리 포용하고 사랑하고자 하면 자신을 낮추고 겸손해야 남을 받아들일 수 있고, 마음을 가라앉혀서 온화해야 사람과 화합할 수 있음을 말한다. 인간관계에서 전체의 화합을 이루는 길은 서로 양보하는 겸양謙讓의 덕으로 남을 포용하고, 서로를 존중하여 예절을 지키는 것이 천하의 화평함을 이루는 기초인 것을 확인할 필요가 있다.

'천하의 화평함'을 이루는 것은 사람이 하는 일이요, 덕이 큰 사람이라야 한다. 그런데 이러한 인격은 자신을 성찰하고 바로잡는 일에서부터 시작해야 한다. 그래서 맹자는 "어진 사람은 활쏘기 하는 것과 같다. 활 쏘는 사람은 자신을 바로잡은 뒤에야 쏜다. 쏘아서 맞지 않으면 자신을 이긴 사람을 원망하는 것이 아니라 되돌아보고 자신에게서 결점을 찾을 뿐이다.〔仁者如射. 射者正己而後發. 發而不中, 不怨勝己者, 反求諸己而已矣.〕"(≪맹자≫ 3-7:1)라고 하였다.

'천하의 화평함'을 이루는 것을 목표와 과녁으로 삼는 사람이라면 자신의 목표가 제대로 실현되지 않았다고 하여 누구를 원망하거나 남을 탓할 것이 아니다. 다만 자기 자신을 돌아보고, 잘못을 찾아내어 과감하게 고치고 바로잡아야 한다. 이 점에서 '천하의 화평함'을 이루고자 하는 일은 바로 활쏘기와 같다고 말하였다.

맹자는 성인의 덕에도 여러 성격의 특징이 있음을 지적하여, 성인의 유형을 네 가지로 제시하였다.(≪맹자≫ 10-1:1~2)

① 백이伯夷 : 섬기고 싶은 군주가 아니면 섬기지 않았고, 부리고 싶은 백성이 아니면 부리지 않았던 인물이다. 따라서 '성인 가운데 기개가 맑은 분' 곧 '성지청자聖之淸者'라고 하였다.

② 이윤伊尹 : '누구를 섬긴들 군주가 아니겠는가? 누구를 부린들 백성이 아니겠는가?'라고 말하며, 다스려져도 나갔고 어지러워도 나갔던 인물이다. 따라서 '성인 가운데 책임을 맡는 분' 곧 '성지임자聖之任者'라고 하였다.

③ 유하혜柳下惠 : 무도한 군주를 부끄러워하지 않고, 작은 벼슬도 사퇴하지 않았으며, 조정에 나가서는 '도리'에 맞게 처리하였던 인물이다. 따라서 '성인 가운데 화합시키는 분' 곧 '성지화자聖之和者'라고 하였다.

백이伯夷(≪고성현상전략古聖賢像傳略≫)

유하혜柳下惠(≪고성현상전략≫)

④ 공자孔子 : 오래 머물 만하면 오래 머물고, 은거할 만하면 은거하고, 벼슬할 만하면 벼슬하였던 인물이다. 따라서 '성인 가운데 때에 맞게 하는 분' 곧 '성지시자聖之時者'라고 하였다.

맹자는 이 네 가지 유형의 성인들 가운데, 공자를 특히 '집대성集大成'한 인물로 가장 높였다. 사실 공자는 '중용의 도리'를 실현하여 '천하의 화평함'을 이루는 데 가장 적합한 논리를 제시한 분이라 인정할 수 있다. 그러나 '성인 가운데 화합시키는 분〔聖之和者〕'이라 일컬어진 유하혜柳下惠(노魯의 대부大夫)가 '천하의 화평'을 이루는 데 가장 적극적인 실행의 모습을 보여준다는 사실도 주목할 필요가 있다.

35. 활력活力이 넘친다

≪시경≫에서는, "아름답고 즐거운 군자여, 드러나고 드러난 훌륭한 덕이로다. 백성에 마땅하고 신하에 마땅하여, 하늘에서 복록福祿을 받으셨네. 보호하고 도우며 명령하심을, 하늘이 거듭 내리셨네."라고 하였다.

詩曰, "嘉樂君子, 憲憲令德. 宜民宜人, 受祿于天. 保佑命之, 自天申之." ≪중용≫ 17:4

그러므로 큰 덕이 있는 자는 반드시 천명天命을 받는 것이다.

故大德者, 必受命. ≪중용≫ 17:5

여기서 인용된 ≪시경≫ 〈대아大雅 가락假樂(嘉樂)〉편은 주나라 성왕成王의 덕이 아름다움을 찬미한 시이다. "백성에 마땅하고 신하에 마땅하다.〔宜民宜人.〕"는 말은 백성들이 넉넉하고 편안하게 잘살도록 해주었고, 신하들이 능력에 따라 직분이 주어지고 자기 임무를 다할 수 있도록 해주었다는 말이다. 그렇다면 백성들은 안심하고 생업에 종사하며 풍족하게 살아가고, 신하들은 안정하여 직무에 최선을 다하니, 천하에 '중용의 도리'가 실행되어 활기가 넘치는 모습이라 할 수 있다.

이렇게 활기에 넘치는 세상이 이루어지는 것은 사람이 뜻을 세운다고 되기도 어렵고 임금이 덕이 있다고 이루어지기도 어려운 일이니, 하늘이 내리는 복을 받은 것이라 할 수밖에 없다. 그래서 하늘이 보호하고 도우며 천명을 내려주었다고 말할 수 있지만, 무엇보다 임금이 큰 덕을 갖추어야 한다. 따라서 큰 덕이 있어서 천명이 내려진 것이라 하지 않을 수 없다. 여기서 천명을 내려주었다는 말은 천하가 '중용의 도리'를 실현하여 태평하고 화합한 세상이 이루어졌음을 말하고 있다.

인간과 만물의 생성生成과 양육養育을 도와주는 인격으로서 성인

하늘과 땅이야 항상 조화(창조)하여 인간과 만물을 생성하며 양육하지만, 인간이 탐욕에 빠져 다른 인간을 착취하고 약탈하며 자연과 만물을 어지럽히고 파괴해왔던 것이 사실이다. 그런데 큰 덕을 이룬 지극히 진실한 사람이 등장하여 인간의 탐욕을 막음으로써 다른 인간에 대한 착취와 약탈이 없게 하니, 모든 인간의 삶이 활기에 넘치게 될 수 있다.

참으로 하늘과 땅의 조화調和와 육성育成을 도울 수 있는 인격이 세상을 다스린다면 자연에 교란과 파괴가 없도록 막아줄 것이니, 자연이 그 아름다움을 더욱 찬란하게 드러낼 수 있게 된다. 따라서 성인이 다스리는 세상은 이렇게 생명의 활기가 넘치는 세상일 것이요, 바로 '중용의 도리'가 온전하게 이루어진 세상임을 보여준다.

하늘과 땅의 조화와 육성을 도울 수 있는 인격이란 '기뻐하고 노여워하고 슬퍼하고 즐거워하는 감정이 아직 드러나지 않는 속마음인 '중심'을 확고하게 세우고, 이 '중심'의 속마음이 밖으로 드러나면서 그 감정들이 모두 절도에 맞게 드러나서 '조화〔和〕'를 이룸으로써 '중화中和'를 이룬 인격이요, '성인'을 가리킨다. 무슨 일에서나 이렇게 '중화'를 이루는 인격이라면 세상을 조화롭게 하는 데 엄청난 힘이 되고 추진력이 되어, 세상의 무질서를 극복하고 조화롭고 생기 넘치는 세상으로 바꾸는 엄청난 성과를 이룰 수 있게 된다는 믿음을 밝히고 있다.

인간의 큰 덕은 하늘과 땅이 만물을 살리고 기르는 역할을 온전하게 실현할 수 있도록 돕는 힘이 있다. 이처럼 '중용의 도리'를 실현하는 인격에 '천지天地'가 호응하고 '사시四時'가 화답한다는 말이다. 마찬가지로 '사시'에 따라 씨 뿌리고 자라고 결실하여 추수하고 저장하는 일을 제대로 할 수 있게 되면 그것이 '사시'가 화답하는 것이라 할 수 있다. 결국 인간과 만물이 각각의 생명을 온전하게 실현하여 이 세상이 생명의 활력이 넘치게 되었음을 보여준다.

'중용의 도리'는 세상에 질서를 이루고 생명을 살려내는 길이다

≪중용≫(1:5)에서는 "중심과 조화를 이루면 하늘과 땅이 제자리를 잡고 만물이 자라나게 된다.〔致中和, 天地位焉, 萬物育焉.〕"라고 하였다.

먼저 "하늘과 땅이 제자리를 잡는다.〔天地位焉.〕"는 말은 세상이 혼란에서 벗어나 질서를 회복하는 상태를 말한다. 그동안 세상에서는 받들어야 할 '하늘의 명령天命'은 망각되고 바닥에 버려졌으며, 적절히 통제해야 할 '땅의 이익〔地利〕'은 과도하게 소모되어 통제가 불능할 정도에 이르렀던 것이 현실이다. 이처럼 세상은 하늘과 땅이 제자리를 잃고 뒤집어졌다고 할 만큼 극심한 혼란에 빠져 있었던 사실을 확인하고 있다. 그렇다면 성인의 역할은 다시 '천명'을 높이고 받들며, '지리地利'가 균형과 조화를 이루도록 통제하여 바로잡아야 하니, 이 일이 이루어지면 '하늘과 땅이 제자리를 잡았다.'고 할 수 있을 것이요, 천하가 안정을 얻었다고 할 수 있다는 말이다.

"만물이 자라나게 된다.〔萬物育焉.〕"는 말은 짓밟히고 파괴된 생명을 온전하게 살려내어 실현시켜주는 것을 말한다. 그동안 인간의 탐욕이 과도한 소비를 일으키면서 자연이 과도하게 개발되고 심하게 파괴되어 마침내 '기상이변'을 일으키는 데까지 이르렀고, 도시는 화석연료의 과도한 소비로 공기의 오염이 심각하게 되는 데까지 이르른 것이 사실이다. '중용의 도리'는 이러한 파탄의 현실을 극복하여 바로잡아 생명을 온전하게 살려내는 일이다. 그래서 먼저 인간의 탐욕이 적절하게 통제되어 자연의 재생력이 제대로 작용할 수 있다면 숲이 사라지는 일이 없을 것이고, 동물이 멸종되는 일도 없을 것이며, 공기도 물도 오염되지 않은 깨끗한 상태를 회복하게 될 수 있다. 이처럼 만물이 제 생명의 활력을 회복하면 활력이 넘치는 세상을 이룰 수 있음을 말한다.

음악音樂은 생명의 활력을 일으키는 역할을 한다

≪예기≫ 〈악기樂記〉편에서는 악사樂師인 사을師乙이 공자의 제자 자공子贛(자공子貢)의 질문에 대답하면서, "무릇 노래란 자신을 곧게 하여 덕을 펼치는 것이다. 자신을 격동시켜 '천지天地'가 이에 호응하고 '사시四時'가 이에 화답하며, 별들이 이에 조리를 이루고 만물이 이에 양육된다.〔夫歌者, 直己而陳德也. 動己而天地應焉, 四時和焉, 星辰理焉, 萬物育焉.〕"고 하였다.

노래가 자신의 성품과 감정에 맞게 불려지면 자신의 굽고 꺾이고 비뚤어진 마음도 곧고 바르게 펴주며 자신의 덕을 펼치게 해준다고 보았다. 또한 노래가 자신의 가슴속에 숨어 있는 꿈과 양심을 격동시키는 것이라 하였다. 이렇게 자신의 가슴속에 숨어 있던 양심과 꿈이 격동되면, 그 파급효과는 마치 바다 한가운데서 큰 지진이 한번 발생하면 해일海溢(쓰나미)이 일어나 먼 바다 끝까지 뻗어나가 거대한 파도가 해변을 덮치는 것처럼 엄청난 파급이 일어난다는 해석이 가능하다.

문제는 노래 한 곡조로 자신의 덕을 펼치고 자신을 격동시켜서 일으키는 큰 파장으로, "'천지'가 이에 호응하고 '사시'가 이에 화답하며, 별들이 이에 조리를 이루고 만물이 이에 양육된다."고까지 말하는 것은 너무 심한 과장법이 아닌지 의심이 들지 않을 수 없다. 그러나 인간의 가슴 깊은 곳에서 일어나는 파동이 한 인간을 역사 속에 위대한 인물로 만들어내고, 그 영향과 혜택은 오랜 세월 많은 사람의 가슴속에 크고 작은 동요를 일으키고 있는 것도 사실이다.

〈악기〉편에서 악사 사을이 말한 '노래'에 대한 설명을 들어보면 '노래〔歌〕'가 '춤〔舞蹈〕'으로 뻗어나가는 길을 보여준다. "노래의 말은 말을 길게 뽑은 것인데, 기쁘기 때문에 말하는 것이다. 말로 하는 것이 부족하니, 그래서 말을 길게 뽑는 것이다. 말을 길게 뽑아보아도 부족하니, 그래서 탄식하고 감탄한다. 탄식하고 감탄해도 부족하니, 그래서 자신도 모르게 손이 춤추고 발이 춤추는 것이다. 〔歌之爲言也, 長言之也, 說之故言之. 言之不足, 故長言之. 長言之不足, 故嗟歎之. 嗟歎之不足, 故不知手之舞之, 足之蹈之也.〕"라고 하였다.

가슴에서 일어나는 기쁨이 터져나와 말이 되고, 말로 그 기쁨을 표현하기에 부족해서 노래가 되고, 그래도 부족해서 탄식이 되고, 그래도 부족해서 손과 발을 율동에 따라 움직여 춤을 추게 된다는 것이다. 이렇게 가슴속의 큰 기쁨이나 큰 슬픔의 감정이 격동을 일으켜 마침내 자기도 모르게 신들려 춤을 추게 한다는 말이다.

그런데 한 사람의 가슴 깊은 곳에서 터져 나오는 감정이 노래가 되면 온 나라 사람들이 함께 그 노래를 부르고 온 세상 사람들이 함께 그 노래를 불러, 이른바 크게 유행하는 일이야 무수히 많이 볼 수 있다. 한 사람의 가슴속의 감정이 온 천하 사람들의 가슴속의 감정으로 퍼져나가 공명하고 있음을 보여준다. 한 사람이 격렬한 감정으로 춤을 추면 사람들이 몰려들어 함께 그 춤을 추고, 온 세상 사람들이 함께 그 춤을 추고 있는 현상도 얼마든지 볼 수 있다.

노래와 춤만 온 세상 사람들이 함께 노래 부르고 함께 춤추게 되는 것은 아니다. '중용의 도리'도 큰 덕을 이룬 인격이 모범을 보여주면 멀리 퍼져 온 세상 사람들이 따르는 일도 있을 수 있다. 지구 위에 빈곤과 질병으로 허덕이는 사람들을 돕겠다는 마음의 불을 붙이려고 뛰어다니는 사람들이 있고, 자연파괴와 환경오염을 막아야 지구 위에서 인간의 종말을 면할 수 있다고 주장하는 목소리도 널리 공감을 얻고 있다.

큰 덕을 이룬 인격으로 높은 지위에 있는 인물이 모범을 보인다면 훨씬 더 크게 파급효과가 나타날 것이요, 천하에 인간과 만물 모두 생명의 활력이 넘치는 세상이 올 수 있다는 믿음이다. 그것이 바로 '중용의 도리'가 실현된 세상이라 할 수 있다.

세상을 활력으로 넘치게 하는 일도 단계적 확장으로 이루어진다

성인이 '중용의 도리'를 실현하여 이 세상을 생명의 활력이 넘치게 하는 일도 한순간에 동시적으로 이룰 수 있는 일은 아니다. 작은 냇물이 모여서 큰 강물이 되고 마침내 바다에 가득 차 출렁이듯이, 작은 일에서 시작하여 점점 확장시켜가서 마침내 하늘과 땅이 제자리를 잡고, 만물이 생성되고 양육되는 생명으로 넘치는 세상을 이룰 수 있다.

≪대학≫(10:3)에서는 자신의 인격을 닦음으로써 그 '덕'을 확장시켜가는 과정을 보여주면서, "한 집안이 어질면 한 나라에 어진 기풍이 일어나게 되고, 한 집안이 사양하면 한 나라에 사양하는 기풍이 일어나게 된다.〔一家仁, 一國興仁, 一家讓, 一國興讓.〕"라고 하였다. 이처럼 작은 범위에서 일어난 일이 점점 넓혀져 큰 범위로 퍼져나

가는 사실을 보여주고 있다.

한 나라에서 '어진 덕'이 이루어져 온 나라 안이 사양하는 기풍이 일어나면 그 다음 확장 순서는 당연히 온 천하에 '어진 덕'이 이루어져 사양하는 기풍이 일어나게 될 수 있음은 당연하다. 그 반대로 자신이 '어진 덕'을 잃어서 한 집안이 어질지 못하면 그 다음 한 나라가 혼란을 일으키게 되고, 나아가 온 천하에 혼란이 일어날 수 있는 것도 사실이다.

한 사람이나 한 집안이 어질다고 곧바로 온 나라 안이 어질게 되고 천하가 어질어지는 데로 확장된다고 말하는 것은 기상현상에서 '나비효과'를 말하는 것처럼 들릴지도 모른다. 따라서 현실적으로 엄청나게 무리하거나 비약이라 지적할 수 있는 것도 당연하다. 그러나 탁월한 역량을 발휘하면 확장의 범위가 그만큼 넓어지는 것도 사실이요, 파급효과도 더욱 가중되어 갈 수 있으니, 전혀 무리한 것만도 아니다.

더구나 천하를 안정시키고 활력에 넘치는 세상을 실현하려는 이상을 품는 것은 한 사람의 가슴이지만, 그 가슴이 품은 꿈이 모든 사람의 가슴속에 잠재되어 있다는 의식에 공감을 일으키고 감동으로 작용한다면 엄청난 큰 힘을 발휘할 수도 있다. 비유하자면, 한 사람의 가슴에 뜨거운 불이 붙으면 온 세상 사람들의 가슴으로 번져나가, 마치 큰 들불이나 산불이 작은 불씨에서 시작되듯이 그 확장의 힘도 엄청나게 큰 힘을 드러낼 수 있는 것도 사실이다.

36. 밝게 빛난다

지극히 진실함은 쉬는 일이 없다. 쉬는 일이 없으면 오래 이어 가고, 오래 이어 가면 징험이 드러난다. 징험이 드러나면 멀리 퍼지고, 멀리 퍼지면 넓고 두터워지며, 넓고 두터워지면 높고 밝아진다.

至誠, 無息. 不息則久, 久則徵. 徵則悠遠, 悠遠則博厚, 博厚則高明.

≪중용≫ 26:1~3

'지극히 진실함'이 '중용의 도리'를 실현하는 공적을 누적하여 감에 따라 이루어가는 단계적 성취의 양상을 여섯 단계로 나누어 제시하였다.

첫째 단계는 '도리'를 지속하여 실행함으로써 '쉬는 일이 없다〔不息〕'고 하였으며,

둘째 단계는 그 성과로 '도리'의 실행이 '오래 이어간다〔久〕'고 하였다.

셋째 단계는 또 그 성과로 '도리'의 실현이 현실에서 '징험이

드러난다〔徵〕'고 하였다.

넷째 단계는 또 그 성과로 '도리'의 실현이 '멀리 퍼진다〔悠遠〕'고 하였으며,

다섯째 단계는 또 그 성과로 '도리'의 실현이 '넓고 두터워진다〔博厚〕'고 하였다.

여섯째 단계는 '도리'가 실현된 실상으로 마침내 '높고 밝게 빛난다〔高明〕'고 하였다.

첫째와 둘째 단계는 '도리'의 실현을 쉬지 않고 지속시켜가는 시간적 지속성持續性을 확인하고 있다.

셋째 단계는 '도리'를 실현한 성과가 현실에서 그 효과가 증거로 드러나고 있음을 지적하였다.

넷째와 다섯째 단계는 '도리'를 실현한 효과가 멀리 퍼지고 또 넓고 두텁게 퍼지는 확산의 양상을 제시하고 있다.

여섯째 단계는 최종적으로 '도리'의 실현이 확고하게 완성단계에 이른 것을 보여주며, 그 성과가 높이 드러나고 밝게 빛나는 것임을 확인하고 있다.

'도리'의 실현과정에서 이렇게 훌륭한 성과를 거두고 있는데, 그 출발점은 '도리'의 실행에 '쉬는 일이 없다〔不息〕'는 끊임없는 노력의 모습이지만, 그 최종적 성과는 '도리'의 실현이 '높고 밝게 빛난다〔高明〕'는 단계에 이르는 것임을 보여준다.

≪중용≫(26:4~5)에서는 이 여섯 단계의 '도리'의 실현양상 가운데, 특히 후반의 세 단계에서는 이루어놓은 공덕을 설명하는 데 관

심을 기울이고 있다.

다섯째 단계인 '넓고 두터움〔博厚〕'의 공덕은 '만물을 실어주는 것〔所以載物也〕'이라 하여, 땅의 덕에 짝을 이루고 있음〔配地〕을 지적하였다.

여섯째 단계인 '높고 밝음〔高明〕'의 공덕은 '만물을 덮어주는 것〔所以覆物也〕'이라 하여, 하늘의 덕에 짝을 이루고 있음〔配天〕을 제시하였다.

넷째 단계인 '오래 이어감〔悠久〕'의 공덕은 '만물을 이루어주는 것〔所以成物也〕'이라 하여, 하늘과 땅의 사업으로서 무궁하게 지속되고 있음〔無疆〕을 보여주고 있다.

이런 설명에 따르면 '도리'의 실현양상으로 전반의 세 단계〔不息·久·徵〕는 '도리'를 실행하는 과정의 단계라면 후반의 세 단계〔悠久·博厚·高明〕는 '도리'가 실현된 이후의 양상을 세 단계로 보여준 것이라 하겠다. 다만 여기서는 '땅'에 짝하는 '박후博厚'와 '하늘'에 짝하는 '고명高明'이 공간적인 차원의 실현이므로 먼저 들고, 무궁한 연속성을 의미하는 '유구悠久'는 앞선 단계이지만 시간적인 차원의 실현이라 뒤에 들고 있음을 보여준다. 또한 하늘과 땅의 덕에 더불어 '중용의 도리'를 실현하는 주체인 인간이 무궁하게 노력을 이어가는 것을 의미할 수도 있을 것 같다.

'중용의 도리'가 온전하게 실현된 모습은 밝게 빛난다

이 세상에 실현된 '중용의 도리'는 하늘의 '때〔天時〕'에 맞으니 '하늘의 도리'요, 땅의 실정〔地利〕에 맞으니 '땅의 도리'요, 사람의 마음을 화합하게 하니 '사람의 도리〔人道〕'이다. 이 '중용의 도리'가 실현된 양상은 넓고 두터우며〔博厚〕, 높고 밝으며〔高明〕, 멀고 항구한 것〔悠久〕이라 하지만, 그 최종적 실현의 단계는 '높고 밝다〔高明〕'고 서술하고 있다.

이와 더불어 '도리'의 실현양상은 "보여주지 않아도 나타나고, 움직이지 않아도 변화시키며, 행하지 않아도 이루어지는 것이다.〔不見而章, 不動而變, 無爲而成.〕"(≪중용≫ 26:6)라고 하였다. 그만큼 '중용의 도리'가 실현된 세상에서는 보고 듣고 만지는 인간의 감각기관으로 알 수 있는 '도리'의 모습은 아무것도 없지만 '도리'가 뚜렷하게 드러남을 누구나 알 수 있다고 한다.

또한 아무런 움직임도 눈에 띄지 않지만 '도리'가 세상을 '때'에 맞게 변화시킨다는 사실을 알 수 있으며, 아무런 작용도 없는 것 같지만 '도리'가 이루어놓은 이 세상이 밝게 빛난다는 말이다. '밝게 빛남'은 '중용의 도리'가 실현되어 드러내는 마지막 단계의 양상을 그려내고 있는 것이라 할 수 있다.

이처럼 '중용의 도리'가 실현되면 스스로 빛나고 세상을 빛나게 할 수 있음을 말한다. 따라서 '중용의 도리'가 드러난 또 다른 양상이라 할 수 있는 '천지의 도리'는 한마디로 말해, "그 자체의 됨됨이는 한결같으니, 만물을 생성함이 헤아릴 수가 없다.〔其爲物不貳, 則其生物不測.〕"(≪중용≫ 26:7)고 언급하기도 하였다. 이렇게 두텁고 밝은 '도리'가 갈라짐이 없이 하나로 관통하여 지속되면서 만물이 제각기 제 생명을 온전하게 이루게 하니, 밝게 빛나는 세상이라 하지 않을 수 없다.

'밝게 빛남'은 '중용'의 실현양상이요, '덕'의 실상이다

'하늘과 땅의 도리'가 아무것도 보이지 않으나 뚜렷하게 드러나는 사실은 인간의 '덕'이 실현되는 과정에서도 분명하게 확인할 수 있다. 인간의 '덕'으로 "겸손함〔謙〕은 〈자신을 낮춤으로써〉 높고 빛나게 드러난다.〔謙, 尊而光.〕"(≪주역≫ 〈계사전繫辭傳 하下〉 7)고 말하고 있다. 여기서 겸손한 '덕'의 높고 빛남은 '중용의 도리'가 실현된 모습의 '높고 빛남'과 그 성취의 온전한 모습으로서 서로 상응相應하는 것이라 하겠다.

'밝게 빛남'은 '도리'로 말하면 '중용의 도리'가 실현된 모습이요, 인간의 '덕'으로 말하면 '덕'의 본래 실상이 '밝은 덕〔明德〕'이다. 먼저 ≪대학≫(2:2)에서 인용하고 있는 구절로, "선왕先王은 하늘의 밝은 명령을 돌아보셨다.〔先王顧諟天之明命.〕"(≪서경≫ 〈태갑太甲 상上〉)고 하여, '하늘의 밝은 명령〔天之明命〕'을 말한 것은 '중용의 도리'가 근원하는 하늘의 명령이 밝게 빛난다는 말이다. '중용의 도리'가 밝게 빛나는 것은 그 근원인 하늘의 명령이 밝게 빛나기 때문이라 할 수 있다.

이에 비해 인간의 '덕'이 밝게 빛나는 것은 그 근원에서는 인간이 하늘에서 얻은 '덕'이므로 밝게 빛나는 것임을 말하며, 그 실현에서는 '중용의 도리'가 인간을 통해 실현되었을 때, 인간의 '덕'이 밝게 빛나는 것임을 말한다.

곧 ≪중용≫(33:6)에서 인용한 구절에 상제上帝가 문왕文王에게 훈계하는 말씀으로, "나는 밝은 덕을 사랑하니, 말소리와 얼굴빛을 크게 여기지 않노라.〔予懷明德, 不大聲以色.〕"(≪시경≫ 〈대아大雅 황의皇矣〉)고 언급하였다. 여기서 '밝은 덕'은 상제〔天〕가 인간에게 내려준 것이요, 이 '덕'이 본래 밝게 빛나는 것임을 말한다. 그러나 인간의 '덕'이 본래 밝게 빛나지만, 그 밝게 빛남이 드러나기 위해서는 '성품'에 따르는 '도리' 곧 '중용의 도리'를 실현함으로써 인간의 본래 밝은 '덕'이 그 밝게 빛남을 실현하게 된다는 말이다.

≪대학≫의 '밝은 덕〔明德〕'을 밝히는 일은 '중용의 도리'를 실현함과 통한다

'밝은 덕'에 가장 깊은 관심을 보여주며, 이를 중심주제로 삼고 있는 경전은 ≪대학≫이다. 곧 ≪대학≫의 첫머리에서, "대학의 도리는 밝은 덕을 밝히는 데 있다.〔大學之道, 在明明德.〕"(≪대학≫ 1:1)고 선언하였다. 또한 이어서 '옛날에 밝은 덕을 천하에 밝히고자 하는 사람〔古之欲明明德於天下者〕'(≪대학≫ 1:4)이 먼저 해야 할 일을 차례대로 제시하였다. 한마디로 ≪대학≫은 '밝은 덕'을 밝히는 도리를 제시한 경전이라 할 수 있다.

여기서 주자는 '밝은 덕〔明德〕'을 "사람이 하늘에서 얻은 것으로, 비어 있으나 신령하여 어둡지 않아서 모든 이치를 갖추고 있음으로써 모든 일에 대응하는 것이다.〔明德者, 人之所得乎天, 而虛靈不昧, 以具衆理而應萬事者也.〕"(≪대학장구大學章句≫)라고 하였다. 그렇다면 인간의 '밝은 덕'을 천하에 밝히려는 과제는 바로 '중용의 도리'를 세상에 실현하는 과제와 근본에서는 다르지 않은 것으로 보인다.

그런데 주자의 해석은 인간의 '덕德'이란 '얻은 것〔得〕'이지만, '하늘에서 얻은 것〔所得乎天〕'임을 지적하여 하늘이 부여한 '성품〔性〕'과 하늘에서 얻은 '덕德'의 일치를 확인해주고 있다. 이에 비해 '덕'을 '얻은 것'이라 해석한 시초의 인물인 한漢나라 유희劉熙는 "덕이란 얻는 것이니, 일의 마땅함을 얻은 것이다.〔德, 得也, 得事宜也.〕"(≪석명釋名≫)라는 해석을 하였다. 주자는 '덕'의 근원을 하늘로 확인하였지만, 유희는 '덕'의 근원을 현실의 일에서 찾고 있다는 대조적 견해를 보여준다. 여기서는 주자와 유희의 상반된 견해가 매우 흥미롭다는 사실만 지적하고 지나가려 한다.

'천명天命'이 밝게 빛남은 아름답고 성스러운 것이며, '중용의 도리'를 실현한 인간의 '덕'이 밝게 빛남도 아름답고 성스러운 것이다. 밝음은 거짓과 어둠을 물리치고 혼란과 어둠에 빠진 세상을 질서로 이끌어주고 환하게 밝혀주는 빛이다. 이렇게 '중용의 도리'와 인간의 '덕'이 실현되어 밝고 빛남은 인간과 만물을 구원하는 길이라는 의미를 되새겨볼 필요가 있다.

속에 충만한 아름다움이 밖으로 밝게 빛나는 것이 '위대하다〔大〕'

맹자는 "하고자 할 만한 것을 '선하다〔善〕' 하고, 그 선이 자기에게 실제로 있는 것을 '미덥다〔信〕' 하고, 선을 실행하여 자기 속에 가득 차 있는 것을 '아름답다〔美〕' 하고, 속에 충만한 아름다움이 밖으로 밝게 빛나는 것을 '위대하다〔大〕' 하고, 위대하면서 세상을 감화시키는 것을 '성스럽다〔聖〕' 하고, 성스러우면서 그 자취를 알 수 없는 것을 '신령스럽다〔神〕' 한다.〔可欲之謂善, 有諸己之謂信, 充實之謂美, 充實而有光輝之謂大, 大而化之之謂聖, 聖而不可知之之謂神.〕"(≪맹자≫ 14-25:3)라고 하였다.

'선함〔善〕'의 '덕'이 자기 속에 있다는 '미더움〔信〕'의 단계보다 자기 속에 충만하게 이루어진 '아름다움〔美〕'의 단계는 이미 '중용의 도리'가 인격人格 안에서 실현되고 있음을 말한다. 여기에서 더 나아가 충실하여 아름다우면서 밝게 빛나는 '위대함〔大〕'과 위대함으로써 세상을 감화시키는 '성스러움〔聖〕'과 성스러우면서 알 수 없는 신비스러운 '신령함〔神〕'으로 상승하는 단계는 '중용의 도리'가 세상에 더욱 깊이 더욱 멀리 확장되어 실현되고 있음을 말하는 것이라 할 수 있다. 그것은 '덕'이 밝게 빛나는 차원은 하늘의 '신령함'이 밝게 빛나는 단계로 나아가고 일체를 이룰 수 있음을 말해주고 있다.

'중용의 도리'는 하늘에 근원을 두고 있으며 인간을 통해 실현될 수 있다. 그렇다면 하늘과 인간은 '중용의 도리'로 자신을 드러내고 자신을 실현하는 것이니, '중용의 도리'가 하늘과 인간을 매개해주는 것임을 의미한다. 하늘이 명령한 '성품'과 그 성품을 따르는 '도리'는 인간이 이 세상에서 이루어야 할 이상理想의 기준이요 그 이상을 향해 나아가는 방향이다.

여기서 인간은 결코 명령을 받고 피동적으로 움직이는 도구가 아니라 '중용의 도리'를 실현하면서 적극적으로 인간 내면의 '성품'을 발견하고, 더 나아가서 '하늘'을 발견하여 드러내는 역할을 담당한 존재라는 점이 중요하다. '중용의 도리'는 결국 인간을 위해 인간세상의 조화롭고 화평한 이상을 제시해준 길이지만, 인간이 자신의 '덕'을 닦아 한 단계씩 올라가며 마침내 '중용의 도리'가 밝고 빛나게 드러나는 단계에까지 이르게 된다.

이에 인간은 '중용의 도리'를 실현함으로써 마침내 하늘의 '신령함'에까지 나아갈 수 있으니, 그것은 인간의 내면에 충만한 아름다움이 밖으로 밝게 빛나는 '위대함〔大〕'을 실현하는 자기완성이요, 세계의 완전한 실현이요, 동시에 하늘을 온전하게 드러내주는 일이라 하겠다.

부록

우리말 《중용》과 원문

1:1 하늘이 내려주신 것을 '성품'이라 하고, 성품을 따르는 것을 '도리'라 하고, 도리를 닦는 것을 '가르침'이라 한다.
天命之謂性, 率性之謂道, 修道之謂教.

1:2 도리란 잠깐도 떠나서는 안 되는 것이다. 떠나도 된다면 도리가 아니다. 그러므로 군자는 그 못 보는 것에서 경계하고 삼가며, 못 듣는 것에서 두려워한다.
道也者, 不可須臾離也. 可離, 非道也. 是故君子戒愼乎其所不睹, 恐懼乎其所不聞.

1:3 은밀한 것보다 더 잘 보이는 것이 없고, 미묘한 것보다 더 잘 드러나는 것이 없다. 그러므로 군자는 그 홀로 있음을 삼간다.
莫見乎隱, 莫顯乎微, 故君子愼其獨也.

1:4 기뻐하고 노여워하고 슬퍼하고 즐거워함이 아직 밖으로 드러나지 않은 것을 '중심中心'이라 하고, 밖으로 드러나서 모두 절도에 맞는 것을 '조화調和'라 한다. 중심은 천하의 큰 근본이요, 조화는 천하의 통달한 도리이다.
喜怒哀樂之未發謂之中, 發而皆中節謂之和. 中也者, 天下之大本也. 和也者, 天下之達道也.

1:5 중심과 조화를 이루면 하늘과 땅이 제자리를 잡고 만물이 자라나게 된다.

致中和, 天地位焉, 萬物育焉.

2:1 중니仲尼(공자)께서 말씀하셨다. "군자君子는 중용을 따르고, 소인小人은 중용을 어긴다.
仲尼曰, "君子中庸, 小人反中庸.

2:2 군자가 중용을 따름은 군자로서 때에 맞게 함이요, 소인이 중용을 따름은 소인으로서 꺼리는 바가 없는 것이다."
君子之中庸也, 君子而時中, 小人之中庸也, 小人而無忌憚也."

3:1 공자께서 말씀하셨다. "중용은 지극하도다! 백성은 오래도록 할 수가 없구나."
子曰, "中庸其至矣乎. 民鮮能, 久矣."

4:1 공자께서 말씀하셨다. "도리가 행해지지 않음을 내가 알겠노라. 지혜로운 자는 지나치고, 어리석은 자는 못 미치는구나. 도리가 밝혀지지 않음을 내가 알겠노라. 현명한 자는 지나치고, 미련한 자는 못 미치는구나.
子曰, "道之不行也, 我知之矣. 知者過之, 愚者不及也. 道之不明也, 我知之矣. 賢者過之, 不肖者不及也.

4:2 먹고 마시지 않는 사람이 없지만, 맛을 제대로 알아낼 수 있는 자는 드물다."

人莫不飮食也，鮮能知味也."

5:1 공자께서 말씀하셨다. "도리가 행해지지 못하겠구나!"
子曰, "道其不行矣夫."

6:1 공자께서 말씀하셨다. "순舜은 크게 지혜로우신 분이다. 순은 묻기를 좋아하셨고, 비근卑近한 말을 살피기 좋아하시며, 남의 악한 점을 덮어주시고 착한 점을 드러내시며, 양쪽 극단을 붙들어 그 중도中道를 백성에게 쓰셨다. 이것이 순이 되신 까닭이다."
子曰, "舜, 其大知也與. 舜好問而好察邇言, 隱惡而揚善, 執其兩端, 用其中於民. 其斯以爲舜乎."

7:1 공자께서 말씀하셨다. "사람들은 모두 '내가 안다.'고 말하지만, 그물과 덫과 함정 속에 몰아넣어도 피할 줄을 알지 못한다. 사람들은 모두 '내가 안다.'고 말하지만, 중용中庸을 가려내어 한 달도 지켜내지 못한다."
子曰, "人皆曰, '予知.' 驅而納諸罟擭陷阱之中, 而莫之知辟也. 人皆曰, '予知.' 擇乎中庸, 而不能期月守也."

8:1 공자께서 말씀하셨다. "회回(안연顔淵)는 사람됨이 중용을 가려내어 한 가지 선함을 얻으면 정성스럽게 가슴에 간직하여 잃지 않는다."
子曰, "回之爲人也, 擇乎中庸, 得一善, 則拳拳服膺, 而弗失之矣."

9:1 공자께서 말씀하셨다. "천하와 국가도 균평均平하게 다스릴 수 있고, 벼슬과 녹봉祿俸도 사양할 수 있으며, 시퍼런 칼날도 밟고 올라설 수 있지만, 중용은 할 수가 없구나."

子曰, "天下國家可均也, 爵祿可辭也, 白刃可蹈也, 中庸不可能也."

10:1 자로子路가 강함에 대해 여쭈었다.

子路, 問强.

10:2 공자께서 대답하셨다. "남방南方의 강함이냐? 북방北方의 강함이냐? 그렇지 않으면 너의 강함이냐?

子曰, "南方之强與, 北方之强與, 抑而强與.

10:3 너그럽고 부드러움으로 가르치고 무도無道한 짓에 보복하지 않는 것이 남방의 강함이니, 군자가 그렇게 사느니라.

寬柔以敎, 不報無道, 南方之强也, 君子居之.

10:4 무기와 갑옷을 깔고 앉아서 죽더라도 싫어하지 않는 것이 북방의 강함이니, 강한 자가 그렇게 사느니라.

衽金革, 死而不厭, 北方之强也, 而强者居之.

10:5 그러므로 군자는 조화로우면서 휩쓸리지 않으니, 강하도다, 꿋꿋함이여! 중심에 서서 기울어지지 않으니, 강하도다, 꿋꿋함이여! 나라에 도리가 행해지더라도 군색窘塞했을 때의 지조志操를 바

꾸지 않으니, 강하도다, 꿋꿋함이여! 나라에 도리가 행해지지 않으면 죽음을 당하더라도 지조를 바꾸지 않으니, 강하도다, 꿋꿋함이여!"
故君子和而不流, 强哉矯. 中立而不倚, 强哉矯. 國有道, 不變塞焉, 强哉矯. 國無道, 至死不變, 强哉矯."

11:1 공자께서 말씀하셨다. "까닭 없이 숨어 지내고 괴이한 짓을 행하는 것을 후세에 높여서 서술하는 일이 있지만, 나는 그런 짓을 하지 않는다.
子曰, "素隱行怪, 後世有述焉, 吾弗爲之矣.

11:2 군자가 도리를 따라서 행하다가 도중에 그만두는데, 나는 그만둘 수가 없다.
君子遵道而行, 半塗而廢, 吾弗能已矣.

11:3 군자는 중용에 의지하며, 세상을 피해 살다가 알려지지 않더라도 후회하지 않으니, 오직 성인聖人이라야 그렇게 할 수 있다."
君子依乎中庸, 遯世不見知而不悔, 唯聖者能之."

12:1 군자의 도리는 펼쳐져 있으면서 숨겨져 있다.
君子之道, 費而隱.

12:2 필부필부匹夫匹婦의 어리석음으로도 군자의 도리를 알 수 있지

만, 그 지극한 데에 가서는 비록 성인이라도 모르는 것이 있으며, 필부필부의 미련함으로도 군자의 도리를 행할 수 있지만, 그 지극한 데에 가서는 비록 성인이라도 해내지 못하는 것이 있다. 하늘과 땅이 광대하지만 사람이 오히려 유감스럽게 여기는 것이 있다. 그러므로 군자가 큰 것을 말하면 천하도 그것을 실어낼 수 없고, 작은 것을 말하면 천하도 그것을 쪼갤 수 없다.

夫婦之愚, 可以與知焉, 及其至也, 雖聖人, 亦有所不知焉, 夫婦之不肖, 可以能行焉, 及其至也, 雖聖人, 亦有所不能焉. 天地之大也, 人猶有所憾. 故君子, 語大, 天下莫能載焉, 語小, 天下莫能破焉.

12:3 ≪시경詩經≫ 〈대아大雅 한록旱麓〉에는, "솔개가 날아서 하늘에 다다르고, 물고기는 못에서 뛰도다."라고 했으니, 그 위와 아래에서 밝게 드러남을 말한 것이다.

詩云, "鳶飛戾天, 魚躍于淵." 言其上下察也.

12:4 군자의 도리는 필부필부에서 발단되지만, 그 지극한 데에 가서는 하늘과 땅에서 밝게 드러나는 것이다.

君子之道, 造端乎夫婦, 及其至也, 察乎天地.

13:1 공자께서 말씀하셨다. "도리는 사람에게 멀리 떨어져 있지 않다. 사람이 도리를 행하면서 사람에게서 멀리 떨어져 있다고 여기면 도리라고 할 수 없다.

子曰, "道不遠人. 人之爲道而遠人, 不可以爲道.

13:2 ≪시경≫ 〈빈풍豳風 벌가伐柯〉에서는, '도끼 자루를 찍어냄이여, 도끼 자루를 찍어냄이여, 그 법칙이 멀리 있지 않다네.'라고 하였는데, 도끼 자루를 잡고 도끼 자루를 찍어내는데, 곁눈으로 견주어 보면서, 그래도 도끼 자루를 찍어내는 법칙이 멀다고 여긴다. 그러므로 군자는 사람에게 바라는 것으로 사람을 다스리다가 고쳐지면 그만둔다.

詩云, '伐柯伐柯, 其則不遠.' 執柯以伐柯, 睨而視之, 猶以爲遠. 故君子, 以人治人, 改而止.

13:3 충심忠心에서 자기로 남을 미루어 봄은 도리에서 멀리 떨어져 있지 않다. 자기에게 베풀기를 원하지 않는 것은 역시 남에게도 베풀지 말아야 한다.

忠恕, 違道不遠. 施諸己而不願, 亦勿施於人.

13:4 군자의 도리가 네 가지인데, 나는 아직 하나도 제대로 해내지 못하였다. 아직도 자식에게 요구하는 것으로 부모를 섬기지 못하였고, 신하에게 요구하는 것으로 임금을 섬기지 못하였으며, 아우에게 요구하는 것으로 형을 섬기지 못하였고, 벗에게 요구하는 것으로 먼저 그에게 해주지 못하였다. 덕을 한결같이 행하고 말을 한결같이 삼가며, 행동에 부족한 것이 있으면 감히 힘쓰지 않을 수 없고, 말에 넘치는 것이 있으면 감히 다하지 않아야 한다. 말은 행동을 돌아보고, 행동은 말을 돌아보아야 할 것이니, 군자가 어찌 독실하게 하지 않으랴."

君子之道四, 丘未能一焉. 所求乎子, 以事父, 未能也, 所求乎臣, 以事君, 未能也, 所求乎弟, 以事兄, 未能也, 所求乎朋友, 先施之, 未能也. 庸德之行, 庸言之謹, 有所不足, 不敢不勉, 有餘, 不敢盡. 言顧行, 行顧言, 君子, 胡不慥慥爾."

14:1 군자는 자기 처지에 바탕을 두고 행동하며, 그 밖의 것은 원하지 않는다.
君子, 素其位而行, 不願乎其外.

14:2 바탕이 부귀富貴하면 부귀함에 맞게 행하고, 바탕이 빈천貧賤하면 빈천함에 맞게 행하며, 바탕이 오랑캐이면 오랑캐에 맞게 행하고, 바탕이 환난患難 속에 있으면 환난에 맞게 행하니, 군자는 어디에 들어가도 스스로 만족하지 않음이 없다.
素富貴, 行乎富貴, 素貧賤, 行乎貧賤, 素夷狄, 行乎夷狄, 素患難, 行乎患難, 君子, 無入而不自得焉.

14:3 윗자리에 있으면서 아랫사람을 업신여기지 않고, 아랫자리에 있으면서 윗사람에게 매달리지 않으며, 자기를 바르게 하고 남에게 요구하지 않으면, 원망함이 없을 것이다. 위로 하늘을 원망하지 않고, 아래로 남을 탓하지 않을 것이다.
在上位, 不陵下, 在下位, 不援上, 正己而不求於人, 則無怨. 上不怨天, 下不尤人.

14:4 그러므로 군자는 평탄한 데 살면서 천명天命을 기다리지만, 소인은 위태로운 일을 행하면서 요행을 바란다.

故君子, 居易以俟命, 小人, 行險以徼幸.

14:5 공자께서 말씀하셨다. "활쏘기는 군자와 비슷한 것이 있다. 정곡正鵠을 맞히지 못하면 돌이켜 자기 자신에서 원인을 찾는다."

子曰, "射, 有似乎君子, 失諸正鵠, 反求諸其身."

15:1 군자의 도리는, 비유하자면 먼 곳을 가려면 반드시 가까운 곳에서부터 시작하는 것과 같고, 비유하자면 높은 곳에 오르려면 반드시 낮은 곳에서부터 시작하는 것과 같다.

君子之道, 辟如行遠必自邇, 辟如登高必自卑.

15:2 ≪시경≫ 〈소아小雅 상체常棣〉에서는 "아내와 자식들이 잘 화합하니, 비파와 거문고를 타듯 하도다. 형제가 마음이 맞으니, 화락하고 또 즐거워라. 너의 집안을 화합하게 하고, 너의 아내와 자손들을 즐겁게 하라."고 하였다.

詩曰, "妻子好合, 如鼓瑟琴. 兄弟旣翕, 和樂且耽. 宜爾室家, 樂爾妻帑."

15:3 공자께서 말씀하셨다. "부모는 즐거워하시리라."

子曰, "父母其順矣乎."

16:1 공자께서 말씀하셨다. "귀신의 덕이란 성대하구나!

子曰, "鬼神之爲德, 其盛矣乎.

16:2 보려고 해도 보이지 않고, 들으려 해도 들리지 않으나, 만물에 충만하여 빠뜨리는 법이 없도다.
視之而弗見, 聽之而弗聞, 體物而不可遺.

16:3 온 천하 사람들이 정결하게 재계齋戒하며, 성대하게 옷을 차려입고서 제사를 받들게 하는데, 가득 차서 위에 계시는 듯하기도 하고, 좌우에 계시는 듯하기도 하도다.
使天下之人, 齊明盛服, 以承祭祀, 洋洋乎如在其上, 如在其左右.

16:4 ≪시경≫ 〈대아大雅 억抑〉에서는, '신神이 내려오심은 헤아릴 수 없는데, 하물며 싫어할 수 있으랴.'라고 하였다.
詩曰, '神之格思, 不可度思, 矧可射思.'

16:5 은미함이 드러나고, 진실함이 가리어질 수 없음이 이와 같구나!"
夫微之顯, 誠之不可揜, 如此夫."

17:1 공자께서 말씀하셨다. "순은 큰 효자이시다. 덕은 성인이시고, 존귀하기는 천자이시며, 부유하기는 천하를 차지하시고, 종묘宗廟에서 그를 제향하였으며, 자손이 이를 보존하였다.
子曰, "舜, 其大孝也與. 德爲聖人, 尊爲天子, 富有四海之內, 宗廟饗之, 子孫保之.

17:2 그러므로 큰 덕은 반드시 그 지위地位를 얻고, 그 복록福祿을 받으며, 그 명성名聲을 얻고, 그 수명壽命을 누리기 마련이다.
故大德, 必得其位, 必得其祿, 必得其名, 必得其壽.

17:3 그러므로 하늘이 만물을 내심에는 반드시 그 재질에 따라서 두터이 해주신다. 그러므로 심은 것을 북돋아주시고, 기울어지는 것을 엎어버리신다.
故天之生物, 必因其材而篤焉. 故栽者, 培之, 傾者, 覆之.

17:4 ≪시경≫ 〈대아大雅 가락假樂〉에서는, '아름답고 즐거운 군자여, 드러나고 드러난 훌륭한 덕이로다. 백성에 마땅하고 신하에 마땅하여, 하늘에서 복록福祿을 받으셨네. 보호하고 도우며 명령하심을, 하늘이 거듭 내리셨네.'라고 하였다.
詩曰, '嘉樂君子, 憲憲令德. 宜民宜人, 受祿于天. 保佑命之, 自天申之.'

17:5 그러므로 큰 덕이 있는 자는 반드시 천명을 받는 것이다."
故大德者, 必受命."

18:1 공자께서 말씀하셨다. "근심 없는 사람은 오직 문왕文王뿐이셨으리라. 왕계王季를 아버지로 모셨고, 무왕武王을 아들로 두셨으니, 아버지가 왕조를 세우는 기틀을 일으키고 아들은 그 대업을 이어 갔도다.
子曰, "無憂者, 其惟文王乎. 以王季爲父, 以武王爲子, 父作之, 子述之.

18:2 무왕은 태왕太王과 왕계와 문왕의 사업을 계승하여, 한 번 갑옷을 입고 나서서 천하를 차지하였다. 자신은 천하에 드러난 명성을 잃지 않았으며, 존귀함으로는 천자가 되었고, 부유함으로는 사해四海 안의 땅을 다 차지하였다. 종묘에서 그에게 제사를 받들었고, 자손들이 그 제사를 이어갔다.

武王, 纘大王王季文王之緖, 壹戎衣而有天下. 身不失天下之顯名, 尊爲天子, 富有四海之內. 宗廟饗之, 子孫保之.

18:3 무왕이 말년에 천명을 받으니, 주공周公이 문왕과 무왕의 공덕을 완성하고 태왕과 왕계를 왕으로 추존하여 위로 선조들을 천자의 의례로 제사하였다. 이 예법은 제후諸侯와 대부大夫와 사士와 서인庶人에까지 두루 통용되었으니, 아비가 대부요 아들이 사라면 장례葬禮는 대부의 의례로 하고 제사祭祀는 사의 의례로 하며, 아비가 사요 아들이 대부라면 장례는 사의 의례로 하고 제사는 대부의 의례로 하는 것이다. 1년상은 대부에까지 통용되고, 3년상은 천자에까지 통용되었다. 부모의 상喪은 귀천의 구별이 없이 한가지이다."

武王, 末受命, 周公, 成文武之德, 追王大王王季, 上祀先公以天子之禮. 斯禮也, 達乎諸侯大夫及士庶人, 父爲大夫, 子爲士, 葬以大夫, 祭以士, 父爲士, 子爲大夫, 葬以士, 祭以大夫. 期之喪, 達乎大夫, 三年之喪, 達乎天子. 父母之喪, 無貴賤一也."

19:1 공자께서 말씀하셨다. "무왕과 주공은 천하 사람들이 모두 인정하는 효자로다.

子曰, "武王周公, 其達孝矣乎.

19:2 효도라는 것은 조상의 뜻을 잘 계승하고, 조상의 사업을 잘 발전시키는 것이다.
夫孝者, 善繼人之志, 善述人之事者也.

19:3 봄과 가을에 조상의 사당祠堂을 단장하고, 제기祭器를 진열하며, 조상이 입으셨던 의복을 펼쳐놓고, 제철의 음식을 올리셨다.
春秋, 修其祖廟, 陳其宗器, 設其裳衣, 薦其時食.

19:4 종묘宗廟의 예법은 왼쪽에 '소昭'와 오른쪽에 '목穆'으로 차례를 정하는 것이다. 벼슬의 차례를 정하는 것은 귀하고 천함을 분별하는 것이요, 제사에서 맡는 일의 차례를 정하는 것은 현명함을 판별하는 것이다. 종묘에서 여럿이 술잔을 주고받는 의례에 아랫사람이 윗사람에게 잔을 올리는 것은 낮은 사람에게까지 미치는 것이요, 제사를 마친 뒤의 잔치에서 머리털이 흰 사람부터 차례를 정하는 것은 나이에 따라 차례를 정하는 것이다.
宗廟之禮, 所以序昭穆也. 序爵, 所以辨貴賤也, 序事, 所以辨賢也. 旅酬, 下爲上, 所以逮賤也, 燕毛, 所以序齒也.

19:5 돌아가신 선왕先王의 지위에 올라 그 의례를 행하고, 그 음악을 연주하며, 그 존중하던 사람을 공경하고, 그 친애하던 사람을 사랑하며, 죽은 사람 섬기는 상례喪禮를 산 사람 섬기듯이 하며, 죽

고 없는 이 섬기는 제사祭祀를 생존한 사람 섬기듯이 하는 것이 효도의 지극한 것이다.
踐其位, 行其禮, 奏其樂, 敬其所尊, 愛其所親, 事死如事生, 事亡如事存, 孝之至也.

19:6 하늘에 드리는 '교郊'제사와 토지의 신에 드리는 '사社'제사의 의례는 모두 상제上帝를 섬기는 것이요, 종묘의 의례는 조상祖上을 제사하는 것이다. '교'와 '사'의 의례와 천자가 시조始祖에게 봄에 드리는 '체禘'제사와 가을에 드리는 '상嘗'제사의 뜻에 밝으면 나라를 다스리는 것은 마치 손바닥 들여다보는 것과 같을 것이다."
郊社之禮, 所以事上帝也, 宗廟之禮, 所以祀乎其先也. 明乎郊社之禮, 禘嘗之義, 治國, 其如示諸掌乎."

20:1 애공哀公이 정치에 대해 물었다.
哀公, 問政.

20:2 공자께서 대답하셨다. "문왕과 무왕의 정치가 책에 실려 있으니, 그 사람이 있으면 그 정치가 행해지고, 그 사람이 없으면 그 정치가 무너집니다.
子曰, "文武之政, 布在方策, 其人存則其政擧, 其人亡則其政息.

20:3 사람의 도리는 정치에 빠르게 나타나고, 땅의 도리는 나무에 빠르게 나타나니, 정치는 갈대 자라듯이 효과가 빠르게 나타

납니다.

人道敏政, 地道敏樹, 夫政也者, 蒲盧也.

20:4 그러므로 정치를 하는 것은 사람에게 달려 있습니다. 인재를 가려 쓰는 것은 자신을 닦음으로써 하고, 자신을 닦는 것은 도리로써 하고, 도리를 닦는 것은 어진 덕으로써 해야 합니다.

故爲政, 在人. 取人以身, 修身以道, 修道以仁.

20:5 어진 덕은 사람다움이니, 어버이를 사랑하는 것이 중대한 일입니다. 의로움은 마땅하게 하는 것이니, 현명한 이를 높이는 것이 중대합니다. 어버이를 사랑하는 데 상복喪服제도에서 낮추어가는 것과 현명한 이를 높이는 데 신분에 따라 차등을 두는 것에서 예법이 생겨나는 것입니다.

仁者, 人也, 親親爲大. 義者, 宜也, 尊賢爲大. 親親之殺, 尊賢之等, 禮所生也.

20:6 아랫자리에 있으면서 윗사람의 신임信任을 얻지 못하면 백성을 다스릴 수 없습니다.

在下位, 不獲乎上, 民不可得而治矣.

20:7 그러므로 군자는 자신을 닦지 않아서는 안 됩니다. 자신을 닦으려고 생각한다면 어버이를 섬기지 않아서는 안 되고, 어버이를 섬기려고 생각한다면 사람을 알지 못해서는 안 되고, 사람을 알려

고 생각한다면 하늘을 알지 못해서는 안 됩니다.

故君子, 不可以不修身. 思修身, 不可以不事親, 思事親, 不可以不知人, 思知人, 不可以不知天.

20:8 천하에 두루 통하는 도리가 다섯 가지요, 그것을 행하게 하는 것이 세 가지입니다. 임금과 신하, 부모와 자식, 남편과 아내, 형과 아우, 벗들과 사귐의 다섯 가지는 천하에 두루 통하는 도리요, 지혜와 어진 덕과 용기의 세 가지는 천하에 두루 통하는 덕인데, 이를 행하게 하는 것은 한가지입니다.

天下之達道五, 所以行之者三. 曰君臣也, 父子也, 夫婦也, 昆弟也, 朋友之交也, 五者, 天下之達道也, 知仁勇三者, 天下之達德也, 所以行之者, 一也.

20:9 나면서부터 그것을 알기도 하고, 배워서 알기도 하고, 어려움을 겪고서 알기도 하지만, 그 아는 데 이르면 다 한가지입니다. 편안하게 그것을 행하기도 하고, 이롭게 여겨서 행하기도 하고, 애써 노력하여 행하기도 하지만, 그 공효功效를 이루는 데 이르면 다 한가지입니다."

或生而知之, 或學而知之, 或困而知之, 及其知之, 一也. 或安而行之, 或利而行之, 或勉强而行之, 及其成功, 一也."

20:10 공자께서 말씀하셨다. "배우기를 좋아하는 것은 지혜로움에 가깝고, 힘써 행하는 것은 어진 덕에 가깝고, 부끄러워할 줄 아는

것은 용기에 가깝다."

子曰, "好學, 近乎知, 力行, 近乎仁, 知恥, 近乎勇."

20:11 이 세 가지를 알면 자신을 닦는 방법을 알 것이요, 자신을 닦는 방법을 알면 사람을 다스리는 방법을 알 것이며, 사람을 다스리는 방법을 알면 천하와 국가를 다스리는 방법을 알 것이다.

知斯三者, 則知所以修身, 知所以修身, 則知所以治人, 知所以治人, 則知所以治天下國家矣.

20:12 무릇 천하와 국가를 다스리는 데는 아홉 가지 준칙이 있다. 자신을 닦는 것, 현명한 인재를 존중하는 것, 친족親族을 친애하는 것, 대신大臣을 공경하는 것, 여러 신하들을 보살피는 것, 서민庶民을 자식같이 아끼는 것, 온갖 장인匠人들을 찾아오게 하는 것, 멀리 장사 다니는 사람들을 다독거려주는 것, 제후들을 편안하게 하는 것을 말한다.

凡爲天下國家, 有九經. 曰, 修身也, 尊賢也, 親親也, 敬大臣也, 體群臣也, 子庶民也, 來百工也, 柔遠人也, 懷諸候也.

20:13 자신을 닦으면 도리가 확립된다. 현명한 인재를 존중하면 의심이 풀어진다. 친족을 친애하면 백부伯父나 숙부叔父와 형제들이 원망하지 않게 된다. 대신을 공경하면 일에 혼미함이 없게 된다. 여러 신하들을 보살펴주면 선비들의 보답하는 의례가 무게를 갖게 된다. 서민을 자식같이 아끼면 백성들이 따를 것이다. 온갖 장인들

을 찾아오게 하면 재물의 쓰임이 넉넉해진다. 멀리 장사 다니는 사람들을 다독거려주면 사방에서 모여든다. 제후들을 편안하게 해주면 천하가 두려워하게 된다.

修身則道立, 尊賢則不惑, 親親則諸父昆弟不怨, 敬大臣則不眩, 體群臣則士之報禮重, 子庶民則百姓勸, 來百工則財用足, 柔遠人則四方歸之, 懷諸侯則天下畏之.

20:14 정결하게 재계齋戒하고 예복을 성대하게 차려 입으며, 예법이 아니면 움직이지 않는 것은 자신을 닦는 방법이다. 참소하는 자를 버리고, 어여쁜 여인을 멀리하며, 재물을 천하게 여기고 덕을 귀중하게 여기는 것은 현명한 인재를 격려하는 방법이다. 그 지위를 높여주고, 녹봉을 후하게 주며, 좋아하고 싫어하는 것을 같이하는 것은 친족을 친애하도록 격려하는 방법이다. 하급관리를 많이 두어 일을 맡겨 부리도록 하는 것은 대신을 격려하는 방법이다. 충직忠直하고 신의信義 있는 자에게 녹봉을 후하게 주는 것은 선비를 격려하는 방법이다. 시기에 맞게 부리고, 세금을 적게 거두는 것은 백성을 따르도록 격려하는 방법이다. 날마다 살피고 달마다 시험하여 급료를 성과에 맞게 주는 것은 온갖 장인들을 격려하는 방법이다. 가는 자를 전송해주고 오는 자를 맞이해주며, 잘한 것을 칭찬해주고 무능한 자를 불쌍히 여기는 것은 멀리 장사 다니는 사람을 다독거려주는 방법이다. 끊어진 후손을 이어주고, 무너진 나라를 일으켜주며, 혼란에 빠진 나라를 다스려주고 위기에 빠진 나라를 붙들어주며, 때에 맞게 천자를 찾아뵙게 하고, 가져가는 것을 후하게 하고

가져오는 것을 적게 하는 것은 제후를 편안하게 하는 방법이다.
齊明盛服, 非禮不動, 所以修身也. 去讒遠色, 賤貨而貴德, 所以勸賢也. 尊其位, 重其祿, 同其好惡, 所以勸親親也. 官盛任使, 所以勸大臣也. 忠信重祿, 所以勸士也. 時使薄斂, 所以勸百姓也. 日省月試, 旣稟稱事, 所以勸百工也. 送往迎來, 嘉善而矜不能, 所以柔遠人也. 繼絶世, 擧廢國, 治亂持危, 朝聘以時, 厚往而薄來, 所以懷諸侯也.

20:15 무릇 천하와 국가를 다스리는 데 아홉 가지 준칙이 있는데, 그것을 행하는 방법은 하나이다.
凡爲天下國家, 有九經, 所以行之者, 一也.

20:16 무릇 일이란 미리 준비되면 이루어지고, 미리 준비되지 않으면 폐기된다. 말이 먼저 정해져 있으면 뒤집히지 않고, 일이 먼저 정해져 있으면 곤란에 빠지지 않으며, 행동이 먼저 정해져 있으면 탈이 생기지 않고, 도리가 먼저 정해져 있으면 궁색하게 되지 않는다.
凡事, 豫則立, 不豫則廢. 言前定則不跲, 事前定則不困, 行前定則不疚, 道前定則不窮.

20:17 아랫자리에 있으면서 윗사람의 신임을 얻지 못하면 백성을 다스릴 수 없다. 윗사람에게 신임을 얻는 데는 도리가 있으니, 벗들의 믿음을 얻지 못하면 윗사람의 신임을 얻지 못한다. 벗들의 믿음을 얻는 데는 도리가 있으니, 어버이에게 효성으로 순종하지 않

으면 벗들의 믿음을 얻지 못한다. 어버이에게 효성으로 순종하는 데는 도리가 있으니, 자신을 돌아보아 진실하지 못하면 어버이에게 효성으로 순종하지 못한다. 자신을 진실하게 하는 데는 도리가 있으니, 선善에 밝지 않으면 자신을 진실하게 하지 못한다.

在下位, 不獲乎上, 民不可得而治矣. 獲乎上有道, 不信乎朋友, 不獲乎上矣. 信乎朋友有道, 不順乎親, 不信乎朋友矣. 順乎親有道, 反諸身不誠, 不順乎親矣. 誠身有道, 不明乎善, 不誠乎身矣.

20:18 진실함은 하늘의 도리요, 진실하게 하려는 것은 사람의 도리이다. 진실한 사람은 힘쓰지 않고도 이치에 맞고, 생각하지 않고도 터득하며, 거동이 도리에 맞으니, 성인이다. 진실하게 하려는 자는 선善을 가려서 굳게 붙들고 있는 자이다.

誠者, 天之道也, 誠之者, 人之道也. 誠者, 不勉而中, 不思而得, 從容中道, 聖人也. 誠之者, 擇善而固執之者也.

20:19 널리 배우고, 자세히 묻고, 신중하게 생각하고, 분명하게 판별하고, 독실하게 행해야 한다.

博學之, 審問之, 愼思之, 明辨之, 篤行之.

20:20 배우지 않을지언정 배운다면 능숙하게 되지 않고는 그만두지 않고, 묻지 않을지언정 묻는다면 알지 않고는 그만두지 않으며, 생각하지 않을지언정 생각하게 되면 터득하지 않고는 그만두지 않고, 판별하지 않을지언정 판별한다면 분명하게 되지 않고는 그만

두지 않으며, 행하지 않을지언정 행한다면 독실해지지 않고는 그만두지 않아야 한다. 남이 한 번에 할 수 있으면 자기는 백 번을 하고, 남이 열 번에 할 수 있으면 자기는 천 번을 해야 한다.
有弗學, 學之, 弗能, 弗措也, 有弗問, 問之, 弗知, 弗措也, 有弗思, 思之, 弗得, 弗措也, 有弗辨, 辨之, 弗明, 弗措也, 有弗行, 行之, 弗篤, 弗措也. 人一能之, 己百之, 人十能之, 己千之.

20:21 과연 이 도리를 할 수 있으면 비록 어리석더라도 반드시 총명해질 것이요, 비록 유약하더라도 반드시 굳세어질 것이다.
果能此道矣, 雖愚必明, 雖柔必强.

21:1 〈자신의〉 진실함으로부터 〈선이〉 밝아지는 것을 '성품'이라 하고, 〈선을〉 밝게 함으로부터 〈자신이〉 진실하게 되는 것을 '가르침'이라 한다. 진실하면 선에 밝아지고, 선에 밝으면 진실하여진다.
自誠明, 謂之性, 自明誠, 謂之教. 誠則明矣, 明則誠矣.

22:1 오직 천하의 지극히 진실한 사람만이 자기의 성품을 다 발휘할 수 있고, 자기의 성품을 다 발휘할 수 있으면 남의 성품을 다 발휘시킬 수 있다. 남의 성품을 다 발휘시켜줄 수 있으면 만물의 성질도 다 발휘시켜줄 수 있고, 만물의 성질을 다 발휘시켜줄 수 있으면 하늘과 땅의 조화와 육성을 도울 수 있다. 하늘과 땅의 조화와 육성을 도울 수 있으면, 하늘과 땅과 함께 대등하게 참여할 수 있을 것이다.

惟天下至誠, 爲能盡其性, 能盡其性, 則能盡人之性. 能盡人之性, 則能盡物之性, 能盡物之性, 則可以贊天地之化育. 可以贊天地之化育, 則可以與天地參矣.

23:1 그 다음은 정성을 다하는 것이다. 정성을 다하면 진실할 수 있고, 진실하면 나타나고, 나타나면 뚜렷해지고, 뚜렷해지면 밝아지고, 밝아지면 사물을 움직일 수 있고, 사물이 움직이면 변화가 일어나고, 변화가 일어나면 감화가 되니, 오직 천하의 지극히 진실한 사람이라야 감화시킬 수 있다.

其次, 致曲. 曲能有誠, 誠則形, 形則著, 著則明, 明則動, 動則變, 變則化, 唯天下至誠, 爲能化.

24:1 지극히 진실한 도리는 미리 알 수가 있다. 국가가 융성하게 일어나려 하면 반드시 상서로운 조짐이 있고, 국가가 멸망하려 하면 반드시 요망한 조짐이 있어서, 시초蓍草와 거북의 점괘占卦에 나타나고, 신체의 동작에 나타난다. 재앙이나 복이 닥쳐오게 되면, 선한 것도 반드시 먼저 알게 되고, 선하지 않은 것도 반드시 먼저 알게 된다. 그러므로 지극히 진실한 사람은 신神과 같다.

至誠之道, 可以前知. 國家將興, 必有禎祥, 國家將亡, 必有妖孽, 見乎蓍龜, 動乎四體. 禍福將至, 善必先知之, 不善必先知之. 故至誠如神.

25:1 진실함이란 스스로 이루어지는 것이요, 도리란 스스로 행하는 것이다.

誠者, 自成也, 而道, 自道也.

25:2 진실함이란 만물의 시작과 끝이다. 진실하지 않으면 만물이 존재하지 않는다. 그러므로 군자는 진실하고자 하는 것을 귀중하게 여긴다.

誠者, 物之終始. 不誠, 無物. 是故君子, 誠之爲貴.

25:3 진실함이란 스스로 자기를 이룰 뿐만 아니라 만물을 이루게 해주는 것이다. 자기를 이루는 것은 어진 덕이요, 만물을 이루게 해주는 것은 지혜이니, 성품의 덕이요 안과 밖을 결합시켜주는 도리이다. 그러므로 어느 때나 시행해야 하는 마땅한 것이다.

誠者, 非自成己而已也, 所以成物也. 成己仁也, 成物知也, 性之德也, 合內外之道也. 故時措之宜也.

26:1 그러므로 지극히 진실함은 쉬는 일이 없다.

故至誠, 無息.

26:2 쉬는 일이 없으면 오래 이어 가고, 오래 이어 가면 징험이 드러난다.

不息則久, 久則徵.

26:3 징험이 드러나면 멀리 퍼지고, 멀리 퍼지면 넓고 두터워지며, 넓고 두터워지면 높고 밝아진다.

徵則悠遠, 悠遠則博厚, 博厚則高明.

26:4 넓고 두터움은 만물을 싣는 것이요, 높고 밝음은 만물을 덮어주는 것이며, 오래 이어 감은 만물을 이루어주는 것이다.
博厚, 所以載物也, 高明, 所以覆物也, 悠久, 所以成物也.

26:5 넓고 두터움은 땅에 짝하고, 높고 밝음은 하늘에 짝하며, 오래 이어 감은 끝이 없는 것이다.
博厚, 配地, 高明, 配天, 悠久, 無疆.

26:6 이와 같은 것은 보여주지 않아도 나타나고, 움직이지 않아도 변화시키며, 행하지 않아도 이루어지는 것이다.
如此者, 不見而章, 不動而變, 無爲而成.

26:7 하늘과 땅의 도리는 한마디 말로 다할 수 있다. 그 자체의 됨됨이는 한결같으니, 만물을 생성함이 헤아릴 수가 없다.
天地之道, 可一言而盡也. 其爲物不貳, 則其生物不測.

26:8 하늘과 땅의 도리는 넓고, 두텁고, 높고, 밝고, 멀고, 항구하다.
天地之道, 博也, 厚也, 高也, 明也, 悠也, 久也.

26:9 이제 저 하늘은 밝은 빛들이 많이 모인 것이지만, 하늘의 무궁함에 이르러서는 해와 달과 별들이 하늘에 매달려 있고, 만물이 하

늘에 덮여 있다. 이제 저 땅은 한 줌의 흙들이 모인 것이지만, 그 넓고 두터움에 이르러서는 화악華嶽을 실어도 무거워하지 않고, 강과 바다를 받아들이고도 새지 않으며, 만물이 땅에 실려 있다. 이제 저 산은 주먹만 한 돌들이 많이 모인 것이지만, 산이 넓고 큰 것에 이르러서는 풀과 나무가 자라고, 새와 짐승이 살고, 보화寶貨가 나온다. 이제 저 물은 한 잔의 물들이 많이 모인 것이지만, 물이 헤아릴 수 없음에 이르러서는 큰 자라와 악어, 뿔 없는 용과 뿔 있는 용, 물고기와 작은 자라가 살며, 재물이 물에서 불어난다.

今夫天, 斯昭昭之多, 及其無窮也, 日月星辰繫焉, 萬物覆焉. 今夫地, 一撮土之多, 及其廣厚, 載華嶽而不重, 振河海而不洩, 萬物載焉. 今夫山, 一卷石之多, 及其廣大, 草木生之, 禽獸居之, 寶藏興焉. 今夫水, 一勺之多, 及其不測, 黿鼉蛟龍魚鼈生焉, 貨財殖焉.

26:10 ≪시경≫ 〈주송周頌 유천지명維天之命〉에서는, "아! 하늘의 명령은, 깊고 그윽하기 끝이 없도다."라고 하였으니, 대개 하늘이 하늘된 까닭을 말한 것이요, "아! 어찌 드러나지 않으랴. 문왕文王의 덕망, 순수함이여."라고 하였으니, 대개 문왕이 문文이 된 까닭이 순수하며 그치지 않는 데 있음을 말한 것이다.

詩云, "維天之命, 於穆不已." 蓋曰, 天之所以爲天也, "於乎不顯, 文王之德之純." 蓋曰, 文王之所以爲文也, 純亦不已.

27:1 위대하도다. 성인의 도리여!

大哉, 聖人之道.

27:2 바다같이 아득히 넓어 만물을 발육시키고, 우뚝 솟아 하늘에까지 닿았구나.
洋洋乎, 發育萬物, 峻極于天.

27:3 풍성하고 크기도 하구나! 기준의 의례가 3백 가지요, 행동의 절도가 3천 가지로다.
優優大哉, 禮儀三百, 威儀三千.

27:4 그 사람이 나오기를 기다린 다음에야 행해지는 것이다.
待其人而後行.

27:5 그러므로 "진실로 지극한 덕이 아니면 지극한 도리가 이루어지지 않는다."고 하였다.
故曰, "苟不至德, 至道, 不凝焉."

27:6 그러므로 군자는 덕성德性을 높이면서 묻고 배우는 길을 따라가며, 넓고 큰 것을 파악하면서 정밀하고 미세한 것을 남김없이 탐구하며, 높고 밝은 것을 극진하게 밝히면서 중용을 따르며, 옛것을 익히면서 새로운 것을 알아내며, 독실하고 너그럽게 함으로써 예법을 높인다.
故君子, 尊德性而道問學, 致廣大而盡精微, 極高明而道中庸, 溫故而知新, 敦厚以崇禮.

27:7 그러므로 윗자리에 있어도 교만하지 않고, 아랫사람이 되어서는 배반하지 않는다. 나라에 도리가 행해지고 있으면 그의 말이 군주를 분발시키기에 넉넉하고, 나라에 도리가 행해지지 않으면 그의 침묵이 용납되기에 넉넉하다. ≪시경≫ 〈대아大雅 증민烝民〉에서는, "이미 이치에 밝고 일을 잘 살펴서, 그 몸을 지키도다."라고 하였으니, 이를 두고 말한 것이다.

是故居上不驕, 爲下不倍. 國有道, 其言, 足以興, 國無道, 其默, 足以容. 詩曰, "旣明且哲, 以保其身." 其此之謂與.

28:1 공자께서 말씀하셨다. "어리석으면서 자기가 하려 들기를 좋아하고, 비천卑賤하면서 자기 멋대로 하기를 좋아하며, 지금 세상에 태어나서 옛 도리로 돌이키려 한다면, 그런 사람은 재앙이 그 몸에 닥쳐오게 할 사람이다."

子曰, "愚而好自用, 賤而好自專, 生乎今之世, 反古之道, 如此者, 烖及其身者也."

28:2 천자가 아니면 예법禮法을 의논하지 못하고, 법도法度를 만들지 못하며, 문자文字를 바로잡지 못한다.

非天子, 不議禮, 不制度, 不考文.

28:3 지금 천하는 수레의 궤도가 같고, 글의 문자가 같으며, 행동의 예절이 같다.

今天下, 車同軌, 書同文, 行同倫.

28:4 비록 그 지위가 있더라도 진실로 그 덕이 없으면 감히 예법과 음악을 제작할 수 없고, 비록 그 덕이 있더라도 진실로 그 지위가 없으면 역시 감히 예법과 음악을 제작할 수 없다.

雖有其位, 苟無其德, 不敢作禮樂焉, 雖有其德, 苟無其位, 亦不敢作禮樂焉.

28:5 공자께서 말씀하셨다. "내가 하夏나라의 예법을 말할 수 있으나 그 후손들인 기杞나라는 그 증거로 삼기에 부족하다. 내가 은殷나라의 예법을 배웠는데, 그 후손들인 송宋나라가 있는 정도이다. 내가 주周나라의 예법을 배웠는데 지금 쓰이고 있으니, 나는 주나라 예법을 따르겠다."

子曰, "吾說夏禮, 杞不足徵也. 吾學殷禮, 有宋存焉. 吾學周禮, 今用之, 吾從周."

29:1 천하에 임금 노릇 하는 데는 세 가지 중요한 것(예법을 의논함, 법도를 제정함, 문자를 바로잡음.)이 있으면 허물이 적을 것이다.

王天下, 有三重焉, 其寡過矣乎.

29:2 윗시대의 것은 비록 훌륭하지마는 증거가 없다. 증거가 없으면 믿어지지 않으며, 믿어지지 않으면 백성들이 따르지 않는다. 〈덕은 있어도〉 아랫자리에 있는 자는 비록 훌륭하더라도 존귀尊貴하지 못하다. 존귀하지 못하면 믿어지지 않으며, 믿어지지 않으면 백성들이 따르지 않는다.

上焉者, 雖善, 無徵. 無徵, 不信, 不信, 民弗從. 下焉者, 雖善, 不尊. 不尊, 不信, 不信, 民弗從.

29:3 그러므로 군자의 도리는 자신에 근본을 두고, 서민庶民에서 징험되니, 삼대三代(하夏 · 은殷 · 주周)의 임금에서 살펴보아도 틀림이 없고, 하늘과 땅에 제시하여도 어긋나지 않으며, 귀신에게 물어보아도 의심할 것이 없고, 백대 이후의 성인을 기다려도 마음이 흔들리지 않는다.

故君子之道, 本諸身, 徵諸庶民, 考諸三王而不謬, 建諸天地而不悖, 質諸鬼神而無疑, 百世以俟聖人而不惑.

29:4 귀신에게 물어보아도 의심할 것이 없다는 것은 하늘을 아는 것이요, 백대 이후의 성인을 기다려도 마음이 흔들리지 않는다는 것은 사람을 아는 것이다.

質諸鬼神而無疑, 知天也, 百世以俟聖人而不惑, 知人也.

29:5 그러므로 군자는 거동하면 그것이 대대로 천하의 도리가 되고, 시행하면 대대로 천하의 법도가 되며, 말씀하면 대대로 천하의 준칙이 된다. 멀리 있으면 우러러보고, 가까이 있으면 싫어하지 않는다.

是故君子, 動而世爲天下道, 行而世爲天下法, 言而世爲天下則. 遠之則有望, 近之則不厭.

29:6 ≪시경≫ 〈주송周頌 진로振鷺〉에서는, "저곳에 있어도 미워하는

사람이 없고, 이곳에 있어도 싫어하는 사람이 없도다. 밤낮으로 노력하여, 명예名譽를 길이 마치리라."고 하였다. 군자가 이와 같이 하지 않고서 일찍이 천하에 명예를 누리는 일은 없었다.

詩曰, "在彼無惡, 在此無射. 庶幾夙夜, 以永終譽." 君子, 未有不如此而蚤有譽於天下者也.

30:1 중니仲尼(공자)는 요堯와 순舜을 본받아 서술하고, 문왕文王과 무왕武王을 법도로 본받았으며, 위로는 하늘의 시기時期를 법도로 삼았고, 아래로는 물과 흙의 적합함을 따르셨다.

仲尼, 祖述堯舜, 憲章文武, 上律天時, 下襲水土.

30:2 비유하면 땅이 붙들어 실어주지 않는 것이 없고, 하늘이 덮고 감싸주지 않는 것이 없는 것과 같다. 비유하면 네 계절이 차례대로 운행하는 것과 같고, 해와 달이 교대로 밝혀주는 것과 같다.

辟如天地之無不持載, 無不覆幬. 辟如四時之錯行, 如日月之代明.

30:3 만물이 함께 자라면서도 서로 해치지 않고, 도리가 함께 운행되지만 서로 어긋나지 않는다. 작은 덕은 냇물이 흐르듯이 도리를 따르며, 큰 덕은 돈독하게 만물을 변화하고 육성한다. 이것이 천지天地가 위대한 까닭이다.

萬物竝育而不相害, 道竝行而不相悖. 小德川流, 大德敦化. 此天地之所以爲大也.

31:1 오직 천하의 지극한 성인이라야 그 총명聰明과 예지叡智가 넉넉히 천하에 군림할 수 있으며, 그 너그러운 도량과 부드러운 성품이 넉넉히 천하를 포용할 수 있으며, 분발함이 힘차며 강직하고 꿋꿋함이 넉넉히 도리를 지킬 수 있으며, 엄숙하고 정당함이 넉넉히 일을 공경하여 처리할 수 있으며, 조리 있고 치밀함이 넉넉히 사물을 판별할 수 있다.

唯天下至聖, 爲能聰明睿知, 足以有臨也, 寬裕溫柔, 足以有容也, 發强剛毅, 足以有執也, 齊莊中正, 足以有敬也, 文理密察, 足以有別也.

31:2 성인은 두루 하여 넓게 미치고 생각이 깊으며, 때를 만나면 출현한다.

溥博淵泉, 而時出也.

31:3 두루 하여 넓게 미치는 것은 하늘과 같고, 생각이 깊은 것은 깊은 못과 같으니, 나타나면 백성들은 공경하지 않음이 없고, 말씀하면 백성들은 믿지 않음이 없으며, 시행하면 백성들은 기뻐하지 않음이 없다.

溥博, 如天, 淵泉, 如淵, 見而民莫不敬, 言而民莫不信, 行而民莫不說.

31:4 이 때문에 성인은 명성이 중국에 넘쳐흘러서 멀리 오랑캐 땅에까지 뻗어나가고, 배와 수레가 이르는 곳과 사람의 힘이 닿는 곳과 하늘이 덮어주는 곳과 땅이 실어주는 곳과 해와 달이 비치는 곳과 서리와 이슬이 내리는 곳에서, 무릇 혈기血氣가 있는 자라면 누

구나 성인을 높이고 친애하지 않음이 없다. 그래서 '하늘에 짝이 된다.'고 말한다.

是以, 聲名洋溢乎中國, 施及蠻貊, 舟車所至, 人力所通, 天之所覆, 地之所載, 日月所照, 霜露所隊, 凡有血氣者, 莫不尊親, 故曰配天.

32:1 오직 천하에 지극히 진실한 사람만이 천하의 큰 도리를 다스릴 수 있고, 천하의 큰 근본을 세울 수 있으며, 하늘과 땅이 조화되고 양육됨을 알 수 있다. 그가 어찌 한편에 의존함이 있겠는가?

唯天下至誠, 爲能經綸天下之大經, 立天下之大本, 知天地之化育. 夫焉有所倚.

32:2 간절하구나, 그 어진 덕이여. 깊고 깊구나, 그 근본의 깊음이여. 넓고 넓구나, 하늘 같음이여.

肫肫其仁, 淵淵其淵, 浩浩其天.

32:3 진실로 총명하고 성스러운 지혜가 하늘의 덕에까지 도달한 사람이 아니라면, 그 누가 그를 알아볼 수 있겠는가?

苟不固聰明聖知達天德者, 其孰能知之.

33:1 ≪시경≫ 〈위풍衛風 석인碩人〉에서는, "비단옷 무늬 저고리에 홑옷을 덧입었네."라고 하였으니, 그 비단의 문채가 겉으로 나타나는 것을 싫어하는 것이다. 그러므로 군자의 도리는 은은하지만 날로 빛이 나고, 소인의 도리는 선명하지만 날로 없어진다. 군자의 도리

는 담담하지만 싫어지지 않고, 간결하면서도 문채가 있으며, 온화하면서도 조리가 있다. 먼 것은 가까운 데서부터 시작된다는 것을 알고, 바람은 불어오는 곳이 있음을 알며, 은미한 것은 뚜렷하게 드러난다는 것을 안다면, 함께 덕에 들어갈 수 있을 것이다.

詩曰, "衣錦尙絅." 惡其文之著也. 故君子之道, 闇然而日章, 小人之道, 的然而日亡. 君子之道, 淡而不厭, 簡而文, 溫而理. 知遠之近, 知風之自, 知微之顯, 可與入德矣.

33:2 ≪시경≫ 〈소아小雅 정월正月〉에서는, "물속에 잠겨 엎드려 있으나, 훤히 밝게 들여다보이도다."라고 하였다. 그러므로 군자는 안으로 마음을 성찰하여도 괴롭지 않고, 마음에 부끄러움이 없다. 군자에 미칠 수 없는 것은 오직 남이 볼 수 없는 곳일 것이다.

詩云, "潛雖伏矣, 亦孔之昭." 故君子內省不疚, 無惡於志. 君子之所不可及者, 其唯人之所不見乎.

33:3 ≪시경≫ 〈대아大雅 억抑〉에서는, "네가 방 안에 있는 것을 살펴볼 때, 행여 방구석에 부끄럽지 않아야 하네."라고 하였다. 그러므로 군자는 거동하지 않을 때에도 공경하고, 말하지 않을 때에도 믿음이 있다.

詩云, "相在爾室, 尙不愧于屋漏." 故君子, 不動而敬, 不言而信.

33:4 ≪시경≫ 〈상송商頌 열조烈祖〉에서는, "만백성을 거느려 말없는 교화를 이루니, 그때에 다툼이 없도다."라고 하였다. 그러므로 군

자는 상을 주지 않아도 백성들이 격려되고, 노여워하지 않아도 백성이 목 베는 도끼보다 두려워한다.

詩曰, "奏假無言, 時靡有爭." 是故君子, 不賞而民勸, 不怒而民威於鈇鉞.

33:5 ≪시경≫ 〈주송周頌 열문烈文〉에서는, "덕보다 더 드러날 것이 없으매, 모든 제후들이 본받도다."라고 하였다. 그러므로 군자가 독실하고 공경하면 천하가 화평和平해진다.

詩曰, "不顯惟德, 百辟其刑之." 是故君子, 篤恭而天下平.

33:6 ≪시경≫ 〈대아大雅 황의皇矣〉에서는, "나는 밝은 덕을 사랑하니, 말소리와 얼굴빛을 크게 여기지 않도다."라고 하였다. 공자께서는, "음성音聲과 안색顔色은 백성들을 교화함에 있어서 말단적인 것이다."라고 말씀하셨다.

≪시경≫ 〈대아 증민烝民〉에서, "덕의 가볍기 터럭과 같도다."라고 하였으니, 터럭은 오히려 비교할 것이라도 있지만, ≪시경≫ 〈대아 문왕文王〉에서 "상천上天의 일은 소리도 없고 냄새도 없도다."라고 한 것은 지극한 경지이다.

詩云, "予懷明德, 不大聲以色." 子曰, "聲色之於以化民, 末也." 詩云, "德輶如毛." 毛猶有倫, "上天之載, 無聲無臭." 至矣.